일상 속 우리 역사와 문화
제대로 읽기

이야기 우리 문화

이야기 우리 문화

초판 1쇄 발행일 2016년 3월 18일
초판 4쇄 발행일 2019년 11월 11일

지은이 김진섭
펴낸이 이원중

펴낸곳 지성사 출판등록일 1993년 12월 9일 등록번호 제10-916호
주소 (03458) 서울시 은평구 진흥로 68 정안빌딩 2층(북측)
전화 (02) 335-5494 팩스 (02) 335-5496
홈페이지 www.jisungsa.co.kr 이메일 jisungsa@hanmail.net

ISBN 978-89-7889-314-5 (03900)

이 도서의 국립중앙도서관 출판예정도서목록(CIP)은 서지정보유통지원시스템 홈페이지
(http://seoji.nl.go.kr)와 국가자료공동목록시스템(http://www.nl.go.kr/kolisnet)에서
이용하실 수 있습니다. (CIP제어번호: CIP2016005349)

일상 속
우리 역사와 문화
제대로 읽기

이야기
우리
문화

● _김진섭 지음

지성사

일러두기

1. 책 이름은 『 』로, 작품(시, 소설, 그림, 노래) 제목은 「 」로 표기하였으며, 신문과 잡지명은 〈 〉로 구분하였다.
2. 수록한 그림과 사진의 저작권은 해당 지면에 모두 표기하였으나, 부득이 그림의 원 출처를 찾을 수 없는 경우는 관련 사이트를 이 책의 말미에 표기하였다.

머리말

최근 우리 문화에 대한 관심은 인문 콘텐츠를 기반으로 하는 대중문화 영역에서도 확장되고 있다. 역사와 문화 콘텐츠의 접점을 찾기 위해 '이야기하기'에 관심을 기울여온 필자로서는 대단히 반가운 일이다. 이 분야의 단행본을 출간한 지 15년 만에 다시 이 원고를 쓰게 된 것도 이러한 분위기의 영향을 받았다. 그리고 가벼운 마음으로 시작한 작업에 2년이라는 시간이 걸렸지만 문화라는 렌즈를 통해 오랜만에 세상과 소통을 시도해보는 일은 여전히 재미있었다.

이 책에서는 우리 문화 속 평범한 사람들의 일상 '이야기'에 주목했다. 평범한 사람들의 관심과 상상력이 가미된 이야기에는 우리만의 고유한 문화가 담겨 있기 때문이다. 동시에 사람이 살아가는 세상의 시공간에는 이야기가 꼬리에 꼬리를 물고 이어진다. 이러한 이야기가 차곡차곡 쌓여 문화가 되고 역사가 되며, 때로는 '역사가 말하지 못하는 진실을 대신 말해주는 역사의 속살'이 되기도 한다. 각각의 이야기는 개별적인 동시에 씨줄과 날줄로 엮여 있어서 고정불변하지 않고 언제나 진행형이다. 따라서 문화에는 완성본이 있을 수 없다. 완성본이 있다면 그것은 영혼이 없는, 박제된 전시물에 지나지 않는다.

문화와 예술의 관점에서 일상은 또 하나의 창작물을 제공한다. 즉 지난 시대를 살았던 평범한 사람들의 일상에 주목하는 것은 새로운 문화 콘텐츠를 찾는 의미 있는 작업이다. 인문학과 문화 콘텐츠의 접점을 찾는 일은 단순히 기록에만 의존할 수도, 혹은 상상력에만 의존하여 무無에서 유有를 만들어낼 수도 없는 작업이다. 기본적으로 오랜 시간 대중의 정서적 공감과 교류를 바탕으로 수정·보완된 수많은 이야기 속에 담긴 복합적인 의미를 읽어낼 수 있어야 한다. 이러한 과정에서 생소한 자료와 낯선 정서를 다시 발견하고 역사적 해석을 통해 새로운 의미를 찾을 수 있다. 이 책을 통해 독자 여러분과도 정서적으로 공감하고 문화적 경험을 공유하게 된다면 좀 더 완성도가 높아질 것이다. 오늘을 살아가는 우리에게 문화는 소통이자 미래를 구체화할 수 있는 원동력이기 때문이다.

마지막으로 지면을 빌려 의미 있는 연구 성과를 접할 수 있는 기회를 주신 연구자 여러분께 감사의 말씀을 드린다. 이와 관련해서는 참고문헌으로 정리하여 별도로 첨부하였음을 밝혀둔다. 그리고 이 책이 나오기까지 수고를 아끼지 않은 이원중 사장님과 지성사 가족 여러분께도 진심으로 감사의 마음을 전하며, 이 책을 하늘나라에 가신 아버님께 바친다. 이 책의 마지막 교정 원고를 새벽에 출판사에 넘긴 날 오후에 아버님께서 돌아가셨다. 아버님께서는 늘 아들의 신간이 나오면 꼭 읽어보시고 간단명료하게 한줄 평을 책 속지에 남기셨고, 의문이 가는 점에 대한 질문도 잊지 않으셨다. 이 책을 보시고 어떤 평을 하셨을까 하는 생각과 함께 아쉬움이 가슴을 맴돈다.

강원도 인제 동국대학교 만해마을에서

김진섭

제
1
장

상징과 역설의 미학,

동물 속
우리 문화
이야기

신성한 까마귀의 변신

태양의 화신, 까마귀

새는 두 발로 걷지만 하늘을 나는 날개가 있다는 이유로 사람들의 다양한 상상력을 불러일으켰다. 새의 날개는 현실에 실재하는 대상이지만 땅에서 살아가는 동물들의 발과 달리 하늘의 신성함이 더해지면서 민가에서는 새를 삶을 위로하고 희망을 주는 존재로 여겼다. 특히 태양숭배 사상과 영혼불멸 사상이 있는 알타이권에 속한 우리 민족은 오래전부터 새를 신성하게 대접했는데 고대국가의 건국신화에 새가 자주 등장하는 것도 같은 맥락이다.

고구려 동명왕신화에서 새는 신성함을 보호하는 상징이었다. 주몽(동명왕)의 어머니 유화 부인이 알을 낳자 금와왕이 상서롭지 못하다 하여 그 알을 들판에 버렸는데 "새들이 모여들어 알을 날개로 덮어주어 주몽이 태어났다"고 한다. 또한 『삼국사기三國史記』*에는 신라 탈해왕신화를 비롯하여 이상한 새나 신작神雀이 모여들었다거나 학이나 기러기가 날아왔다는 등,

새에 관한 기록이 열한 차례나 보인다. 그뿐만 아니라 민가에서는 새를 통해 농사의 풍흉이나 공동체의 운명과 같은 길흉화복吉凶禍福을 점치기도 했다.

까마귀는 대표적인 예에 해당한다. 까마귀는 우리나라 전역에 서식하는 텃새로, 농촌의 야산이나 해변 등지의 큰 나뭇가지에서 둥지를 틀고 살아간다. 때문에 오래전부터 까마귀는 사람들과 가까이 살면서 친숙함을 유지해왔다. 그러나 구체적인 이유는 알 수 없지만 언제부턴가 까마귀가 흉흉한 소식을 전하는 새, 우는 소리가 기분 나쁜 새, 음험하고 어두운 새, 탐욕·부패·파괴를 상징하는 새가 되었고, 심지어 민가에서는 까마귀가 울면 사람이 죽는다는 속설까지 생겨나게 되었다. 하지만 우리와 달리 영국이나 일본에서는 까마귀를 신성한 새로 보호하고 있다. 『일본서기日本書紀』*에는 일왕 진무가 동방을 정벌할 때 "구마노에서 야마토에 이르는 험난한 길을 까마귀가 안내했다"는 기록이 있으며, 지금도 일본 각지에서는 까마귀를 신의 사자로 모시는 사당이 있고 산신으로 받들기도 한다.

오랜 시간 사람과 함께해온 까마귀는 신성한 이미지와 부정적 이미지를 넘나들며 변신을 거듭해왔다. 사진 ⓒ 최순규

우리나라도 까마귀를 하늘의 뜻을 인간 세상에 전하는 신령스러운 새로 대우한 적이 있었다. 까마귀의 울음소리를 하늘의 전령으로 생각했던 사람들은 제사를 지낸 후 잿밥과 나물을 대문 앞이나 울타리 옆에 놓아두었고, 까마귀가 그것을 물어다 저승의 조상들에게 전해준다고 믿었다. 또한 까마귀의 일상에도 주목해서 늙고 병든 부모를 끝까지 돌보며 먹여 살리는 까마귀의 습성을 보고 까마귀가 효도의 상징이라고 생각했다. 은혜를 갚는 '반포조反哺鳥'나 인자한 까마귀라는 의미의 '자오慈鳥'라는 말은 이러한 까마귀의 습성에서 비롯되었다.

또한 중국 신화의 영향을 강하게 받아 한때 까마귀를 태양의 정기를 받은 새로 여기기도 했다. 중국 고대신화에 따르면 까마귀는 태양의 화신이었다. 태초에 태양이 열 개 있어서 사람들이 태양열에 타 죽고 산천초목이 모두 불타 버리자 고심하던 요 임금은 명궁名弓 예羿를 불러 태양을 쏘아 떨어뜨리라고 명령했다. 이에 명을 받은 예가 시위를 당겨 활을 쏘자 불덩이가 폭발하며 태양이 땅에 떨어졌는데 그 자리에 다리가 셋 달린 커다란 황금색 까마귀인 삼족오三足烏가 화살에 꽂혀 죽어 있었다고 한다. 현전하는 해와 달 그림에 예외 없이 다리가 셋 달린 까마귀인 삼족오가 등장하는 것도 이 이야기와 연관이 있다.

다리 셋 달린 까마귀, 삼족오의 비밀

다리가 세 개인 까마귀라는 뜻의 삼족오에서 '3'은 예로부터 모든 수 가운데 으뜸인 길수吉數였다. 점 세 개를 이으면 삼각형 모양이 되니, 3은 흐트러짐과 어긋남이 없는 '충족성'과 '자체 속의 통일성'을 의미했다. 또한

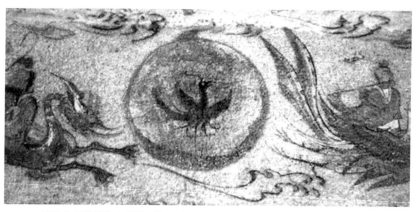

고구려 고분벽화 오회분 4호묘 삼족오에서 '3'은 예로부터 모든 수 가운데 으뜸인 길수였다. 삼족오의 첫 번째 다리는 떠오르는 태양을, 두 번째 다리는 정오의 태양을, 세 번째 다리는 지는 태양을 상징한다.

3은 음(⊹)과 양(⊹)의 조화로 탄생한 제3의 생명으로, 양수의 시작인 순수 양수 1과 음수의 시작인 순수음수 2가 결합한 최초의 결과물이다. 여기에 는 포용성·안정·조화·완성·변화의 시초라는 의미가 담겨 있으며 하늘과 연계한 삼위일체로 이어졌다. 서양의 그리스도교에서 삼위일체론이 삼각 형으로 표상되는 심화적 구조를 보여주어, 종교적 카리스마를 성취하는 것과 같은 맥락으로 체계적 계통을 확보함으로써 통치를 정당화하는 데 기여했다. 그리고 태양을 의미하는 원 속에 그려진 삼족오의 첫 번째 다리 는 떠오르는 태양을, 두 번째 다리는 정오의 태양을, 세 번째 다리는 지는 태양을 상징한다.

3이 지닌 의미는 우리 건국신화 곳곳에서도 그 흔적을 발견할 수 있다. 단군신화에 따르면 천신天神 환웅과 지모신地母神 웅녀가 결합하여 신인神人 단군을 낳았는데 여기서 환웅·웅녀·단군은 천天·지地·인人 삼재를 표상한

고구려 고분벽화 안악 3호분 고구려인의 주거 공간 중 부엌을 엿볼 수 있는 벽화로 지붕 위 용마루 끝에 까마귀가 앉아 있다.

다. 주몽신화 역시 천신 해모수와 지모신 유화의 결합으로 신인 주몽을 낳았다. 즉 건국 시조가 모두 하늘과 땅을 부모로 삼아 초자연과 자연의 지지를 동시에 받으며 탄생하는 삼각구도를 이루고 있음을 알 수 있다. 우리 민담에 흔히 등장하는 '삼년 고개'나 '삼세 번이라야 완벽하다'는 믿음 역시 이러한 신화 속 구조가 지금까지 우리 무의식 속에 자리 잡은 결과물이다.

한편, 삼족오의 검은색도 태양과 관련이 있었다. 태양은 불의 상징이며, 검은색은 '불의 신' 또는 '솥의 신'이라고 한다. 고구려 고분벽화 속 부엌 위 용마루 끝에 솥처럼 검은 까마귀가 앉아 있는 것도 같은 맥락이다. 여기서 검은색은 천지창조 전야의 원시적 어둠과 미래의 비옥한 땅을 예견하는 동시에 창조적 능력과 정신적 힘을 상징한다. 즉 검은색은 어둠이나 악이 아니라 새로운 창조의 시작을 의미하며 여기에는 긍정적이면서도 세련된 위엄과 권위, 그리고 미래를 내다보는 예언자의 의미까지 포함되어 있다. 때문에 사람들은 검은 까마귀가 개인과 마을, 국가의 대사까지 예언하는 능력이 있다고 생각했다. 특히 국가의 흥망성쇠와 연관된 이야기도 있다. 다음은 『삼국유사』*에 나오는 이야기이다.

고구려 대무신왕과 북부여 대소왕이 한창 전쟁 중일 때였다. 대소왕이 머리 하나에 몸체가 둘인 붉은 까마귀를 얻자 북부여 왕은, "까마귀는 본래 검은데 붉게 변했고, 머리 하나에 몸이 둘이니 이는 필시 두 나라가 합병될 조짐이다. 고구려 정복은 반드시 성공할 것이다"라고 기뻐하며 까마귀를 고구려 대무신왕에게 보냈다. 나라의 멸망을 예언하는 붉은 까마귀를 통해 항복을 권유했던 것이다. 그런데 까마귀를 받은 고구려 왕은 "검은빛은 북방의 빛인데 남방의 빛인 붉은색으로 변한 것은 고구려의 승리를 예견하는 징조"라며 오히려 기뻐했다.

이 밖에도 까마귀의 울음소리를 통한 예언으로 왕의 생명을 구하고 국가의 액운을 타파하는 등 다양한 이야기가 전해 내려온다.

까마귀의 몰락

그렇다면 이처럼 울음소리마저 신성하게 여긴 까마귀가 사람들에게 죽음과 질병을 불러오는 불길한 새가 된 이유는 무엇일까? 이와 관련해서 제주도에서는 다음과 같은 이야기가 전해 내려온다.

염라대왕이 저승사자 강림에게 이승에 사는 사람들의 수명이 적힌 적패지赤牌旨를 전해주고 오라고 명했다. 강림은 '여자는 일흔 살, 남자는 여든 살이 되면 이승을 떠나 저승으로 오라'고 적힌 적패지를 까마귀에게 주면서 지상의 호랑이(또는 인간 세계를 지배하는 강도령)에게 전하라고 건네주었다. 까마귀는 적패지를 물고 인간 세계로 향했다. 그런데 인간 세계에 이르렀을 때 죽은 말 한 마리를 발견한 까마귀는 허공을 빙빙 돌며 망설이다가 결국 참지 못하고 죽은 말 옆에 내려앉았다. 까마귀는 물고 있던 적패지를 바닥에 내려놓고 말 사체를 쪼아 먹기 시작했다. 그때 갑자기 돌풍이 불어 적패지가 옆에 있던 뱀에게 날아갔고, 뱀은 재빨리 적패지를 삼켜버렸다. 이때부터 뱀은 영험을 얻어 아홉 번 죽어도 살아나는 질긴 생명력을 지니게 되었다.

한편, 말 사체를 배불리 쪼아 먹은 까마귀는 뒤늦게 적패지가 없어진 사실을 알았지만 찾을 길이 없었다. 적패지를 찾아 사방을 헤매다 솔개를 발견한 까마귀는 솔개가 범인이라고 의심했다. 까마귀가 솔개에게 적패지를 내놓으라고 윽박지르자 난데없이 도둑으로 몰린 솔개도 지지 않고 까마귀에게 대들었다. 결국 둘 사이에 한바탕 싸움이 벌어졌고, 이후 까마귀와 솔개는 만나기만 하면 싸우는 원수지간이 되었다.

결국 적패지를 찾지 못한 까마귀는 염라대왕으로부터 중벌을 받게 될 것이 두려웠다. 그러나 하늘에 사는 신이 인간 세계의 일을 자세히 알지 못할 것이라고 생각한 까마귀는 마을로 와서 생각나는 대로 사람들의 수명을 떠들어댔다. 이때부터 까마귀가 울면 아이와 어른의 죽는 순서가 뒤죽박죽되었고, 졸지에 가족을 잃은 사람들은 까마귀의 울음소리를 원망하기 시작했다.

이런 이유로 "까마귀밥이 되었다"는 말이 '죽음'을 의미하게 되었고, 까마귀 울음소리가 악행과 불운의 전조가 되어 시간이 지날수록 더욱 구체적인 속설로 등장하게 되었다. 아침에 까마귀가 울면 아이가 죽을 징조이고 오후에 울면 노인이 죽을 징조이며, 지붕 위 용마루에서 울면 높은 사람이 죽을 징조이고 처마에서 울면 하인이 죽을 징조라는 등 시간과 장소에 따라 죽음을 구체적으로 구분하기까지 했다. 또한 밤중에 울면 역적이 출몰하거나 살인이 날 징조이고, 여러 마리가 떼 지어 울면 싸움이 날 징조이며 동쪽을 향해 울면 나쁜 소식이 올 징조이고 초저녁에 울면 불이 날 징조이며 전염병이 돌 때 울면 병이 더 널리 퍼질 징조이며 길 떠날 때 울면 재수가 없을 징조로 속설이 확대되기까지 했다. 결국 신성한 까마귀는 사람들에게 재앙을 불러오는 불길한 징조이자 조롱의 대상으로 추락하고 만 것이다. 건망증이 심한 사람을 적패지를 잃어버린 까마귀에 빗대어 "까마귀 고기를 삶아 먹었다"라고 핀잔을 주고, 어중이떠중이가 모여 있는 모양새를 무리지어 생활하지만 우두머리를 두지 않는 까마귀의 습성에 빗대어 '오합지졸烏合之卒'이라고 조롱하는 것도 같은 맥락이다.

평생 접동새를 쫓는 까마귀

신성한 상징성을 잃고 추락하면서 까마귀는 사람들에게 소외된 존재이자 고독한 새가 되어 흉조로 취급받게 된다. 사람들이 까마귀를 얼마나 부정적인 존재로 받아들였는지는 다음 이야기에서도 분명하게 드러난다.

옛날에 어떤 부인이 아들 아홉과 딸 하나를 낳고 죽었다. 부인의 남편은 곧 재혼을 했는데, 후처로 들어온 계모가 아들들이 일을 나가면 딸을 몹시 학대하기 시작했다. 그러나 딸은 계모의 학대를 견뎌냈고 시간이 흘러 시집을 가게 되었다. 오빠들은 여동생의 결혼을 진심으로 축하하면서 그동안 모아 놓은 돈으로 혼수를 남부럽지 않게 장만해주었다. 여동생 역시 오빠들의 축복 속에 그동안 힘들었던 일을 모두 잊고 새 출발을 준비했다. 그런데 결혼을 하루 앞두고 여동생이 갑자기 죽고 말았다. 오빠들은 슬픔에 눈물로 밤을 지새우다가 여동생이 저승에 가서라도 풍족하게 살기를 바라는 마음에서 혼수를 모두 불태워주었다. 그러나 값비싼 혼수가 불에 타는 것을 지켜보고만 있을 수 없었던 욕심 많은 계모는 참다못해 아홉 형제를 밀치며 불 타는 혼수를 하나라도 더 건져보려고 발버둥쳤다. 이를 지켜보던 아들들은 화가 나 계모를 불 속에 던져버렸고, 얼마 후 불 속에서 까맣게 탄 까마귀(계모)가 거친 울음소리를 토해내며 뒷동산으로 도망치듯 날아가 버렸다.

한편, 죽은 여동생은 저승으로 가지 못하고 접동새가 되어 매일 오빠들을 찾아와 '구읍접동' 하고 울었다. 구읍접동이란 '아홉 오라버니를 만나고 싶다'는 뜻으로 억울하고 한 맺힌 이승에서의 삶을 오라버니들에게 하소연하고 싶은 여동생의 마음이 담겨 있었다. 여동생 접동새는 밤에만 돌아다니며 구슬피 울었는데 까마귀가 된 계모가 접동새만 보면 죽이려고 달려들어 낮에는 숨어 지내야 했기 때문이다.

이 밖에도 민가에서 전해 내려오는 까마귀 이야기에는 대부분 까마귀의 검은 몸 색깔과 울음소리가 등장한다. 특히 검은색과 울음소리는 고통·복수·죽음 등을 의미했고, 이에 따라 까마귀는 좀 더 구체적인 상징성을 지닌 부정적인 존재로 자리 잡게 된다.

태양숭배 사상과 함께 저물다

까마귀가 신성성을 상실한 이유는 시간의 흐름에 따른 사회의식의 변화도 한몫을 했다. 까마귀의 신성성은 '태양을 떠받치는 존재'에서 시작되었는데, 태양은 동서양을 막론하고 모든 문화권에서 최고의 가치이자 태초의 의미로, 이집트와 인도 그리고 유럽어족 문화권과 중앙아메리카 문화권에서는 태양과 관련된 종교가 탄생할 정도였다. 특히 태양의 신성함은 현실 권력에 강력한 이데올로기를 제공해서 도시문화의 발달에도 크게 기여했다.

우리나라에서는 까마귀의 신성성이 태양을 숭배하는 종교로까지 발전하지는 않았기 때문에 태양을 천지창조와 직접 연관 짓는 이야기는 찾아보기 힘들다. 다만, 박혁거세 시조신화에서 국가의 탄생, 즉 '태양의 빛으로 세상을 다스린다'는 의미와 함께 '수태하는 힘'으로 태양이 등장하고 있다. '둥근 해를 품에 안고 한씨가 잉태했다'는 조선 성종의 탄생기에서도 태양이 왕권을 상징하는 '수태의 힘'을 의미한다.

「일월성신 무신도」 국립민속박물관 소장 태양은 일월성신의 하나로 신격화되어 민간신앙으로 구체화되기도 했다.

그러나 이후 사회 체계가 세분화되면서 태양의 절대적 상징성은 약화되었고, 사람들이 태양을 단순히 어둠에 대비되는 빛이라는 객관적 시각으로 바라보기 시작하면서 태양숭배 사상은 저물게 된다.

하지만 태양의 상징성이 모두 소멸한 것은 아니었다. 시간이 흐르면서 태양의 신성성이 위축되기는 했지만 사람들에게 태양은 여전히 특별한 존재였다. 한 예로 태양은 일월성신日月星辰의 민간신앙으로 구체화되어 달과 별 등과 함께 도교에 편입됨으로써 하위 신앙의 대상으로 자리 잡기도 했다. 또한 민간에서는 태양이 생명력을 부여하는 경외의 대상인 동시에 달의 어둠이나 차가운 '음陰'에 대비되는 밝음과 따뜻함을 상징하는 '양陽'의 개념이었고 이러한 의미를 담아 다양한 풍습이 생겨나면서 태양은 서민의 삶과 더욱 가까워졌다.

무경巫經[1]에서는 일월성신의 빛을 간직한 사람은 목숨을 연장하거나 1년 내내 실패하는 일이 없으며 개인의 생명이나 성공과 같은 복을 받는다고 한다. 민가에서 구전하는 해와 달 오누이 설화에도 태양이 등장하는데 이 이야기의 주인공인 연오랑과 세오녀의 이름에 모두 해를 상징하는 까마귀 '오烏' 자가 포함된 것도 같은 맥락이다. 이 밖에도 눈 다래끼가 나면 종이에 얼굴을 그리고 눈 부위에 바늘을 꽂은 다음 해가 떠오르는 동쪽에 붙여 놓는 민간요법에도 태양이 등장한다.

까마귀, 명예(?)를 회복하다

유학을 통치이념으로 받아들인 조선 관료사회에서도 까마귀는 부정적인 존재로 주로 임금의 눈과 귀를 가리는 모리배나 간신에 비유되었다. 작자 미상의 다음 시가 그 예다.

---

1 무당이나 판수가 병을 고치기 위해 독경할 때 외우는 경문.

까마귀 참까마귀 빛이나 깨끗하던가
소양전 일영日影을 제 혼자 피어온다
뉘라서 강호에 잠든 학을 상림원에 날릴꼬

이 시에서는 임금의 비위를 맞추며 총애를 받는 간신을 까마귀에, 임금의 부름을 받지 못하고 궁 밖에서 허송세월을 보내는 청렴한 선비를 학에 비유한다. 학의 흰색을 '선善'에 까마귀의 검은색을 '악惡'에 빗댄 셈이다. 충과 효, 지조와 절개를 생명보다 중요하게 여겼던 조선 사회에서 까마귀의 이미지는 더 이상 추락할 수 없을 정도로 밑바닥이었다. 그러나 흥미롭게도 과거에 실추된 까마귀의 명예가 어느 정도 회복된 시기 역시 조선이었다. 조선 초기의 다음 시조를 보자.

까마귀 검다고 백로야 웃지 마라
겉이 검은들 속조차 검을쏘냐
아마도 겉 희고 속 검은 손 너뿐인가 하노라

역성혁명으로 건국한 조선을 바라보는 관점의 차이를 말하는 이 작품이 흥미로운 이유는, 조선 개국에 참여한 관리들을 비웃던 지조 있는 고려 유신을 백로에 빗대면서 충신은 두 임금을 섬기지 않는다는 덕목을 어기고 조선 개국에 참여한 관리들이 스스로를 까마귀로 지칭하고 있다는 점이다. 은둔 생활을 선택한 고려 유신들의 지조를 백로에 비유할 수 있을지는 모르지만, 자기 한몸 깨끗이 지키기 위해 혼탁한 세상을 바로잡고 피폐해진 백성의 삶을 돌볼 책무를 저버린 그들을 까마귀가 비웃고 있는 셈이다.

즉, 까마귀를 통해 백성을 위해 현실 정치에 참여해야 한다는 실천 정신을 말하는 새로운 사례이다.

이와 같이 까마귀는 사람들과 오랜 시간을 함께하며 변신을 거듭해왔다. 현재는 까마귀의 부정적 이미지만 주로 남아 있지만 그렇다고 해서 과거의 신성한 이미지 자체가 완전히 소멸된 것은 아니다. 까마귀의 길조 이미지는 또 다른 새로 전이되어 여전히 서민의 정서를 대변하고 있다.

호랑이의 친구가 된 까치

작은 까마귀, 까치

까치는 몰락한 까마귀의 대안이었다. 사람들은 까치를 '작은 까마귀'라고 불렀는데 그렇다고 해서 까치가 까마귀를 대신해서 어느 날 갑자기 등장한 것은 아니다. 현재까지 남아 있는 까치에 관한 가장 오래된 기록은 석탈해신화이다. 『삼국사기』와 『삼국유사』에 따르면 아기 석탈해가 담긴 궤짝이 떠내려올 때 까치 한 마리가 울면서 끝까지 따라왔다고 한다. 이런 이유로 탈해의 성이 까치 '작鵲' 자에서 새 '조鳥' 자를 뺀 '석昔'이 되었다. 또한 까치에 관한 구전에는 불교와 관련된 이야기가 많은데, 이는 오래전부터 형성된 토속신앙과 민간신앙에 불교가 접목되었기 때문이다. 이 밖에도 까치가 영물靈物이었다는 기록은 곳곳에 남아 있다.

까치는 하늘 높이 날지 않고 사람들이 많이 사는 마을 인근의 나무 위에 둥지를 틀고 산다. 사람이 농사지은 낟알과 과일을 주로 먹고 살기 때문에 오래전부터 사람들과 친숙한 관계를 유지해왔는데, 민가에서는 까치가 사람을 흉내낼 정도로 사람의 마음을 잘 읽는 새라고 알려져 있다. 한 예로 굿을 할 때 죽은 이가 극락과 지옥 중 어디로 갔는지 알기 위해 소반에 쌀을 얇게 펴고 점을 칠 때 까치의 발자국이 나타나면 까치가 죽은 사람의 혼을 저승길로 인도해 극락왕생한다고 믿었다. 또한 하늘나라에서 복을 받아 사람에게 전달해주는 새이기 때문에 아침에 까치가 울면 반가운 손님이 오고 새해 첫날 까치가 울면 1년 동안 좋은 일이 생긴다고 믿었다. 때문에 사람들은 섣달그믐을 '까치설'이라고 이름 붙일 정도로 까치를 좋아했으며, 심지어 까치를 죽이면 죄를 받는다고 생각할 정도로 '길조吉鳥'로 취급했다.

반면, 서양에서 까치의 이미지는 우리나라와 상당히 달랐다. 유럽에서는 일반적으로 까치를 대수롭지 않은 잡새로 취급했는데, 특히 프랑스에서는 농작물이나 사냥터의 작은 조수鳥獸를 해치고 반짝이는 물체를 물어 감추는 습성 때문에 '수다쟁이'나 '도둑놈'으로 매도했다. 그렇다면 우리나라와 서양에서 이처럼 까치에 대한 이미지가 상반되는 이유는 무엇일까?

까치는 유라시아 대륙 대부분과 북부 아프리카는 물론 북아메리카 서부에까지 서식할 정도로 지구상에서 넓게 분포한다. 또한 서양에서도 사람이 사는 곳에서 흔히 볼 수 있는 새였기 때문에 일찍부터 까치의 습성을 잘 파악했지만 이에 대한 지역별 해석이 달랐던 것으로 보인다. 사람 흉내를 잘 내는 까치의 습성을 서양에서는 사람을 질투하고 수다스럽다고 해석한 반면, 우리나라에서는 사람의 마음을 잘 읽는다고 받아들였다. 또한 무언가를 물어나르는 습성 때문에 서양에서는 도둑으로 몰렸지만 우리나라에서는 무언가를 가져가면 반드시 새로운 것으로 돌려주는 중개자가 되었고 은혜를 입은 까치는 반드시 보은을 한다는 속설로까지 이어졌다. 그런 점에서 서양이 까치의 습성에 직관적으로 반응했다면, 우리나라에서는 까치의 습성에 미래에 대한 희망까지 담았던 것이다.

대머리가 된 까치

까치는 우리 민요나 동요에도 자주 등장한다. 아이들이 젖니를 갈 때 빠진 이를 지붕에 던지며 "까치야 까치야, 헌 니[齒] 줄게 새 이 다오"라고 노래하면, 까치가 헌 이를 물어가고 튼튼하고 곧은 이를 나게 해준다고 믿었다. 눈에 티끌이 들어갔을 때도 "까치야 까치야, 내 눈에 티 내어라, 안 내어주면 네 새끼를 해치겠다"고 주문을 외웠다. 일상생활에서 우발적으로 일어나는 일까지도 까치가 해결해준다는 믿음이 민가에 널리 퍼져 있었음을 알 수 있는 대목이다. 이러한 기대 심리는 까치의 활동 범위를 대폭 확장시켰고 급기야 까치가 하늘에서 일어난 남녀의 슬픈 사랑을 이어주는 가교 역할까지 담당한다는 다음과 같은 이야기에도 등장하게 된다.

까치는 사람과 가까이 지내는 습성 덕분에 까마귀의 뒤를 이어 길조로서의 이미지를 확실하게 굳히게 된다. 사진 ⓒ 최순규

옛날 부지런한 견우와 직녀가 살았다. 옥황상제는 두 사람이 사랑에 빠지자 결혼을 허락했다. 그런데 두 사람은 신혼의 즐거움에 빠져 일을 하지 않고 온종일 놀며 지냈다. 화가 난 옥황상제는 두 사람 사이에 은하수를 두어 갈라놓았고 은하수를 건널 수 없었던 견우와 직녀는 서로 쳐다보며 눈물만 흘렸다. 이를 지켜본 까치와 까마귀가 안타까운 마음에 함께 다리를 놓아 두 사람이 만날 수 있게 해주었다. 사람들은 이 다리를 까마귀 '오烏'와 까치 '작鵲'을 따서 '오작교烏鵲橋'라고 했고 이때부터 인간 세계에서는 칠월칠석이 되면 까치가 사라졌다가 다음 날 머리가 벗겨져 나타났다. 까치가 은하수에 오작교를 놓기 위해 무거운 돌을 머리에 지느라 머리털이 빠졌기 때문이었다.

까치가 하늘님을 대신해서 참새와 파리의 싸움에 재판관으로 등장하는 흥미로운 이야기도 있다.

옛날에 참새와 파리가 살았는데 둘은 만나기만 하면 자기가 잘났다고 싸웠다. 보다 못한 하늘님이 어느 날 까치를 불러서 "저 둘을 엄중히 벌하라"고 명하자 까치는 참새와 파리를 불러 호통을 쳤다. 까치의 불호령에 불안해진 파리는 어떻게든 위기를 모면할 생각으로 참새가 사람들이 힘써 지어놓은 곡식을 마구 쪼아 먹는다고 헐뜯었다. 파리의 고자질로 참새는 종아리를 맞게 되었고, 몇 대 맞자 고통을 참지 못하고 두 발로 톡톡 뛰면서 파리가 사람들이 먹는 음식에 온갖 더러운 것을 옮기고 다닌다고 고자질을 했다. 참새의 고자질에 종아리 맞을 것이 두려웠던 파리는 앞발을 싹싹 비비며 잘못을 빌었다. 이에 까치는 오늘 일을 항상 명심하고 잘못을 뉘우치며 살아가겠다는 약속을 받고 둘을 돌려보냈다. 이후 파리는 아무데서나 앞다리를 싹싹 비는 습관이 생겼고, 참새는 걸음을 옮길 때마다 회초리 맞은 부위에 통증을 느껴 두 발로 톡톡 뛰어다니게 되었다.

이러한 이야기는 서양에서도 '새들의 회의'라는 제목으로 전해 내려온다. 중국에서는 까치 대신 독수리가 등장하기도 하고, 때로는 심판자로 하늘님이 직접 등장하는 이야기도 있다. 반면 우리나라의 경우 하늘의 명을 받아 지상에서 대리인 역할을 해온 까마귀 대신 까치가 등장한다는 점이 특이한데, 아마도 까마귀에 대한 믿음이 사라지면서 까치가 그 자리를 대신하게 된 듯하다.

도박이 성행한 마을에는 까치집이 없다?

까치에 대한 사람들의 기대 심리는 다양하고 광범위했다. 중부 지방에서는 예로부터 정월 열나흗날 까치가 울면 수수 농사가 잘되고 까치가 물을 차면 날이 갠다고 한다. 호남 지방에서는 까치 둥지가 있는 나무의 씨를 받아 심으면 벼슬길에 오른다고 했으며, 충청도 지역에서는 까치집을 뒷간에서 태우면 병이 없어지고 까치집이 있는 나무가 있는 터에 집을 지으면 부자가 된다고 믿었다.

아침저녁으로 까치가 찾아와 울어대면 집안에 복이 들어온다는 속설도 있었는데 집 주위에 참죽나무를 심은 것도 까치가 날아와 집을 짓게 하려는 의도에서였다.

까치집은 악귀 퇴치에도 효과가 있어 오래된 까치집을 불 태워 재로 만들어 숭물崇物의 이름을 부르면 미친병이나 도깨비, 귀신에 홀린 사람을 치료할 수 있다고 한다. 또한 우리 전통 의학서『동의보감』*에도 사람 배 속의 벌레를 제거하는 데 효과가 있다는 등의 까치집 약효에 대한 기록이 있다.

이러한 믿음은 근거가 미약한 부분이 적지 않았지만 그럼에도 간절한 염원이 지나친 나머지 까치와 까치집은 온갖 수난을 겪는 경우가 적지 않았다. 집의 남쪽 방향에 까치가 둥지를 틀 나무가 없는 집안은 복이 들어오지 않는다는 이유로 배우자를 선택할 때 결격사유로 삼았으며, 과거 응시자가 있는 집에서는 까치가 나무에 둥지를 틀지 않으면 하인이나 부인이 합격을 기원하며 동이 틀 때를 기다려 나무에 올라가 대신 까치 울음소리를 내기도 했다. 까치가 길조이기도 했지만 까치를 뜻하는 '작鵲'과 벼슬을 의미하는 '작爵'의 음이 같았기 때문이다.

행운을 준다는 까치집에 대한 믿음은 노름판에도 있었다. 노름꾼들 사이에서는 까치집 가운데 가장 굵은 나뭇가지를 골라 흐르는 물에 넣고 거꾸로 밀어 올리면 돈을 딴다는 속설이 있었다. 때문에 노름이 성행한 마을에서는 온전하게 남아 있는 까치집이 없었고, 까치집이 보이지 않는 마을은 도박이 성행하는 지역으로 오해를 받기도 했다.

호랑이의 친구, 까치

까치는 부처의 전령사 역할을 하는 길운의 상징이기도 해서 불교 사찰 건립에 관한 이야기에도 자주 등장한다. 목숨으로 은혜를 갚았다는 상원사 동종의 이야기와 까치가 나무껍질을 물어다 떨어뜨린 곳에 절을 세웠다는 경북 영풍[2] 부석사 설화도 그 예다. 신라 말에서 고려 초의 인물인 승려 보양에 관한 다음 이야기도 흥미롭다.

보양이 중국에서 불법佛法을 전수받고 귀국할 때의 일이다. 보양은 귀국 길에 서해 용왕에게도 불법을 가르칠 정도로 불심佛心이 깊은 승려였다. 당시 용왕은 보양에게 보답의 의미로 작갑으로 돌아가서 절을 지으면 곧 어진 임금이 나와 삼국을 평정할 것이라고 예언했다. 보양이 귀국하여 지금의 경북 청도군 운문면에 도착했을 때 산에 올라 주위를 살펴보니 5층 황탑黃塔이 눈에 들어왔다. 신기한 생각이 든 보양은 서둘러 그곳을 찾아갔으나 탑이 보이지 않았다. 용왕의 예언이 생각난 보양이 다시 산에 올라 탑이 있던 방향을 바라보자 그곳에 까치가 모여 땅을 쪼고 있었다. 보양이 다시 내려가 까치가 있던 곳의 땅을 파보니 절터에서 사용한 해묵은 벽돌이 무수히 나왔다. 땅속에서 나온 벽돌은 탑을 쌓고 절을 세우는 데 모자라지도 남지도 않고 딱 맞았다. 보양은 까치의 도움으로 절을 지었다고 해서 절의 이름을 작갑사鵲岬寺라고 했다.

한편, 까치는 민화民畵에도 단골손님으로 등장한다. 민화에서 흔히 볼 수 있는 토끼나 거북, 학과 비교해도 까치의 등장 횟수는 압도적인데, 『화담계록』에 따르면 호랑이를 그릴 때 까치를 함께 그렸다고 할 정도이다.

일반적으로 무당의 신당에도 호랑이와 까치가 함께 등장하는 산신도가 있는데 여기서 호랑이는 산신의 신탁을 받은 존재이며 까치는 서낭신의

---

2 영천과 풍기의 첫 글자를 따서 영풍(군)이 되었고, 1995년 영주시에 통합되어 영주시가 되었다.

청도 운문사 까치의 도움을 받아 절을 지었다고 해서 작갑사로 부르기도 했다. 작갑사에 관한 또 다른 이야기로 승려 보양이 서해 용왕의 아들 이목(이무기)을 데리고 와 작갑사의 작은 연못에 살게 했는데 계속되는 가뭄에 이목이 비를 내리게 하자 화가 난 천제가 이목을 죽이려고 했다. 이때 보양이 배나무를 이목이라 하여 배나무가 벼락을 맞았다는 일화도 있다. 사진 ⓒ 나상호

신탁을 전해주는 영물이다. 민화에서는 영험하고 용맹스러운 호랑이를 해학적인 이미지로 그려 호랑이가 개를 먹고 취해 있거나 고슴도치를 먹다가 혼이 나기도 하고, 까치나 토끼한테 골탕을 먹고 우스꽝스러운 표정을 짓고 있기도 한다. 반면, 까치는 화禍를 막고 복福을 기원하는 민간신앙의 염원을 담아 친숙함을 강조하고 있다. 때문에 까치가 호랑이의 친구로 보이기도 하고 때로는 호랑이를 대신해 까치가 하늘의 대리인이 되기도 한다.

물론 민화에서 호랑이를 희화화했다고 해서 호랑이의 이미지가 일방적으로 추락한 것은 아니다. 민가에서는 옛날부터 가장 무서운 존재로 호환

「산신도」_국립중앙박물관 소장　백발 수염의 산
신과 그를 지키는 호랑이. 맹수인 호랑이를
친근하고 해학적으로 묘사한 점이 특징이다.

虎患을 꼽을 정도로 호랑이를 두려워했다. 따라서 사람과 친근한 까치가
하늘의 전령이자 호랑이의 친구로 등장하는 민화에는 호환과 같은 위험으
로부터 벗어나고자 하는 서민들의 간절한 염원이 담겨 있는 셈이다.

공포와 해학이 공존한 호랑이

호랑이는 만병통치약

고양이과에 속하는 호랑이는 성질이 흉포하여 동물뿐만 아니라 사람까지 해치는 지상에서 가장 사나운 맹수로 꼽는다. 그러나 실제로 호랑이가 사람들에게 무섭기만 한 존재는 아니었다. 민간에서는 용맹스럽고 강한 호랑이를 친근하게 형상화하며 사람을 지켜주는 영물로 대접하기도 했다. 지금까지 남아 있는 호랑이를 친숙하게 그린 수많은 민화는 집안의 삼재三災를 호랑이가 막아준다는 믿음에서 비롯된 것이다.

여인들이 호랑이 발톱 모양으로 노리개를 만들어 차고 다닌 것도 잡귀를 막기 위해서였다. 신부가 결혼식을 마치고 시댁으로 가는 가마에 탈 때도 호랑이 가죽이나 호랑이 무늬 담요를 가마 위에 덮었는데, 이러한 풍습에는 호랑이가 병을 옮기는 귀신이나 인간의 즐거움을 시기한 잡귀로부터 새색시를 보호해준다는 믿음이 담겨 있었다. 생애 최대 경사 중 하나인 결혼식에 악귀가 끼어드는 것을 막아준다고 믿을 정도로 호랑이는 사람들의

호랑이 발톱 노리개_국립민속박물관 소장
여인들은 악귀를 퇴치하기 위해 호랑이
발톱 모양으로 노리개를 만들어 저고리
에 차고 다녔다.

생활 속에 깊이 들어와 있었던 셈이다.

이러한 호랑이에 대한 민간신앙은 민간치
료 요법으로도 이어졌다. 민가에서는 콜레라
에 걸리면 호랑이 고기를 삶아 먹고, 종기가
나면 호랑이 그림을 그려 벽에 붙여놓고 악
귀를 쫓아냈다. 독감에 걸리면 '범 봤다'를 세
번 외쳤고, 갑자기 정신이 나가면 호랑이 가
죽을 태워 물에 타 마시는 방법으로 악귀를
퇴치했다.

호랑이를 약재로 사용한 기록은 전통 의학서에도 찾아볼 수 있다. 중국
명나라 명의名醫 이시진李時珍이 30여 년에 걸쳐 완성한『본초강목』•은 민
간에서 전해 내려오는 근거 없는 내용을 배제한 것으로 잘 알려져 있는데
여기에 호랑이를 활용한 치료법이 등장한다. 이 책에 따르면 호랑이 뼈는
사악한 기운과 병독의 발작을 멈추는 데 효과가 있어 풍병 치료에 쓴다.
호랑이 눈은 행동이 산란한 사람에게 쓰고, 코는 미친병과 어린이 경풍 치
료에 쓴다. 호랑이 이빨은 매독이나 종기의 부스럼에 효과가 있으며, 발톱
은 어린이 팔뚝에 붙은 도깨비를 물리치는 데 효과가 있다. 또한 호랑이 가
죽은 사악한 귀신을 놀라게 하여 학질을 떼는 데 쓰고, 수염은 치통에 효험
이 있으며 심지어 호랑이 오줌은 쇠붙이를 삼켰을 때 치료제로 쓴다. 이처
럼 호랑이는 머리끝에서 발끝까지 중요하지 않은 부분이 없다. 과연 지상
에서 대적할 상대가 없는 최강의 동물답게 감기 치료부터 사악한 귀신 퇴
치까지 가능한 만병통치약인 셈이다.

호랑이, 백발노인의 시종으로 추락하다

인간의 길흉화복을 다스리는 신성한 호랑이는 산신령의 화신 역할도 했다. 음양오행설을 담은 사신도四神圖에는 호랑이가 서쪽을 수호하는 방위신으로 등장한다. 그런데 호랑이가 해가 뜨는 동쪽이 아니라 해가 지는 서쪽 산을 지키는 신이 된 데는 나름의 이유가 있다. 우리나라에서는 예로부터 사람이 죽으면 하늘로 돌아간다고 믿었다. 하늘과 가장 가까운 장소가 바로 산이기 때문에 다른 민족과 달리 산에 묘를 쓰는 풍습이 생겨났다. 그런 점에서 사람의 삶과 죽음이 교차하는 중요한 곳으로 산을 떠받드는 산신신앙은 민간신앙에서 중요한 위치를 차지하게 된다. 하지만 산을 지키는 산신은 최강의 힘을 지니고 있지만 신은 아니었다. 신은 하늘에 이미 존재하거니와 산신의 역할은 인간과 신 사이에서 산을 지키며 사람들의 안녕과 복을 지켜주는 것이었기 때문이다. 아마도 이러한 이유로 호랑이는 하늘로 올라가 신이 되지 못하고 산을 지키는 산신으로 남게 되었는지 모른다. 해와 달이 된 오누이 설화에서 호랑이가 동아줄을 내려달라고 빌었지만 썩은 동아줄이 내려와 결국 하늘로 올라가지 못했다는 이야기도 이와 연관이 있는 듯하다. 호랑이는 영험하지만 하늘의 절대적 신성성과는 거리가 있었던 셈이다.

이와 같이 호랑이를 산신으로 믿은 이유는 땅에 사는 동물 가운데 호랑이가 으뜸이었기 때문이다. 하지만 그 이상의 위엄과 권위는 부여받지 못한 듯한데 민화 「작호도鵲虎圖」를 보면 이를 짐작해볼 수 있다. 작호도는 소나무와 까치를 배경으로 호랑이를 그린 민화로, 일명 '까치호랑이'라고도 한다. 작호도에서 까치는 서낭신의 신탁을 전하는 전령인데 호랑이와 위상이 동등하거나 그 이상으로도 느껴진다. 특히 민화에 등장하는 호랑

「**까치호랑이**」_국립중앙박물관 소장 민화에 등장하는 호랑이는 조선 시대에 들어오면서 더욱 위축되어 특유의 위엄보다는 얼이 빠진 모습으로 희화화되었다.

이는 조선 시대에 들어서면서 더욱 위축되어 특유의 위엄보다는 얼이 빠진 모습으로 희화화되기도 하는데 그 과정에서 하늘의 뜻을 받지 못하고 까치를 통해 산신의 신탁을 받거나 산신인 백발노인의 시종으로 격하되기도 한다.

하늘을 두려워한 호랑이

호랑이와 하늘의 인연도 주목해볼 만하다. 호랑이와 하늘의 관계는 우리 문화의 시작이라고 할 수 있는 단군신화부터 살펴보아야 한다. 인간이 되고 싶었던 호랑이는 곰과 함께 소원을 이루기 위해 하늘에서 내려온 환인을 찾아가지만 환인이 일러준 고통을 감내하지 못하고 끝내 동굴을 뛰쳐나오면서 인간이 되기를 포기하고 하늘과의 인연을 단절한다. 때문에 호랑이는 하늘과 거리를 둘 수밖에 없었고 하늘을 두려워하게 된다.

다음은 하늘에서 내리는 소나기를 가장 무서워하게 되었다는 호랑이의 이야기이다.

옛날 어느 산골에 호랑이가 살고 있었다. 하루는 배가 너무 고픈 호랑이가 먹을 것을 찾아 산을 내려왔다. 마침 마을 어느 외딴 집을 발견한 호랑이는 삼밭에 엎드려 집 안의 동태를 살폈다. 마당에서는 주인집 남자가 평상에 앉아 저녁밥을 먹고 있었다. 그런데 주인 남자가 갑자기 하늘을 보며 "어허, 소나기가 올 것 같은데"라며 밥상을 들고 방 안으로 들어가 버렸다. 호랑이는 순간 겁이 났다. 하늘에서 보내는 소나기가 꽤나 무서운 놈이라고 생각한 것이다. 숨을 곳을 찾아 두리번거리던 호랑이는 외양간을 발견하고 재빨리 들어가 덤불 속에 몸을 숨겼다.

잠시 후 날이 완전히 어두워지자 집에 소도둑이 들었다. 외양간에 들어온 소도둑은 어둠 속에서 손을 더듬었고 묵직하고 펑퍼짐한 황소 잔등 같은 것을 느꼈다. 소도둑은 재빨리 그놈의 잔등에 올라타고 엉덩이를 사정없이 내리쳤고 놀란 호랑이는 영문도 모른 채 있는 힘을 다해 도망치기 시작했다. 호랑이는 등에 달라붙은 놈이 소나기라고 생각했고 그놈을 떨치기 위해 더욱 몸부림치며 달렸다. 하지만 그럴수록 잔등에 붙은 놈은 호랑이 몸에 더욱 찰싹 달라붙었고 호랑이는 밤새 정신없이 날뛰며 산속을 헤매야 했다.

어느새 날이 밝았고, 소도둑은 그제야 자신이 올라탄 놈이 황소가 아니라 호랑이임을 알아챘다. 하지만 호랑이에게 잡아먹힐지도 모른다는 두려움 때문에 한참을 꼼짝 못하고 매달려 있어야 했고, 마침내 눈앞에 옆으로 길게 뻗은 커다란 나뭇가지가 나타나자 하늘이 준 기회라고 생각하고 나뭇가지를 붙잡아 호랑이 등에서 벗어났다. 소도둑은 재빨리 속이 빈 커다란 고목 안에 몸을 숨겼다. 하지만 소도둑이 떨어져 나간 줄도 모르는 호랑이가 정신없이 뛰어다니다가 토끼와 마주쳤다.

호랑이가 등에 사람을 태우고 뛰어다니는 것을 죽 지켜본 토끼가 호랑이를 비웃으며 말했다.

"등에는 아무도 없어요. 그리고 당신 등에 탄 건 소나기가 아니고 사람이었어요. 천하의 호랑이가 사람을 그렇게 무서워하다니 이 산속의 동물들이 모두 비웃겠어요."

토끼의 말에 호랑이는 등 뒤를 힐끗 돌아보고는 그제야 아무것도 없다는 사실을 알게 되었다. 호랑이는 정신이 번쩍 들었고 비로소 창피함을 느꼈다. 이때를 놓치지 않고 토끼가 호랑이에게 제안했다.

"그렇게 정신없이 뛰어다니지만 말고 저하고 그놈을 잡아먹으러 가요. 그놈이 어디 있는지 알고 있어요."

토끼는 말이 끝나자마자 용감하게 앞장섰다. 자존심이 무척 상한 호랑이는 내키지 않았지만 토끼가 안내하는 곳으로 가기로 했다. 하지만 꾀 많은 토끼가 무슨 짓을 하고 도망칠지 모른다고 생각한 호랑이는, 만일의 사태에 대비해 자신의 꼬리와 토끼의 꼬리를 묶은 채 출발했다.

소도둑을 찾아 나선 호랑이와 토끼는 도중에 곰을 만났다. 둘은 그간의 일을 설명하고 힘을 합치기로 했다. 마침내 소도둑이 숨어 있는 곳에 도착한 호랑이와 토끼는 곰에게 나무의 윗구멍을 막으라고 했고 둘은 밑동을 깎

아내 나무를 쓰러뜨린 후 안에 있는 놈을 잡기로 했다. 곰은 고목 위로 올라
가 구멍에 걸터앉았다. 소도둑은 밖에서 부스럭거리는 소리가 들리면서 갑
자기 어두워지자 꼼짝없이 죽겠다는 생각에 겁에 질렸다. 절망에 싸인 소도
둑은 한숨을 쉬며 위를 쳐다보았고 순간 곰의 고환이 축 늘어져 있는 것을
발견했다. 소도둑은 두 손으로 곰의 고환을 움켜쥐고 있는 힘껏 잡아당겼
다. 갑자기 급소를 역습당한 곰은 고통을 참지 못해 고래고래 소리를 질렀
고, 영문을 모르는 호랑이와 토끼는 머리 위에서 우레와 같은 소리에 깜짝
놀랐다. 뭔가 일이 잘못되었다고 생각한 호랑이와 토끼는 누가 먼저랄 것도
없이 무작정 도망치기 시작했다. 그러나 토끼는 정신없이 도망가는 호랑이
의 속도를 따라잡을 수 없었고, 결국 묶여 있는 꼬리 때문에 질질 끌려가다
가 그만 꼬리가 빠져버렸다. 이때부터 토끼는 꼬리가 없어졌고 호랑이는 하
늘의 소나기를 무서워하게 되었다.

결국 호랑이는 하늘을 두려워할 정도로 거리를 두며 살아가야 했고, 하
늘에서도 호랑이를 불러들이지 않았다. 때문에 호랑이는 지금까지 산신으
로 남아 산을 지키며 살아가고 있다.

토끼가 달나라에 간 까닭은?

풍자의 왕 토끼

민가에서 토끼는 재치와 임기응변으로 위기를 극복하는 재주가 뛰어난 동물로 유명하다. 토끼는 힘과 능력이 있는 상대까지 온갖 기지를 발휘해 골탕 먹이는 속임수의 명수로, 호랑이나 독수리, 심지어 용왕까지 골탕 먹이고 살아남았다는 이야기는 무수히 많이 전해 내려온다.

또한 "토끼 도망가듯 한다"라는 의미의 한자어 '탈토지세脫兎之勢'와 '도망가다'의 속어 '토끼다'에서 유추해볼 수 있는 것처럼 토끼는 매우 민첩하고 날렵한 동물이다. 게다가 귀여운 몸집에 작은 입, 동그랗고 커다란 눈동자는 약하고 선하며 영특한 이미지를 구축하는 데 안성맞춤이다. 토끼는 현대적 의미로 해석하면 버라이어티한 동물로, 토끼가 등장하는 이야기는 재미와 통쾌함 그리고 교훈까지 준다.

토끼는 영특함으로 누군가를 골탕 먹이는 재주가 있지만 특별히 사람에게 피해를 준 이야기는 찾아보기 힘들다. 오히려 서민들은 달나라에 사는 토끼를 보고 이상향을 꿈꾸었으며, 힘은 세지만 우둔한 동물에 저항하는 의롭고 꾀 많은 토끼를 통해 신분차별과 부조리한 현실을 극복하고 대리만족을 느낄 수 있었다. 때문에 토끼는 오래전부터 사람들에게 친숙한 동물이었다.

우리나라에 남아 있는 토끼에 관한 최초의 그림은 달 그림 속에 두꺼비와 함께 등장하는 고구려 고분벽화이다. 그리고 최초의 이야기는 『삼국사기』 권41 「토끼와 거북 이야기」이며, 이후 현재까지 인도와 중국 등 외래문화의 영향을 받기는 했지만 우리 민족 고유의 정서와 생활 환경이 토끼에 투영되면서 독특한 캐릭터를 형성해왔다. 하지만 토끼는 민간신앙의 대상으로 발전하지는 못했다. 그리고 사람들은 토끼를 일방적으로 동경하거나 짝사랑하지도 않았다. 서민들 사이에서 토끼는 영리하고 똑똑한 캐릭터를 활용해 힘세고 권위적인 동물을 골려주는 존재였지만, 한편으로는 자신의 이익을 위해 선량한 다른 동물을 속이는 비도덕적인 존재이기도 했다.

이러한 경향은 특히 17~8세기의 사회 분위기와 맞물려 정점을 보인다. 이 시기는 유교 윤리의 위선과 신분질서의 모순, 도덕성 상실이 심화되면서 부조리한 사회와 구조에 대한 사람들의 비판의식이 꽃핀 시기였다. 「토끼전」에 등장하는 용왕 및 수궁 대신들과 토끼가 대립하는 이야기 역시 이러한 당시 사회상을 반영하고 있다. 주색잡기와 사리사욕에 빠진 지배층과 싸움만 하는 부패하고 무능한 관료 집단에 맞선 토끼의 기지와 활약은 백성을 제물로 삼는 지배 질서에 대한 통쾌한 일격이었다. 피지배층들은 이를 통해 엄청난 대리만족을 느낄 수 있었다.

반면, 서양에서의 토끼는 부정적인 이미지를 가지고 있다. 서양 사람들은 토끼를 지나치게 주의 깊고 소심하다고 평가했다. 헤브루에서 토끼는 부정한 동물로 마녀의 심부름꾼이나 교활한 책략가를 상징했다. 특히 흰 토끼는 마녀의 대리물이기 때문에 서양에서는 배를 탄 후 토끼 이야기를 금하는 풍습이 있었다. 우리나라에도 일부 부정적인 이미지가 있어서, 토끼 고기를 먹으면 건망증이 생긴다거나 임산부가 먹으면 언청이를 낳는다는 속설이 있기는 하지만 특별히 민간신앙이나 사회적 차원에서 토끼를 금기시한 것은 아니다.

곰의 남편이 된 토끼

토끼가 등장하는 이야기가 모두 대리만족을 주거나 교훈을 담고 있는 것은 아니다. 다음처럼 특별한 의미를 담기보다 단순히 재미를 주는 이야기도 있다.

어느 날 토끼가 곰이 사는 굴에 찾아갔다. 마침 어미 곰이 먹이를 구하러 나가고 없는 것을 본 토끼는 장난기가 발동하여 새끼곰들에게 말했다.

"너희 어미가 있었다면 마땅히 나를 서방님으로 모시고 하룻밤을 보냈을 텐데 애석하구나! 어미가 돌아오면 내가 내일 다시 오겠다고 전해다오."

토끼는 새끼 곰들을 희롱하고는 히죽거리며 굴을 나왔다. 새끼 곰들은 어미 곰이 돌아오자 토끼의 말을 그대로 전했고 어미 곰은 화가 났다.

"이 산속의 임금인 호랑이도 우리를 함부로 하지 못하는데 토끼 따위가 감히 나를 모욕하다니 가만두지 않을 테다!"

다음 날 토끼가 다시 찾아와 새끼 곰들에게 똑같은 장난을 쳤다. 이때를 놓치지 않고 숨어 있던 어미 곰이 뛰어나와 토끼를 덮쳤고, 놀란 토끼는 재빨리 굴 밖으로 뛰쳐나와 우거진 수풀 사이로 도망쳤다. 하지만 토끼를 쫓던 곰은 덩치가 커서 수풀 사이에 걸려 갇히고 말았다. 도망치던 토끼는 이때를 놓치지 않고 곰에게 달려들었다. 토끼는 눈 깜짝할 사이에 곰을 범하고는 깡충깡충 뛰어가면서 말했다.

"이제부터 내가 네 신랑이니 함부로 할 수 없을 것이야!"

실제로 곰은 노루나 멧돼지는 잡아먹지만 아무리 배가 고파도 토끼는 먹지 않는다고 알려져 있다. 그리고 이 이야기의 영향인지는 알 수 없으나 교접 시간이 짧은 것을 두고 마치 토끼처럼 눈 깜짝할 사이에 일을 해치웠다고 하기도 한다. 그러나 다산多産을 중시하는 농경 사회에서 토끼의 왕성한 번식력은 긍정적인 이미지로 수용되었다.

욕심이 불러온 재앙

토끼가 등장하는 이야기에는 욕심 많고 이기적이며 자만심이 지나쳐 낭패를 보게 되는 결말도 있다. 여기에는 제아무리 재주가 뛰어나도 스스로 경계하는 삶을 살아야 한다는 지혜가 담겨 있다. 다음 이야기는 이러한 의미와 함께 토끼의 외모에 대한 유래도 엿볼 수 있다.

옛날 여수 지방의 자산(또는 척산)이라는 곳에 토끼가 살고 있었다. 토끼는 동백나무와 상록수로 덮여 있고 기암괴석으로 소문난 오동도에 가보는 것이 소원이었다. 하지만 그곳에 가려면 바다를 건너야 했다. 토끼는 궁리 끝

오동도와 동백꽃 오동도 토끼 설화는 아시아 전역에서 찾아볼 수 있는 세계적인 설화로 육지동물과 수중동물의 대립이 잘 드러나 있다. 사진 ⓒ 여수관광문화

에 거북에게 꼭 한 번만 오동도에 데려다주면 무슨 소원이든 들어주겠노라며 도움을 청했다. 하지만 꾀 많은 토끼를 믿을 수 없었던 거북은 들은 척도 하지 않았다. 토끼는 눈물까지 흘리며 거북에게 애원했고, 토끼의 애원에 마음이 약해진 거북은 약속을 지킨다는 다짐을 받고 토끼의 부탁을 들어주기로 했다. 하지만 여전히 마음이 놓이지 않았던 거북은 토끼 몰래 자신의 발과 토끼의 뒷다리를 묶은 다음 토끼를 등에 태우고 바다를 건너 오동도에 도착했다. 꿈에 그리던 오동도에 도착한 토끼는 기쁜 마음을 주체할 수 없어 거북에게 고맙다는 인사도 하지 않고 깡총깡총 뛰어가기 시작했다. 이미 소원을 푼 토끼는 약속을 지킬 마음이 없었다. 이를 지켜본 거북은 화가 치밀어 줄을 힘껏 잡아당겼다. 그제야 토끼는 자기 뒷발이 묶여 있는 것을 알고 발버둥을 쳤다. 하지만 그럴수록 뒷다리만 점점 늘어날 뿐이었다. 결국

거북에게 잡힌 토끼는 살려달라고 애원했지만 거북은 토끼의 애원을 들은 척도 하지 않고 껍질을 몽땅 벗겨놓고 바다 속으로 사라져버렸다.

졸지에 알몸이 된 토끼는 어찌할 바를 모르고 벌벌 떨었다. 이때 토끼와 거북을 처음부터 지켜보고 있던 토신土神이 나타났다. 약속을 지키지 않은 토끼가 잘못은 했지만 가엾다고 생각한 토신은 토끼에게 억새풀이 난 곳에 가서 뒹굴면 털이 날 것이라고 일러주었다. 위기를 모면한 토끼는 다시 욕심이 발동했다. 토끼는 토신에게 한 가지 부탁을 더 들어달라고 애원했다.

"토신님, 다시는 거짓말을 하지 않겠습니다. 그 대신 이왕이면 제게 예전보다 훨씬 부드럽고 아름다운 털을 갖게 해주십시오."

"토끼야, 네 부탁을 들어주면 가장 소중한 것을 내게 줄 수 있겠느냐?"

"그럼요, 제게는 부드럽고 아름다운 털이 가장 소중합니다. 그것만 주신다면 무엇이든 드리겠어요."

토끼는 부드럽고 아름다운 털을 가질 수 있다는 기대감으로 토신의 요구를 아무 생각 없이 받아들이고는 억새밭으로 뛰어가서 구르기 시작했다. 얼마 후 토끼의 몸에서 전과는 비교도 안 될 정도로 부드럽고 아름다운 털이 나기 시작했다. 토끼는 기뻐서 환호성을 질렀다. 하지만 아무 소리도 나오지 않았다. 그제야 토끼는 자신의 목소리와 털을 바꿨다는 사실을 깨달았다. 토끼는 눈알이 빨개지도록 눈물을 흘리며 후회했지만 소용 없었다. 결국 말을 할 수 없게 된 토끼는 부드러운 털을 봐주는 주변의 시선에 만족하며, 너무 울어서 빨갛게 된 눈을 간직한 채 평생을 살아야 했다.

토끼가 달나라에 간 까닭은?

토끼의 털과 관련해 다음과 같은 이야기도 있다.

어느 날 토끼가 나무 덤불에 걸려 넘어지면서 나무꾼이 놓아둔 덫에 걸리고 말았다. 졸지에 위기에 처한 토끼는 이내 냉정을 되찾고 빠져나갈 방법을 모색했다. 마침 지나가는 똥파리를 본 토끼는 이렇게 제안했다.

"똥파리야, 내가 네 자손들을 널리 퍼트려줄 테니 너의 씨를 내 몸에 빈틈없이 낳아다오."

토끼의 제안에 전혀 손해볼 것이 없었던 똥파리는 곧바로 토끼의 몸에 알을 마음껏 낳고 날아갔다. 얼마 지나지 않아 덫을 살피러 온 나뭇꾼이 토끼를 보고 서둘러 뛰어왔지만 토끼의 온몸에 구더기가 득실거리는 것을 보고는 토끼를 놓아줄 수 밖에 없었다. 꾀를 부려 구사일생으로 다시 살아난 토끼는 깡충깡충 뛰며 노래를 부르고 다녔다.

"용할시고 용할시고, 이 내 재주 용할시고. 용궁에서 살아와서, 세상에 나와 죽게 된 몸을 살렸으니, 나 같은 이 용할시고."

이처럼 토끼는 자만심으로 스스로 곤경에 처하기도 하지만 재치를 발휘해 위기에서 벗어나는 질긴 생명력을 보여주기도 한다. 심지어 생과 사를 초월해 달나라의 계수나무 밑에서 떡방아를 찧으며 살기도 한다. 물론 그렇다고 해서 달에서 사는 토끼가 신성한 존재로 격상되지는 않았지만 말이다.

일반적으로 달나라에 있는 계수나무는 온화함과 고결함의 상징이었다. 특히 은은하고 독특한 계수나무의 향기인 계복桂馥에 비유하여 죽은 사람

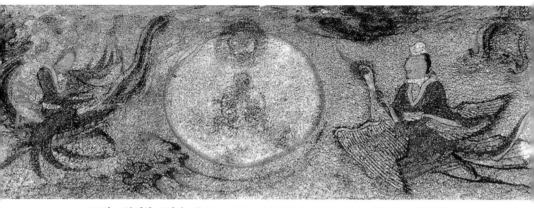

고구려 고분벽화 오회분 4호묘 우리나라 최초의 토끼 그림은 고구려 고분벽화 속 달에서 두꺼비와 함께 등장한다.

의 덕을 칭송하기도 했으니 계수나무와 함께 달에서 산다는 것은 생과 사를 떠나서 귀하고 아름다운 일이었다. 따라서 서민들은 현실의 간난艱難과 신고辛苦를 피해 토끼처럼 달에서 소박하고 욕심 없이 살고 싶어했다.

이러한 염원은 고구려 개마총 「월상도月像圖」에 등장하는 토끼와 두꺼비에서도 찾아볼 수 있다. 예로부터 해와 달은 남자와 여자를 상징했는데 이 달 속에 남자 역할을 하는 두꺼비와 여자 역할을 하는 옥토끼가 함께 살면서 떡을 찧거나 불사약을 만드는 모습을 흐뭇하게 바라보는 풍경은 흡사 부부애가 돈독한 가정을 연상케 한다. 서민들의 소박한 소망은 "계수나무를 금도끼로 찍어내어 은도끼로 다듬어서 초가삼간을 지어 부모님 모셔놓고 살고 싶다"는 동요에서도 잘 드러난다.

두꺼비의 외모에 대한
오해와 진실

두꺼비는 대식가였다?

두꺼비는 못생긴 외모 때문에 사람들에게 많은 오해를 받아왔다. 개구리와 생김새나 습성이 모두 비슷하지만 민간에서 전해 내려오는 이야기에서 두꺼비는 언제나 개구리와 상반된 이미지였다.

먼저 부여신화에 나오는 개구리를 보자.

해부루 왕이 늙도록 후사가 없어 산천에 치성을 드려 자식이 태어나기를 빌었다. 그러던 어느 날 왕이 타고 가던 말이 큰 바위 앞에서 눈물을 흘리자 이를 이상하게 여긴 왕이 사람을 시켜 바위를 들게 하니 바위 밑에서 금빛 개구리 모습을 한 어린아이가 울고 있었다. 이 아이가 해부루 왕의 뒤를 이어 부여의 왕이 된 금와왕이다.

이처럼 개구리는 신성한 왕권을 상징하는 존재였지만 이에 반해 두꺼비는 왕권 교체나 국가의 변란을 예지하는 불길한 존재였다. 『삼국사기』에 따르면 신라 애장왕 10년 6월, 벽사(檗寺)[3]의 두꺼비가 뱀을 잡아먹자 그해 왕의 숙부인 언승(彦昇)과 아우 이찬 제옹이 병사를 이끌고 궐에 들어가 왕을 시해했다. 또한 백제 의자왕 20년 4월에는 두꺼비 수만 마리가 나무 위로 모여들었고 그해 백제가 멸망했다는 이야기도 있다.

두꺼비는 때때로 기지와 순발력을 발휘해 영특함을 보여주기도 하지만 욕심쟁이의 대명사로 등장하는 이야기도 적지 않다. 이처럼 두꺼비가 긍정적인 이미지를 지키지 못한 것은 외모의 영향이 컸다. 민가에서는 두꺼비를 무엇이든 먹어치우는 대식가라고 생각했으며, 심지어 지나친 욕심 때문에 더욱 흉물스럽게 되었다고 오해하기도 했다. 그러나 실제로 두꺼비는 썩은 음식을 먹지 않는다. 파리 같은 벌레를 먹긴 하지만 어금니로 씹으며 미각을 즐기지도 않고 단지 먹이를 배 속에 넣기만 할 뿐이다. 만화영화에서처럼 혓바닥으로 입 가장자리를 핥는 탐욕스러운 습성도 없는데 사람들은 외모 때문에 두꺼비가 삼키기만 하면 무엇이든 소화를 시키며 불룩 튀어나온 배와 등에 난 돌기로 보아 분명 욕심이 많고 음흉할 것이라고 생각했다. 한편, 두꺼비의 욕심을 지배 계층의 탐욕에 빗대어 조롱하기도 했는데, "두꺼비는 기생첩을 많이 두고……" "많이 먹은 두꺼비……" 등과 같은 경주 지방의 민요 자락에서도 이러한 비판적인 면모를 엿볼 수 있다.

---

3 경기도 여주군 신륵사. 보은사 또는 벽절이라고도 한다.

두꺼비, 달나라로 도망가다

서왕모西王母의 정원에 있었다는 복숭아 이야기에도 욕심 많은 두꺼비가 등장한다. 서왕모는 도교신화에 나오는 불사不死의 여왕으로, 사람의 형상을 하고 있지만 표범 꼬리에 호랑이 이빨을 하고, 휘파람을 잘 불며 덥수룩한 머리에 꾸미게를 꽂고 있다. 『산해경』*에 따르면, 서왕모가 사는 곳은 서해 남쪽에 있는 유사의 언저리 적수의 뒤편으로, 흑수의 앞쪽에 큰 산이 있는데 이곳이 곤륜산이다. 산 아래에는 약수연이 둘러싸고 있으며 바깥에는 염화산이 있어 물건을 던지면 바로 타버리고, 정원에 희귀한 꽃과 특이한 새, 불로장생의 복숭아가 있어 귀한 손님이 오면 서왕모가 친히 대접했다고 한다. 도교 전설에 따르면 서왕모가 한 무제를 만났을 때에도 불로장생不老長生의 복숭아를 내놓았는데, 이후 무제가 복숭아씨를 받아 정원에 심으려 하자 서왕모가 중국 토질에 맞지 않고 3000년 만에 한 번 열매를 맺는다고 하여 심지 않았다고 한다. 이후 명나라 개국 황제인 홍무제가 원 황실의 보물창고에서 복숭아씨를 찾아냈는데, 그 복숭아씨에 작은 글씨로 '서왕모가 한 무제에게 주었다'는 열 글자가 적혀 있었다고 한다.

서왕모와 두꺼비가 등장하는 이야기는 인간의 상상을 뛰어넘어 시공간을 자유롭게 넘나들 정도로 다양한 내용이 전한다.

두꺼비는 개구리와 비슷하지만 못생긴 외모 때문에 많은 오해를 받아왔다. 사진ⓒ박대식

「선녀승란도」_북경 고궁박물원 소장 신화 속 곤륜산의 주인 서왕
모를 그린 것으로 추정하는 선녀 그림. 달이 구름을 벗어나자
계수나무와 불사약을 찧는 토끼가 보인다.

아주 오랜 옛날 천제의 아들들인 태양 열 개 가운데 아홉을 활로 쏘아 떨
어뜨린 명궁 예가 살았다. 그러나 그는 천제의 미움을 사서 아내 항아 姮娥[4]
와 함께 신의 세계에서 쫓겨나 인간 세계에서 살게 되었다. 그러던 어느 날
다시 신의 세계로 돌아가고 싶어하는 부인 항아를 위해 예는 곤륜산의 서왕
모를 찾아갔다. 예는 서왕모에게 3000년에 한 번 꽃을 피우고 3000년에 한
번 열매를 맺는 불사의 나무 열매로 3000년 동안 만든 불사약을 받아 돌아
왔다. 이 불사약은 둘이 먹으면 불로장생하고 혼자 먹으면 신선이 되어 하

---

4 중국신화에서 달에 산다는 여신. 항아 또는 상아라고 하며, 한때 전설적인 궁수 예의 아내였다고
   한다.

늘로 올라갈 수 있을 만큼 귀한 약이었다. 하지만 욕심이 발동한 항아는 남편 예가 없는 틈을 타 혼자 약을 먹고 달나라로 도망쳐버렸고 그 죗값으로 달에 도달한 직후에 두꺼비가 되고 말았다.

두꺼비가 달나라에서 살게 된 또 다른 유래담도 있는데 여기서도 두꺼비는 여전히 이기적이고 욕심 많은 이미지로 등장한다.

서왕모가 신성한 두꺼비에게 두 사람 몫의 불사약을 전해주었다. 하지만 욕심 많은 두꺼비가 서왕모 몰래 약을 먹어버렸고, 순간 몸이 부풀어 오른 두꺼비는 하늘로 떠올라 달나라까지 날아갔다. 덕분에 서왕모로부터 벌받는 것을 면한 두꺼비는 서왕모를 피해 잠시만 달에 머문다는 것이 영원히 그곳에 살게 되었다. 그 후 약의 부작용 때문인지 부풀어 오른 등에 울퉁불퉁한 돌기가 생겼다.

두꺼비의 욕심과 외모

서양에서도 두꺼비는 욕심 많은 이미지였다. 두꺼비는 흔히 풍요를 암시했는데 여기에는 부정적인 속성도 포함되어 있었다. 중세 유럽에서는 악령에 씐 사람의 입에서 두꺼비가 나온다고 믿었으며, 심지어 두꺼비를 악령의 표상으로 보고 탐욕을 등에 달고 다니며 부정과 교만을 불룩한 배에 품고 있다고 생각했다. 게르만족 전설에 등장하는 두꺼비는 마녀와 마귀의 상징이었으며, 두꺼비의 눈이 빨간 것은 마녀와 마귀가 두꺼비로 변신했기 때문이라고 생각했다. 이처럼 서양에서 두꺼비의 못생긴 외모를 다분히 주술적으로 해석한 반면, 우리나라에서는 다음의 이야기에서 볼 수 있듯이 해학적인 요소가 훨씬 더 많았다.

옛날에 두꺼비와 여우 그리고 너구리가 살았다. 어느 날 셋은 떡을 한 시루 쪄놓고 내기를 해 이기는 쪽이 모두 먹기로 했다. 셋은 누가 먼저 가장 높은 곳에 닿을 수 있는지 겨루었지만 너구리와 여우는 두꺼비의 재치를 당해내지 못했다. 여우와 너구리는 어떻게 해서든지 두꺼비를 이겨보려고 누가 가장 술에 약한지, 누가 가장 나이가 많은지 계속 내기를 했지만 어눌하면서도 논리적이고 지혜롭게 대처하는 두꺼비에게 번번이 망신만 당하고 말았다. 결국 떡은 두꺼비 차지가 되었다.

두꺼비는 인심을 쓴다며 여우와 너구리에게 떡고물을 조금씩 나눠주고 혼자 다 먹었다. 이때부터 두꺼비는 배가 불룩 나왔고 걸음걸이가 거들먹거리게 되었다. 이 모습을 본 여우와 너구리는 부아가 치밀어 올라 들고 있던 떡고물을 두꺼비 등에 뿌리고 발로 밟아 분풀이를 했는데 이 떡고물이 떨어지지 않고 달라붙어 두꺼비 등이 우툴두툴한 돌기로 가득 차게 되었다.

이 이야기는 지역에 따라 등장하는 동물을 달리해서 잔치에 초대받은 노루와 토끼가 두꺼비와 함께 등장하기도 한다.

어느 날 노루와 토끼, 두꺼비는 가장 연장자가 상석에 앉기 위해 서로 나이를 따졌다. 노루가 먼저 나섰다.
"천지가 개벽할 때 내가 하늘에 별을 붙였어."
그러자 토끼가 노루의 말을 받았다.

"그때 노루가 타고 올라간 사다리를 만든 나무를 내가 심었지."

하지만 토끼의 응수에 두꺼비가 갑자기 눈물을 흘리며 말했다.

"그때 내 손자가 사다리를 만들기 위해 나무를 자르다가 나무에서 떨어져 죽었다네."

이렇게 해서 결국 내기에서 이긴 두꺼비가 상석에 앉게 되었다.

이 이야기는 참새·원숭이·코끼리가 등장하는 『고려대장경』「십승률」과도 유사하다. 또한 박지원의 「민옹전」에도 원숭이와 코끼리가 등장하는 비슷한 이야기가 있다. 따라서 불교의 영향을 받은 이야기의 원류가 유입되는 과정에서 변형된 것으로 보이며 이 과정에서 동물 중 일부가 다른 동물로 대체되고 두꺼비가 포함된 듯하다. 그럼에도 우둔해 보이는 두꺼비가 꾀 많기로 소문난 토끼나 여우를 보기 좋게 제압하는 장면은 서민들에게 또 다른 심리적 위안과 대리만족을 주기도 했다.

일상으로 들어온 두꺼비

민가에서 전하는 이야기에는 두꺼비가 사람들의 집을 지켜주고 재복을 불러들이기도 하며, 자신을 돌봐준 처녀의 은혜를 갚기 위해 목숨을 바쳐 지네와 싸우기도 한다. 또한 남아 선호 사상이 강하게 뿌리내린 우리나라에서는 예로부터 남녀노소 신분고하를 막론하고 아들을 상징하는 두꺼비를 좋아했다. 이러한 정서는 지금까지도 남아 여전히 '떡두꺼비 같은 아들을 낳으라'는 표현은 건강한 아이의 출산과 함께 행복한 가정을 꾸리라는 최고의 덕담 중 하나로 통한다.

두꺼비는 서민들의 삶의 기본 터전인 집을 소재로 하는 놀이 문화에도 자주 등장했다. "두껍아 두껍아 헌 집 줄게 새 집 다오"라는 전래동요가 대표적인 예인데, 아이들이 흙장난을 하면서 흔히 불렀던 노래에 등장할 정도로 사람들의 삶과 밀착되어 있었던 셈이다. 심지어 집의 안전에 가장 중요한 장치 중 하나인 전기안전 개폐기나 연탄아궁이 덮개를 '두꺼비집'이라고 부르기도 했는데, 이는 두꺼비가 불을 제압할 수 있다는 믿음이 견고하게 생활과 밀착된 예이다. 두꺼비의 커다란 덩치와 느린 동작, 과묵한 이미지가 침착함과 안정감을 주어 사람들은 두꺼비가 화재와 같은 큰 재난으로부터 자신들을 보호해줄 것이라고 믿었음을 의미한다.

한편, 두꺼비는 독을 지니고 있기도 하다. 때문에 두꺼비를 만지면 독이 올라 위험하다고 알려져 있지만 실은 두꺼비의 독이 약재로도 쓰여 현실생활에서 유익함을 주기도 한다. 『동의보감』에 따르면 두꺼비의 독을 먹으면 열병에 걸리지 않고 부종을 고치며, 두꺼비의 독을 태워서 기름에 개어 바르면 나쁜 창瘡에 효력이 있다. 또한 두꺼비 회는 미친개에게 물렸을 때 효과가 있으며 아이가 이것을 태운 재를 마시면 감충疳蟲이 죽는다고 한다.

두꺼비가 자신의 독을 은혜를 갚는 데 사용한 '두꺼비와 지네' 이야기도 있다. 여기서 두꺼비는 서민들의 공동체 생활을 위협하는 적을 물리치는 의로운 존재이며, 발이 많은 지네는 사람들을 지속적으로 괴롭히고 자연 질서를 어지럽혀 재난을 몰고 오는 탐관오리와 악당이다.

두꺼비는 오늘날 서민들이 즐기는 소주 브랜드에 등장하여 삶의 애환을 달래주는 활력소 역할도 담당했다. 현대 사회에서도 두꺼비가 서민들과 희로애락을 함께하는 대명사로 자리 잡게 된 것이다.

뻐꾸기와 한

슬픔을 먹고 탄생한 뻐꾸기

우리나라 전역에 서식하는 뻐꾸기는 사람이 사는 마을 주변에서 쉽게 볼 수 있는 새이다. 뻐꾸기의 울음소리는 사람에 따라 다르게 들리는데 이 때문에 소리에 대한 표현이 각양각색이며 시간과 장소에 따라 다양한 사연들이 얽혀 전해 내려온다. 서양에서는 뻐꾸기가 '쿡쿠, 쿡쿠' 하고 울면 여름이 온다고 믿었다. 뻐꾸기의 울음소리가 여름의 시작을 알리는 신호탄인 셈인데 시간을 알려주는 벽시계에서 뻐꾸기가 등장하는 것도 이와 같은 맥락이다. 반면 우리나라에서는 뻐꾸기가 '확곡穫穀, 확곡' 운다고 표현했는데 여기에는 수확을 재촉하는 권농勸農의 의미가 담겨 있었다. 뻐꾸기의 울음소리가 들리는 시기와 농사가 시작되는 시기가 비슷했기 때문에 뻐꾸기를 통해 한 해 농사의 시작을 알리는 동시에 풍요로운 결실을 염원한 것이다.

또한 뻐꾸기의 울음소리는 떠나온 고향에 대한 향수를 비롯하여, 사랑하는 사람과 이별한 슬픔, 죽음에 대한 두려움과 회한의 심경 등 다양한 인간의 감성을 자극하며 다양한 사연들도 전한다. 옛날옛날에 뻐꾸기와 두견이[5]가 함께 살기 좋은 곳을 찾아 떠돌아다녔다는 이야기도 있다. 둘은 마침내 우리나라에서 터를 잡고 살게 되었지만 해마다 봄이 오면 돌아가지 못하는 고향을 그리워하며 슬피 울었다고 한다. 따라서 민가에서는 뻐꾸기의 울음소리에서 한번 가면 다시 돌아오지 못하는 죽음의 정서를 떠올리게 되었고, 음력 3월 첫 번째 뻐꾸기의 울음소리를 듣게 되면 생이별의 아픔을 겪는다는 속설까지 생겨나게 되었다.

또한 뻐꾸기는 남의 둥지에 알을 낳는 특이한 습성도 있다. 때문에 어미 새의 보살핌을 전혀 받지 못하지만 한편으로는 둥지에 있는 다른 알을 모두 밀어내고 가짜 어미 새의 먹이를 독차지하며 성장해 민가에서 배은망덕한 기생충 취급을 받기도 했다. 이러한 태생적 한계 때문인지 뻐꾸기의 울음소리에서 비애와 자책이 느껴지기도 하고, 여기에 갖가지 사연과 내력이 가미되면서 뻐꾸기는 우리만의 독특한 정서인 한恨을 표현하는 새가 되었다. 억울하게 죽은 사람의 넋이 저승으로 가지 못하고 뻐꾸기로 환생하여 이승을 떠돌며 원통함을 호소한다는 이야기가 유독 많은 것도 같은 맥락이다. 때문에 뻐꾸기는 오래전부터 우리 문학 작품에 단골손님으로 등장하며 사람들의 정서를 자극하는 비유와 상징의 새이기도 하다.

---

5 두견새는 두견·두우·자준·준주·자견·자규·망제·원조·불여귀·사귀·최귀·자귀 등 42종류에 달할 정도로 전설과 이명異名이 많은 새이다.

떡꾹새의 슬픔

다음은 뻐꾸기를 떡꾹새로 부르게 된 유래담 중 하나이다.

  옛날에 마음씨 고약한 시어머니와 착한 며느리가 살고 있었다. 어느 겨울 날, 며느리가 여느 때와 같이 시어머니의 식사를 준비하며 떡국상을 차리고 있었다. 성격이 급한 시어머니는 때가 되어도 밥상이 들어오지 않자 화를 참지 못하고 부엌으로 뛰쳐나갔다. 그런데 며느리는 온데간데없고 밥상 위에는 떡국 그릇이 말끔하게 비워져 있었다. 며느리가 떡국을 혼자 먹어버렸다고 생각한 시어머니는 화가 치밀었고, 그때 마침 동치미를 들고 부엌으로 들어오던 며느리를 호통 치며 몽둥이로 때리기 시작했다. 영문도 모르고 몽둥이세례를 받은 며느리는 그 자리에서 그만 죽고 말았다. 며느리는 원통한 마음이 한이 되어 하늘나라로 가지 못하고 새가 되어 이승의 산속을 헤매고 다녔다. 그러다가 해가 기울면 마을 뒷산에 나타나 남편을 기다리며 '떡국, 떡국…… 개가갹(개가!)'라고 슬피 울었다. 떡국을 먹은 것이 자신이 아니라 개라고 토로한 것이다. 이때부터 사람들은 며느리 새를 '떡국새'라 부르게 되었다.

  일부 지역에서는 떡꾹새가 장님 형을 봉양하다가 주변 사람들의 의심을 받고 죽은 아우라는 이야기도 있다. 이처럼 지역에 따라 또 다른 가족애가 가미되어 다양한 형태로 변형되었는데, 다음과 같은 이야기도 있다.

  옛날 박고개 아래에서 가난한 홀아비와 달미라는 딸이 살았다. 달미는 집 안의 빚을 갚지 못해 오지주네로 팔려가게 되었고 그곳에서 집안일을 하면서 고달픈 날들을 보냈다. 그러던 어느 날 오지주네 가족이 봄나들이를 가면서 먹다 남은 떡국을 부뚜막에 놓고 절대 손대지 말라고 주의를 주었다. 달미는 떡국을 보자 혼자 사는 아버지 생각이 났다. 끼니를 거르지는 않는지 걱정이 되었던 그녀는 아버지 생각에 슬피 울다가 잠이 들고 말았다. 이때를 놓치지 않고 부엌을 기웃거리던 개가 떡국을 먹고 도망쳐버렸다. 해가 질 무렵 오지주네 가족이 집으로 돌아왔다. 오씨는 부엌에 있던 떡국이 없어진 것을 보고 달미를 매질했고, 달미는 매질을 이기지 못하고 집을 뛰쳐나왔지만 정신없이 도망가다 박고개 근처에서 지쳐 쓰러져 결국 죽고 말았다. 이듬해 봄, 달미의 무덤 곁 밤나무로 새 한 마리가 날아와서 날마다 '떡국, 떡국…… 개가……' 하고 울었고, 사람들은 억울하게 죽은 달미의 영혼이 떡꾹새가 되었다고 입을 모았다.

이와 같이 다양한 떡꾹새 이야기는 가난과 굶주림, 가족과 생이별한 아픔, 도둑으로 몰린 억울함 등 서민들의 공통적인 애환을 담고 있다.

박꾹새와 이별의 회한

뻐꾸기는 사랑하는 가족과 이별하는 이야기에도 자주 등장한다. 특히 기존 설화의 패러디에 등장해 슬픔을 더하는 역할을 하는데 「콩쥐팥쥐」와 유사한 다음의 이야기를 보자.

옛날 마음씨 착한 소녀가 어머니를 일찍 여의고 계모 밑에서 살았다. 그런데 마음씨 나쁜 계모는 전처 딸인 소녀를 학대해 끼니때가 되어도 밥을 주지 않고 죽도록 일만 시켰다. 그러던 어느 날 계모가 이웃 마을 잔칫집에 가면서 자기가 올 때까지 이불 홑청을 모두 빨아서 풀을 먹여놓으라고 지시했다. 소녀는 계모가 시키는 대로 이불 홑청을 모두 빨아 풀 먹일 준비를 했다. 그런데 계모의 학대에 시달리며 굶주렸던 소녀는 이불 홑청에 먹일 풀을 보는 순간 허기가 밀려왔다. 결국 소녀는 배고픔을 이기지 못하고 정신없이 풀을 먹기 시작했고, 굶주림과 과로에 시달렸던 소녀는 한꺼번에 풀을 입에 넣고 먹다가 숨이 막혀 죽고 말았다. 그 후 죽은 소녀는 원통한 넋을 풀지 못하고 새가 되어 이승을 떠돌게 되었다. 이때부터 매일 집 주위 야산을 날아다니며 '풀꾹 풀꾹' 하고 울어대는 소녀 새를 사람들이 '풀꾹새'라 부르게 되었고, 이것이 점차 발음이 변해 뻐꾹새가 되었다.

「나무꾼과 선녀」와 유사한 다음과 같은 이야기도 흥미롭다.

옛날 하늘에서 내려온 선녀가 나무꾼과 결혼해 아이를 낳고 행복하게 살았다. 그러던 어느 날 선녀는 아이들을 데리고 하늘나라로 다시 올라가 버렸다. 가족과의 생이별에 너무나 가슴 아팠던 나무꾼은 일이 손에 잡히지

뻐꾸기의 울음소리는 사람에 따라 다르게 들려서 저마다의 감성을 자극한다. 사진 ⓒ최순규

않아 매일 산속을 헤매고 다녔다. 하늘나라에서 이를 지켜보며 안타까워하던 선녀는 옥황상제께 부탁했다. 사연을 딱하게 여긴 옥황상제는 나무꾼이 하늘나라로 올 수 있도록 허락했다. 마침내 나무꾼은 하늘나라에서 꿈에 그리던 선녀와 아이들을 만나 행복한 시간을 보내게 되었다. 그러나 시간이 흐르자 나무꾼은 혼자 계신 어머님이 그리워졌다. 노모를 걱정하는 남편의 효성을 알게 된 선녀는 어느 날 지상에 내려갈 수 있도록 천마天馬 한 마리를 내주었다. 그리고 "절대 천마에서 내려서는 안 된다"고 당부하면서 "천마가 세 번 울기 전에 돌아오지 않으면 다시는 하늘나라에 올라올 수 없다"고 주의를 주었다. 나무꾼은 천마를 타고 집으로 내려와 노모와 꿈에 그리던 상봉을 했다. 노모 역시 다시 못 볼 것 같았던 아들을 만나니 너무 반가워 어쩔 줄을 몰랐다. 그러나 다시 돌아가야 한다는 아들의 말을 듣고 노모는 평소 아들이 좋아하던 음식을 먹여 보내기 위해 박죽을 끓였다. 정성껏 끓여준 박죽을 받아든 나무꾼은 선녀의 당부를 생각하며 서둘러 먹었지만 죽이 너무 뜨거워 속도를 낼 수 없었다. 그 사이 천마는 벌써 두 번째 울고 있었다. 나무꾼은 급한 마음에 서두르다 그만 뜨거운 박죽을 천마의 등에 쏟고 말았다. 난데없이 박죽에 등을 데인 천마는 놀라 발버둥을 쳤고 그 때문에 나무꾼은 말에서 떨어졌다. 천마는 세 번째 울음을 터트리고는 하늘나라로 날아가 버렸고 결국 다시 가족과 생이별을 하게 된 나무꾼은 선녀와 아이들을 그리워하며 날마다 산속을 헤매다가 죽고 말았다. 나무꾼의 원혼은 한이 맺혀 죽어서도 하늘나라로 올라가지 못하고 새가 되어 마을 뒷산을 헤매며 박죽 때문에 이별한 가족이 그리워 '박꾹 박꾹' 하고 울었다. 이후 사람들은 이 새를 '박꾹새'라고 불렀고, 발음이 변해 뻐꾹새가 되었다.

이 밖에도 경북 문경 지방에서 전해 내려오는 이야기도 있다.

옛날 어느 마을에 이웃집 처녀를 짝사랑한 총각이 살았다. 그런데 어느 날 처녀가 갑자기 병으로 죽자 상심한 총각도 시름시름 앓다가 죽고 말았다. 이후 총각의 원혼은 하늘로 올라가지 못하고 새가 되어 이승을 떠돌아 다녔다. 총각새는 짝사랑한 처녀를 그리워하며 이산 저산 옮겨 다니며 '볼까, 볼까, 뻐꾹, 뻐꾹' 하며 애절하게 울었다.

천의 목소리로 노래한 뻐꾸기의 한

일반적으로 새가 우는 소리를 '지저귄다'라고 하고 종달새나 꾀꼬리는 '노래한다'라고도 하지만 뻐꾸기는 '운다' 또는 '울부짖는다'라고 한다. 이러한 표현은 한을 품고 죽은 사람이 뻐꾸기가 된다는 속설과도 무관하지 않은데, 뻐꾸기를 통해 하늘로 올라가지 못한 영혼이 이승에서 한을 발산한다고 믿었기 때문이다. 그런 점에서 한 많은 영혼들을 달래준 수많은 뻐꾸기 이야기에는 한이라는 우리만의 독특한 정서를 발견할 수 있다.

사전적 의미에 따르면 한은 '억울함·원통함·원망 등의 감정과 관련해서 맺힌 마음'이다. 이는 다분히 한국적인 슬픔의 정서인데 다른 민족에게는 '원怨'의 정서는 있어도 한에 부합하는 정서는 찾아볼 수 없다. 서양은 물론 우리와 가까운 중국이나 일본에서도 마찬가지다. 중국 고전『논어』『맹자』『대학』『중용』 등에도 '원'에 대해서만 기록되어 있을 뿐 한이라는 말은 보이지 않는다. 그렇다면 '한'과 '원'은 어떤 차이가 있을까?

우리 민족의 '한'과 다른 민족의 '원'의 차이는 해소하는 방법으로도 구분할 수 있다. '원'은 가해자에게 피해자가 당한 것과 같거나 비슷한 방법으로 복수함으로써 해소할 수 있다. 하지만 '한'은 여러 가지 이유로 복수를 하지 않거나 상황에 따라서 복수할 수 없어 제3의 방법으로 풀게 된다.

우리 선조들은 이웃에서 불행한 일을 당하면 마을 공동체 차원에서 굿판을 벌이기도 하고 놀이마당이나 점술 행위를 통해 슬픔을 함께하며 한을 달랬다. 이 과정에서 다양한 의식을 민간신앙 차원으로 승화시켰는데 여기에는 한바탕 축제를 벌여 한을 푸는 역설적 해소 방식은 물론, 일상생활에 녹아 있는 속담·설화·민요 등을 통해 한을 녹여내는 방식도 있었다. 일종의 공연예술인 마당극과 판소리는 물론 문학과 음악, 심지어 놀이문화를 통해 에너지를 분출하는 과정에서 위안을 얻었던 것이다.

또한 한은 개인적 차원에서 발생하지만 해소하는 과정은 개인의 힘만으로는 불가능하다. 공동체 사회에서는 개인의 문제가 공동체의 삶과 연계되어 있어서 적절한 시기에 한을 해소하지 못하거나 한이 지나치면 개인은 물론 공동체 전체에 해를 끼친다고 믿었다. 때문에 한을 달래기 위해 마을 공동체에서 정기적인 의식을 치르기도 하고 사안에 따라 위정자들이 참여하기도 했다. 백성들 중에서 노총각이나 노처녀가 있으면 국가에서 각별한 신경을 쓴 것도 같은 맥락이다. 개인의 문제가 가족과 공동체의 평안과 이어졌으며 이는 사회 질서 유지와도 무관하지 않았다. 그런 점에서 천의 목소리를 지닌 비유와 상징의 새였던 뻐꾸기는 이러한 우리 사회 분위기와 정서를 가장 잘 대변해주는 새였다.

원숭이 엉덩이가
빨개진 이유

고귀함의 상징, 원숭이

원숭이는 인간과 특성이 가장 비슷한 영장류에 속한다. 특히 서남아시아와 중국, 일본 등 불교를 숭상한 국가에서는 지능이 뛰어난 원숭이를 신성하게 여겼는데 이러한 정서는 불교 전파와도 밀접한 관련이 있었다. 불

법을 구해오는 용맹과 신통력이 있는 캐릭터로 손오공이 등장하고 원숭이가 인간의 심판자 역할을 대신하는 강자로 분류되는 것도 그와 같은 맥락이다. 스리랑카나 태국과 같은 불교 국가에서는 원숭이를 신격화하는 신앙도 있다.

일반적으로 동양에 전해 내려오는 그림 속에서 원숭이는 크게 세 가지 유형으로 등장한다. 첫 번째는 장수의 상징으로 천도복숭아를 들고 십장생과 함께 등장하는 원숭이, 두 번째로 불교 설화에서는 중국 명대 소설 『서유기西遊記』에서와 같이 스님을 보좌하는 조력자로 등장하는 원숭이, 그리고 세 번째로 숲에 사는 자연 속 원숭이가 그것이다. "집에서 원숭이를 기르면 병을 물리친다"는 『본초강목』의 기록처럼 중국에서 원숭이는 건강·성공·보호의 상징이었다. 궁궐이나 사찰의 용마루나 추녀 위 원숭이상이 재앙을 막아준다는 속설에서도 이러한 의미를 찾아볼 수 있다. 심지어 죽은 사람의 혼령이 사는 세상을 그림으로 그린 「명부도冥府圖」에는 저승의 심판장에서 죽은 사람이 이승에서 한 잘못을 염라대왕에게 고해

지붕 위의 잡상雜像 '여러 가지의 형상'이란 뜻으로, 『서유기』 속 삼장법사와 손오공 등의 캐릭터를 토우로 만들어 추녀마루나 내림마루 끝에 일렬로 앉혀 화재나 액운을 막았다.

성덕대왕릉 원숭이상_국립중앙박물관 소장 신라 33대 성덕왕의 능 주위에 둘러져 있던 십이지상 중 원숭이상으로, 원숭이의 얼굴이 사실적이고 입체적으로 묘사되어 있다.

상벌을 받게 하는 신장 역할을 원숭이가 하기도 했다.

우리나라에서 언제부터 원숭이가 서식했는지에 대해서는 구체적인 기록이 없다. 다만 평양시 상원군 검은모루 동굴, 충북 청원군 두루봉과 단양 구낭굴, 제천 점말 동굴 등의 선사시대 유적지에서 원숭이뼈가 화석으로 발굴된 것으로 보아 상당히 오래전부터 서식했을 것으로 추정하고 있다. 그러나 기후와 생리가 맞지 않아 자생하기 힘든 환경이었기 때문에 설사 원숭이가 살았다고 해도 일시적이었을 것으로 추정하고 있다.

선사시대 이후 원숭이 유물이나 문헌이 빈약하고 신화와 설화에 원숭이가 거의 등장하지 않는 것도 이를 뒷받침한다.

우리나라에서 원숭이 관련 자료와 유물이 비로소 등장하는 시기는 삼국시대부터이다. 『삼국유사』에 따르면 법흥왕 14년(527년) 이차돈이 순교할 때 "그가 처형되자 곧은 나무가 부러지고 원숭이가 떼 지어 울었다"는 기록이 있다. 또한 남아 있는 신라 토우 가운데 웅크린 원숭이 네 점이 있고, 토기 파편에 붙어 있는 원숭이도 얼굴과 몸체가 사실적으로 정확하게 표현되어 있다. 이 밖에도 무덤 호석에서 머리는 원숭이에 몸체는 사람 형상으로 무기를 들고 서 있는 상이나 조각을 발견할 수 있는데, 가장 완벽하

게 남아 있는 예가 성덕대왕릉 십이
지신상의 원숭이상이다.

그러나 원숭이는 우리나라에 직접
유입되었다기보다는 불교 전래 과정
에서 조각·그림·호석·부도·고분벽
화 등이 먼저 들어왔을 것으로 추정
하고 있다. 전남 여수 흥국사 대웅
전 뒷면의 벽화 역시 관음보살의 교
화로 바다를 건너 삼장법사 일행을
인도하는 손오공의 이야기가 영향을
미친 것으로 보인다.

여수 흥국사 대웅전 관음보살 벽화_문화재청 제공
바다 가운데 피어오른 연꽃을 좌대로 하여 관음보
살을 표현한 독특한 구성의 첩부벽화이다.

현전하는 정사의 기록에 원숭이가
직접 등장하는 시점은 고려 중기이
다. 고려 중기 이규보의 『동국이상국
집』*에 실린 「기상서택에서 성난 원숭이를 보고 짓다奇尙書宅見式怒猿」라는
시에는 다음 구절이 나온다.

원숭이가 무슨 성날 일이 있는지, 사람처럼 서서 날 향해 울부짖네…….

이 기록에 따르면 고려 중기에는 양반층을 중심으로 극소수나마 원숭이
를 들여와 가까이 두었던 것으로 보인다. 구체적인 유입 경로에 대해서는
고려 말기에서 조선 초기에 중국이나 일본에서 선물용으로 들여왔다는 기
록이 있는데 특히 『조선왕조실록』에 따르면 조선 초기인 태조 3년, 태종 8년

과 10년, 세종 28년과 31년, 문종 즉위년에 일본에서 원숭이를 선물로 바쳤다고 한다. 또한 같은 책에서 간신이나 비리 관리를 원숭이의 생김새나 습성에 빗대어 비판한 내용이 있는 것으로 보아 이 시기에 원숭이가 좀 더 대중적으로 알려진 것으로 보인다.

『택리지』˚에는 정유재란 때 명나라 군사들이 조선에서 원숭이를 전술용으로 사용했다는 기록도 있다. 당시 전쟁이 끝나고 원숭이를 모두 회수하지 못했기 때문에 조선에 원숭이가 살게 되었다는 설도 있고, 전쟁 중에 원숭이 수백 마리가 달아나는 바람에 이후 충청도 산림지대에 원숭이가 출몰했다는 이야기도 있다.

이와 같이 원숭이가 우리나라 사람들에게 알려진 것은 시간적으로 오래되지 않았음을 알 수 있다. 따라서 우리나라에서 전해 내려오는 원숭이 이야기는 자생적으로 생겨난 것이라기보다는 인도나 중국, 일본을 통해 유입되어 우리의 정서가 반영되면서 이미지가 변형된 것으로 보인다.

원숭이의 변신

우리나라 「토끼전」은 기원전 200~300년경 인도의 불전설화佛典說話를 근원으로 하고 있다. 원본에서는 토끼가 아니라 원숭이와 악어가 등장하고, 물속에 사는 악어의 아내가 원숭이의 간을 먹고 싶어하는데 여기서 원숭이는 석가의 전신이며 악어는 제바달다提婆達多[6]이다. 악인 제바달다가

---

6 '데바닷타'의 음역어로 석가모니의 사촌 동생이다. 출가해 석가모니의 제자가 되었다가 뒤에 이반離反해 불교 교단에 대항한 것으로 알려져 있다.

석가를 해치려 하자 석가의 전신인 원숭이가 지혜로 상황을 극복한다는 이야기이다. 이러한 이야기가 중국을 거쳐 우리나라에 전래되면서 원숭이가 토끼로 바뀌고 불교적 의미가 희석되는 동시에 지배층에 대한 피지배층의 비판의식을 담은 해학적인 이야기로 변형되었다. 이는 조선의 사회 분위기와도 연관이 있다. 불교를 억압하고 유학을 숭상하는 조선에서 석가의 전신인 원숭이를 그대로 수용하기에는 무리가 있었기 때문이다.

특히 시간이 흐르면서 원숭이는 얼굴과 엉덩이에 털이 없는 특이한 생김새 때문에 부처의 전신이라는 본래의 상징적 이미지를 상실하고 해학과 조롱의 대상이 되었다. 여기에 불운, 비애, 슬픈 장난 등의 부정적 이미지가 가미되어 민간에서는 원숭이띠를 직접 거론하기를 꺼려 '잔나비'띠라고 했으며, 아침에 원숭이 이야기를 하면 재수가 없다 하여 금하기도 했다. 또한 정월 첫 번째 잔나비날은 일을 하지 않고 놀았으며 특히 칼질을 하면 손이 베인다고 하여 삼가 했다. 제주도 지역에서는 이날 자른 나무로 물건을 만들면 좀이 슨다 하여 나무를 자르지도 않았다.

17~8세기의 사회 분위기도 원숭이에 관한 이야기 구조 변형에 영향을 미쳤다. 이 시기는 설화의 수요 계층인 백성들이 각종 사회 부조리를 깨닫고 양반과 관료층의 권위주의와 허위의식에 대한 비판의식을 싹틔우던 때였다. 당시 사람 흉내를 잘 내고 지능이 높은 원숭이는 그야말로 많이 배우고 많이 가진, 이기적이고 욕심 많은 양반 계층을 빗대기에 안성맞춤이었다. 때문에 민가의 탈 놀이에서 원숭이가 구경꾼을 웃기는 재간꾼 역할을 담당하는 등 이 시기에 나온 이야기 속 원숭이는 대부분 우스꽝스럽고 교활한 이미지를 지니고 있다.

원숭이 엉덩이와 민간신앙

원숭이는 시간이 흐르면서 사람들과 좀 더 친숙한 관계를 형성하게 된다. 이 과정에서 조롱과 해학의 대상에서 벗어나 긍정적인 이미지도 갖게 되는데, 예를 들면 원숭이 '후猴' 자가 제후 '후侯' 자와 발음이 같다는 이유로 원숭이가 제후, 즉 높은 벼슬을 의미하기도 했다.

원숭이는 아이들에게도 친숙한 존재였다. 아이들의 놀이 문화에서 "원숭이 엉덩이는 빨개, 빨가면 사과 사과는 맛있어 맛있으면 바나나 바나나는 길어 길면 기차 기차는 빨라 빠르면 비행기 비행기는 높아 높으면 백두산……"으로 이어지는 노래는 어린 시절 누구나 한 번쯤 불렀던 동요이다. 이 노래에 특별한 의미는 없다. 다만 원숭이의 빨간 엉덩이가 해학적이라는 점에 착안해 동심의 세계를 표현한 것으로 보이며 원숭이의 빨간 엉덩이에서 시작해 사과와 바나나, 그리고 근대 문명을 상징하는 기차와 비행기로 이어지는 것으로 보아 원숭이의 이미지 변화가 근대까지도 진행형이었음을 알 수 있다.

원숭이의 붉은 엉덩이에 대해서는 해학적 관심 이상을 보이지 않았다는 점도 흥미롭다. 민간신앙에서 붉은색은 태양의 색이며 생명력과 힘을 상징할 정도로 신성하게 여겼기 때문이다. 귀신·질병·재앙 같은 사악한 기운을 물리치는 사자使者 역할을 담당하여 장을 담글 때 빨간 고추를 매단 금줄을 넣었고, 장독대 주변에 빨간색 꽃이 피는 맨드라미를 심었으며, 처녀들이 길게 땋은 머리끝에 붉은 댕기를 달았고, 봉선화 꽃잎으로 손톱에 붉은 물을 들여 잡귀의 접근을 막았다. 가락국 건국신화에는 하늘에서 내려온 '붉은 보자기'가 등장하는데 여기서 붉은색도 밝음, 즉 개국을 의미했다. 『삼국유사』에서도 김수로왕의 비妃가 된 허황옥許黃玉이 바다 건너 남

서쪽에서 배를 타고 올 때 "붉은빛 돛을 달고 붉은 기를 휘날리며 북쪽을 향해 왔다"고 하는데 여기서 붉은빛 역시 밝음과 시작을 상징한다. 불교 사찰은 물론 유교의 대표 건물인 왕궁도 푸른색과 붉은색이 주조를 이루는데, 단청丹靑을 주로 사용한 것 역시 일반 서민의 주택과 차별화를 통해 궁이 성역聖域임을 드러내기 위해서였다.

해학의 상징이 된 원숭이

원숭이는 서민들의 삶에 웃음을 주는 활력소이기도 했다. 한민족의 조상으로 알려진 해모수와 해부루 등 상고시대 해씨解氏 겨레 또는 환인·환웅·단검의 겨레인 해족이 쓴 것으로 알려진 『귀장역歸藏易』*에 등장하는 원숭이 역시 예외는 아니다. 여기서는 닭이 해가 떠 있는 낮을 관장하고 원숭이는 해가 지는 밤을 관장한다.

아주 오랜 옛날에 커다란 복숭아나무 위에 사는 몸집이 큰 하늘 닭天鷄과 서쪽 바다 끝에 있는 밤나무 위에 사는 원숭이가 있었다. 닭은 하루가 시작되는 해가 떠오르는 새벽을 알리는 임무를 맡고 있었다. 닭이 크게 울면 세상의 모든 닭들이 따라 울며 해가 떠올랐고, 서쪽에 있던 원숭이가 긴 팔로 하늘의 해를 따서 엉덩이 밑에 깔고 앉으면 저녁이 되었다. 즉, 세상의 밝음과 어둠이 찾아오는 것은 닭과 원숭이 때문이었다. 이때부터 원숭이 엉덩이는 깔고 앉았던 해에 타서 빨개졌다.

원숭이의 엉덩이가 빨갛게 된 이유가 욕심 때문이라는 이야기도 있다.

옛날 원숭이와 게가 살았다. 하루는 떡을 해먹기 위해 원숭이와 게가 서로 일을 분담했다. 게는 열심히 나뭇가지를 잘라 불을 피우고 원숭이는 솥에서 떡이 잘 되는지 살폈다. 그런데 떡이 다 되자 욕심이 발동한 원숭이는 떡을 혼자 먹기 위해 솥에서 떡을 꺼내 나무 위로 올라가 버렸다. 게는 원숭이에게 같이 먹자고 사정했다. 하지만 원숭이는 떡을 손에 들고 게를 놀려대기만 했다. 이때 갑자기 강한 바람이 불어 떡을 떨어뜨리고 말았다. 게는 기회를 놓치지 않고 땅에 떨어진 떡을 재빨리 집어 들고 자기 집 구멍 속으로 들어가 버렸다. 이번에는 원숭이가 나무에서 내려와 게 구멍 앞에서 같이 나눠 먹자고 사정했다. 하지만 게는 들은 척도 하지 않았다. 약이 오른 원숭이는 엉덩이로 굴을 막고 방귀를 뀌어버렸다. 게는 냄새도 냄새려니와 자기 집 입구를 원숭이가 엉덩이로 막은 것에 화가 났다. 게는 집게다리로 원숭이 엉덩이를 마구 꼬집어댔다. 이때부터 원숭이를 꼬집어댄 게의 집게다리는 원숭이 털이 달라붙어 떨어지지 않았고 게에게 꼬집힌 원숭이 엉덩이는 빨갛게 되어 털이 나지 않았다. 이후 원숭이는 얼굴과 엉덩이에 털이 나지 않아 빨간 맨살이 그대로 드러났다고 해서 벌거숭이의 '숭' 자를 따서 '원숭이'라고 부르게 되었다.

원숭이는 사람들에게 친숙한 존재였지만 원숭이의 붉은 엉덩이는 여전히 해학의 대상에서 벗어나지 못했음을 알 수 있다. 외부에서 우리나라에 유입되어 정착한 동물이지만 이미지만큼은 완벽한 변신을 이루지 못한 셈이다.

오랑을 낀 개, 오랑캐와 모계 혈통

개와 북방민족의 시조신화

우리나라는 시조신화가 건국신화에 녹아 있는 경우가 많다. 대표적인 예가 고조선의 단군신화, 고구려의 주몽신화, 신라의 박혁거세신화, 김알지신화, 석탈해신화로, 각각 고조선과 고구려 그리고 신라의 건국신화인 동시에 시조신화이다. 이 신화들에는 다양한 동물이 등장한다. 예를 들면 신라의 경우 박씨, 석씨, 김해 김씨 시조신화에 알이나 거북, 새가 등장하여 이야기에 신비함을 더해준다.

반면, 우리가 예로부터 '오랑캐'라고 불렀던 북방민족의 시조신화에는 개가 등장하지만 간도나 만주를 비롯한 북쪽 변방 사람들 사이에서 알려진 그 신화들에는 신비함을 찾아보기 힘들다. 먼저 다음의 이야기를 살펴보자.

옛날에 아름다운 딸을 둔 재상이 살았다. 딸이 시집갈 나이가 되자 재상

필자미상 견도_국립중앙박물관 소장 개는 오래전부터 우리 민족과 친숙
한 동물로 사람을 배신하지 않는 '충직'의 상징이었다.

은 재능 있는 사윗감을 얻기 위해 얇은 껍질로 된 북을 만들어 마당에 내걸
면서 "이 북을 찢지 않고 소리 내는 자를 사위로 삼겠다"고 공표했다. 사위
공개모집을 선언한 것이다. 그러나 많은 청년들이 재상의 권력과 딸의 미모
를 탐냈지만 북 껍질이 너무 얇아서 아무도 선뜻 나서지 못했다. 그러던 어
느 날 마당에서 북소리가 들렸다. 내심 기대하며 마당으로 나간 재상은 깜
짝 놀라고 말았다. 집에서 기르던 개가 꼬리로 북을 치고 있었기 때문이다.
개를 사위로 맞을 수는 없었던 재상은 고민에 빠졌다. 그러나 재상으로서
한 약속이니 지켜야 한다는 결론을 내리고 딸을 개와 결혼시켰다. 아버지의

명을 거역할 수 없었던 딸은 결국 개와 같이 살게 되었지만, 개가 시도 때도 없이 핥고 물어뜯고 할퀴어 뜬눈으로 밤을 지새우는 게 하루이틀이 아니었다. 딸은 참다못해 주머니 다섯 개를 만들어 개의 네 발과 입에 씌웠다. 이때부터 정승의 사위를 다섯 '오五'와 주머니 '낭囊' 자를 써서 '오랑을 낀 개'라고 불렀다. 이후 시간이 지나 재상의 딸은 아이를 낳았다. 하지만 재상은 개의 후손인 손자를 탐탁잖아 했다. 결국 북쪽으로 간 손자는 그곳에 터를 잡고 후손을 널리 퍼뜨렸다. 사람들은 이들을 '오랑을 낀 개'의 후손이라는 뜻으로 '오랑구' 또는 '오랑개'라고 불렀고, 그 후 발음이 변해 지금의 '오랑캐'가 되었다.

북쪽 지역을 중심으로 다음과 같은 북방민족 시조신화도 있다.

옛날 북방 지역에 한 청년이 살았다. 청년은 태어날 때부터 낮에는 개가 되고 밤에는 사람으로 변하는 이중생활을 했는데 결혼한 후에도 해가 뜨면 개가 되어 산과 들을 돌아다니다가 해가 지면 사람으로 변해 집으로 돌아왔다. 그러던 어느 날 남편의 행동을 이상하게 여긴 아내가 남편 몰래 뒤를 따라나섰다가 사람이 개로 변하는 모습을 엿보고 말았다. 때문에 청년은 완전히 사람으로 변하지 못하고 머리는 개, 몸은 사람인 형상으로 남게 되었다. 이 청년이 북방민족의 시조이다.

이후 후손들은 이 청년의 넋을 기려 머리 위에 긴 머리를 남기는 선조의 행적을 간직하게 되었고 이 풍습이 장발의 유래가 되었다. '반호전설盤瓠傳說'이라고 하는 이 설화는 특별히 '견용국犬用國 시조설화'라고도 하는데,

중국 고신씨高辛氏 시대를 배경으로 하고 있어 시간적으로 대단히 오래된 역사와 전통을 자랑한다. 이 밖에도 중국의 '오랑견五闐犬' 또는 '올량합 시조설화'에는 불알이 다섯 개 달린 개가 등장하기도 한다.

옛날에 불알이 다섯 개 달려 이름이 오랑견인 개가 살았다. 어느 날 오랑견은 두만강 가에 빨래하러 나온 처녀를 범하여 처녀는 아이를 가졌다. 이 듬해 처녀는 아이를 낳았고 태어난 아이는 머리털이 누런색이었다. 이 아이가 북쪽으로 가서 시조가 되었는데 사람들은 이들의 후손을 '오랑견'이라 불렀고, 이 발음이 변하여 '오랑캐'가 되었다.

일반적으로 시조신화에 동물이 등장하는 것은 집단의 신성성과 우월성을 드러내기 위해서이다. 우리나라 역시 단군신화에 곰과 호랑이가 등장하는데 여기에도 동물을 숭배하는 토템 사상이 담겨 있다. 그러나 개가 등장하는 북방 시조신화는 역사성은 물론 신비함과 같은 신화적 요소가 떨어진다. 또한 부계 혈통이 부각되는 다른 시조신화와 달리 우리 민족과 관련이 있는 모계 혈통이 드러나 있는 점도 흥미로운 대목이다.

충성심의 상징, 개

개는 동서양을 막론하고 인간과 가장 오랜 시간을 함께한 동물이다. 페르시아 베르트 동굴에는 기원전 9500년경에 이미 가축으로 기르는 개 그림이 있다. 동양에서도 개는 매우 충직한 동물로, 아주 오랜 옛날의 일식과 월식 유래담에서도 등장한다.

태초에 해와 달이 없어 어둡기만 한 까막나라가 있었다. 까막나라의 왕은 세상에서 가장 용감하다는 불개를 인간 세상에 보내 해와 달을 가져오라고 명했다. 불개는 명을 받은 즉시 하늘로 달려가 해를 물었지만 너무 뜨거워 놓치고 말았다. 하는 수 없이 달이라도 가져가겠다고 생각하고 이번에는 달을 덥석

페르시아 베르트 동굴 그림 개가 인간과 함께 살기 시작했다는 기록 중 가장 오래된 그림으로, 기원전 9500년경의 작품으로 추정한다.

물었다. 그러나 해와 반대로 달은 너무 차가워 계속 물고 있을 수 없었다. 결국 불개는 빈손으로 돌아와야 했다. 그러나 까막나라 왕은 기회만 있으면 불개에게 해와 달을 물어오라고 명했다. 때문에 불개는 지금도 해와 달을 오가며 동분서주하고 있다. 해와 달이 어두워지는 일식과 월식이 일어나는 이유도 불개에게 물릴 때마다 일어나는 현상이다.

이와 같이 개는 오래전부터 사람을 따랐으며, 특히 인간은 개를 버려도 개는 사람을 배신하지 않는다고 할 정도로 '충직'의 상징이었다. 개의 충직성은 사람의 영혼을 이승이나 저승으로 안내하는 이야기에서도 엿볼 수 있는데 이는 오래전부터 무속신앙과 접목되어 있었다. 다음은 제주도 지역의 무속신화 차사본풀이에 나오는 이야기이다.

강림이 염라대왕을 만나고 이승으로 돌아갈 때의 일이다. 염라대왕은 강림에게 흰 강아지 한 마리와 둘레떡 세 덩이를 주면서 "이 떡을 한 덩어리씩

던져주며 강아지 뒤를 따라가면 이승으로 가는 길을 찾을 수 있다"고 일러 주었다. 강림은 염라대왕의 말대로 강아지가 싫증이 날 만하면 떡을 한 덩이 던져주며 따라갔다. 그런데 강아지가 행기 못에 이르자 갑자기 강림에게 달려들어 목을 물어 못에 빠져버렸다. 갑작스러운 강아지의 행동에 강림이 깜짝 놀라 눈을 번쩍 뜨자 이승에 도착해 있었다.

역사에 이름을 남기다

충직한 개는 역사에도 이름을 남길 정도로 국가나 사회에 공헌했다. 500년경 신라 22대 지증왕 때는 개가 위기에 처한 연제 왕비를 구했다는 기록이 있으며, 『증보문헌비고』*「상위고」에 따르면 "백제의 멸망에 앞서 사비성의 개들이 왕궁을 향해 슬피 울었다"는 기록도 있다. 목숨을 바쳐 사람을 구한 의견義犬 이야기도 많은데 충직한 개가 죽은 뒤 그 공을 기록한 비석을 세우고 정기적으로 제사를 지낸 이야기는 전국적으로 분포하고 있다. 고려 충렬왕 8년(1282년)에는 개성 진고개에 사는 눈먼 고아를 거둬 먹여 키운 개의 공적을 기려 벼슬을 내리기도 했고, 조선 중종 때는 전라 감사 정엄이 통신 업무에 토종개를 이용하여 막대한 통신비를 절약하기도 했다. 중국 당나라 문헌에는 제주도에서 개를 사육하여 가죽으로 '갖옷'을 만들어 입었으며 장구를 만들거나 꼬리로 빗자루를 만들어 생활용품으로 사용하기도 했다.

민가에서도 개는 집을 지키고 사냥을 도와주며 맹인을 안내하고 잡귀와 병, 도깨비, 요귀 등의 재앙을 물리쳐 집안의 행복을 지켜주는 존재였다. 심지어 우리 선조들은 오랜 시간 개와 함께 지내면서 개를 세밀하게 관찰하고 다양한 관점에서 평가했다. "서당개 3년이면 풍월을 읊는다"거나 "개같이 벌어서 정승같이 쓴다" "개 팔자가 상팔자다" 등과 같은 속담으로 개를 사람의 삶에 직접 비유하기도 했고, 개의 관상이나 행동으로 기상을 예측하고 세상사의 길흉화복을 점치기도 했다. 개가 지붕이나 담 위에 올라가 짖으면 그 집주인이 죽는다고 믿었고 앞마당에서 개가 이유 없이 짖으면 경사가 있을 조짐으로 여겼다. 개꼬리에 지푸라기가 묻어 있으면 손님이 올 징조이고 개가 풀을 뜯어 먹으면 큰비가 오며, 개가 떼 지어 다니며 뒹굴고 기뻐하면 큰 바람이 불 징조라고 한다.

지역에 따라서는 죽은 조상이 개로 환생하여 집을 지켜준 이야기도 있다. 다음은 경주 최씨 집안에서 전해 내려오는 이야기이다.

살아생전에 고생만 하다 죽은 최씨 집안 과부가 아들의 집에 개로 환생을 했다. 죽은 어머니가 개로 환생해 집을 지켜준다는 사실을 알게 된 아들은 개를 데리고 다니면서 세상 구경을 시켜주었다. 그런데 여행을 마치고 돌아오는 길에 어머니 개가 땅을 파고 그 자리에서 조용히 숨을 거두고 말았다. 아들은 개를 구덩이에 정성을 다해 묻어주고 이후 경주 최씨 집안에서는 개의 무덤에 정기적으로 성묘를 했다.

이와 같이 개는 사람과 일상을 함께하면서 다양한 방면에서 이익을 주었다. 따라서 개의 충직성 역시 단순하고 편협한 해석보다는 다양하고 거시적인 관점에서 이루어져야 할 것이다.

▬『삼국사기』 13쪽

고려 인종의 명으로 김부식이 신라·고구려·백제 삼국의 역사를 1145년(인종 23년)에 완성한 정사체 역사서. 『삼국유사』와 함께 현전하는 가장 오래된 책이며, 삼국과 통일신라 역사 연구에 가장 기본적인 사료이다.

▬『일본서기』 14쪽

왕실 중심의 순한문 편년체로, 나라 시대에 펴낸 가장 오래된 일본 역사서. 『고사기』를 포함하면 현전하는 두 번째로 오래된 일본 역사서로, 특히 한국의 사료와 중국의 사서를 병용하고 있어 일본에서는 비교적 객관적으로 저술한 역사서로 자부한다. 그러나 연대가 백제의 기년과는 약 120년의 차이가 있고 한국과의 관계에 왜곡된 부분이 많아 한국 학자 중에는 사서史書가 아니라 사서詐書라고 평하기도 한다.

▬『삼국유사』 18쪽

충렬왕 11년(1285년)에 승려 일연이 신라·고구려·백제의 역사 외에 단군의 사적·신화·전설·설화·향가 등을 최초로 수록한 역사책. 특히 단군신화를 포함해서 고대 사회의 역사·풍속·종교·문학·예술·언어 등을 알 수 있는 기본서로 『삼국사기』에 없는 많은 사료를 수록하고 있어 한국 고대사 연구에 중요한 자료이다.

▬『동의보감』 31쪽

허준이 선조의 명으로 1610년(광해군 2년)에 우리나라는 물론 중국의 의서까지 모두 활용해 전문 과별로 나누어 각 병마다 진단과 처방을 내려 작성한 의학서적. '동의'는 중국 남쪽과 북쪽의 의학 전통과 비교되는 동쪽의 의학 전통, 즉 조선의 의학 전통을 뜻하며 '보감'은 '보배스러운 거울'이란 뜻으로 귀감을 의미한다. 특히 『탕약편』에는 수백 종에 이르는 토종 약재의 이름을 한글로 소개해 동양에서 가장 우수한 의학서 중 하나로 평가한다.

▬『본초강목』 36쪽

16세기 이전의 이른바 본초학에 대해 일차적으로 완결한 총결편으로, 실제 치료한 경험을 담고 있으며 조금이라도 불합리한 전설은 비판하고 새로 발견한 유효한 약물과 여러 약리학설을 담는 등 오래전부터 전해온 본초에 대한 이론과 약물 운용에 대한 실제 체험을 편리하게 참고할 수 있도록 정리해놓았다. 우리나라에는 선조 이후에 들어온 것으로 추정한다. 그러나 『동의보감』에서 이 책을 참고한 흔적을 찾아볼 수 없다는 점에서 우리나라에 큰 영향은 미치지 못한 것으로 보인다.

■ 『산해경』 52쪽

사마천의 『사기』에 처음 등장하며 제작 시기는 정확하지 않지만 인문 지리지로 분류한다. 신화 연구에 중요한 자료로 중국에서 가장 오래된 신화집으로 평가받고 있다. 고대 천문학 개론서이기도 하고 특히 '지이류' 문체의 효시로, 이 묘사법은 중국 소설 발전에 중요한 역할을 하여 후대 중국 작가와 시인들에게 영향을 주었다. 우리나라와 관련된 지명도 있어 우리 상고사 연구에도 귀중한 자료이다.

■ 『동국이상국집』 69쪽

고려 고종 28년(1241년)에 간행한 이규보의 문집. 『구삼국사舊三國史』라는 우리나라 사서의 존재를 밝히고 있으며, 무당을 경계하는 뜻에서 지은 시는 무속 연구의 중요한 자료이다. 문학 이론과 창작에 관한 글, 공적인 글과 자기 표현의 글 등 설화와 소설을 잇는 교량 역할을 하는 글이 많다. 술을 의인화해서 술과 인간의 관계를 재미있게 엮은 『국선생전』이 대표적 예다.

■ 『택리지』 70쪽

1751년(영조 27년)에 실학자 이중환이 현지 답사를 기초로 우리나라 실학파 학풍을 배경으로 실제 생활에 도움을 주는 다양한 지리 정보를 수록한 지리서. 『동국여지승람』이 종전의 군·현별 백과사전식 지리지라면, 팔도의 위치와 역사적 배경 등을 담은 이 책은 우리나라를 총체적으로 다룬 새로운 인문 지리지의 효시이다. 역사·경제·사회·교통 등을 다루고 있으며, 각 지방의 지역성을 출신 인물과 연관 지어 서술했다는 점도 특징이다. 또한 인간이 살 만한 거주 조건을 갖춘 지리(지형, 물길 등), 생리(경제적 이득), 인심(좋은 이웃 관계), 산수(아름다운 경치)에 대해 서술해 18세기 사람들의 주거지 선호의 기준을 파악할 수 있는 자료이다.

■ 『귀장역』 73쪽

급군(지금 하남성 급현)의 불유가 280년경 진나라 무제 때 전국시대 위나라 왕의 총묘를 도굴하자 수레 수십 대 분량의 죽간이 나왔다. 전국시대의 과두문자로 쓰여 있어 해독이 어려웠기 때문에 자세한 내용은 알지 못하다가 후에 진의 학자 순욱이 번역하였다. 현재는 원래 죽간은 전하지 않고 정리본도 후대로 오면서 많은 양이 없어졌다.

■ 『증보문헌비고』 80쪽

경국제세를 위해 1782년(정조 6년) 왕명으로 편찬한 『동국문헌비고』의 증보판. 『증정동국문헌비고增訂東國文獻備考』 또는 『증보동국문헌비고』라고도 한다. 『동국문헌비고』에 사실이 아니거나 누락된 부분이 있고 시대의 변천에 따라 변경된 법령과 제도가 많아, 이를 수정보완하여 상고시대부터 조선 시대까지 한국의 모든 제도와 문물을 연대순으로 정리한 백과사전이다.

제
2
장

계층과 지역을 하나로,

음식 속
우리 문화
이야기

김치의 역사를 다시 쓰다

한·중·일 삼국의 김치와 원조 논쟁

김치는 매우면서도 맛이 독특한 우리 민족의 대표 먹거리로 상당히 오래전부터 존재했다. 하지만 오늘날의 김치와는 차이가 있는데다 우리나라와 중국, 일본의 교류가 활발했기 때문에 역사와 원조에 대한 논쟁이 끊임없이 이어졌다. 그렇다면 김치는 언제부터 우리나라에 등장했을까?

일부 문헌에서는 김치의 발생지를 중국으로 보는 견해도 있다. 지금으로부터 3000년 전 중국 최초의 시집인 『시경』에는 다음과 같은 기록이 나온다.

밭두둑에 외가 열었다. 외를 깎아 저(菹)를 담자.

여기서 '저'는 염분을 이용하여 채소를 젖산 발효시킨 음식으로 김치의 한 종류이다. 이는 김치에 대한 최초의 기록이라 할 수 있는데 『여씨춘추

『呂氏春秋』*에도 공자가 콧등을 찌푸려가며 '저'를 먹었다는 기록이 있고 『석명釋名』*에도 '저'에 대해 다음과 같이 기록하고 있다.

채소를 소금에 절여 발효시키면 젖산이 생성되고, 이 젖산이 소금과 더불어 채소가 짓무르는 것을 막아준다.

한나라 『주례』*에는 "순무·순채·아욱·미나리·죽순 등 일곱 가지 채소를 재료로 하여 저를 만들고 관리하는 관청이 있었다"는 기록이 있는데 이에 따르면 중국에서는 오래전부터 일반인들까지 김치를 널리 즐긴 것으로 보인다. 우리나라의 경우 김치의 등장은 낙랑시대 전후로 추정하지만 삼국시대까지는 기록이 남아 있지 않아 정확한 내용은 알 수 없다. 다만 우리나라에도 아주 오래전부터 우리만의 독자적인 김치 제조법이 있었는데, 채소에 직접 소금을 뿌리거나 소금물을 이용하여 국물이 많은 김치를 만들어 먹은 것으로 전한다. 현전하는 김치에 관한 기록은 고려 중엽 이규보가 지은 『동국이상국집』의 「가포육영」에서 찾아볼 수 있다.

무장아찌는 여름철에 먹기 좋고 소금에 절인 순무는 겨우내 반찬이 된다.

이 밖에도 오이·가지·무·파·아욱·박 등 여섯 가지 채소에 관한 시와 함께 순무로 만든 무장아찌와 무소금절이라는 김치도 등장한다. 또한 '염지鹽漬'라 하여 무를 소금에 절여 만든 김치의 일종인 짠지를 먹었다는 기록도 있는데 문헌상으로만 본다면 이것이 우리나라 김치의 원조이다.

이후 고려 말기에 들어서면 우리나라에서 김치를 뜻하는 '저'라는 명칭이 다시 사용된다. '저'는 6세기 이후 중국에서도 거의 사용하지 않은 용어였지만, 고려 말기에 유교의 복고주의 바람이 불면서 다시 사용된 것으로 보인다. 특히 고려 말기 이후에는 김치에 관한 기록이 자주 눈에 띄는데, 1300년대 이달충의 시 「산촌잡영」에 "야생초로 김치를 담았다"는 내용도 보인다. 그리고 1518년 『벽온방』*에는 "무딤채국을 집안 사람이 모두 먹었다"는 기록도 있는데 여기서 김치를 의미하는 '딤채'라는 용어가 등장한다. 1525년 『훈몽자회』*에도 김치와 비슷한 '딤채조'라는 음식이 등장하는데 이 딤채를 김치의 어원으로 보는 견해도 있다. 당시의 김치는 숙성되면서 채소의 수분이 빠져나와 채소 자체가 국물에 잠기는 특징이 있었다. 동치미 역시 국물 속에 침전되었는데 여기서 고유 명칭인 '침채沈菜'가 나오고 이 침채가 다시 '팀채'에서 '딤채'로 변했다가 '김채'로 변하여 오늘날의 '김치'가 된 것으로 본다.

경상도 안동 지역에서는 김치의 명칭에 관해 다음과 같은 이야기가 전해 내려온다.

조선 선조, 인조 시대에 문신이었던 남봉南峰 김치金緻라는 인물이 살았다. 천문학에도 조예가 깊었던 그는 경상도 관찰사를 지낸 안동 김씨 문중 출신이었다. 때문에 문중 후손들은 조상의 이름을 함부로 부르는 불경을 저지르지 않기 위해 '김치'를 '짐채' 또는 '짐치' 등으로 불렀다.

이 기록에 따르면 조선 중기 이후에는 '김치'라는 명칭을 사용하고 있었음을 알 수 있다.

옛날 우리 김치는 모두 하얀색?

일반적으로 김치는 삼국시대부터 우리 고유의 먹거리로 자리 잡았으며 고려 시대에 들어오면서 더욱 널리 퍼진 것으로 보고 있다. 앞서 언급한 이규보의 「가포육영」에 따르면 김치의 일종인 무장아찌와 무소금절이 또한 고려 시대에 이미 대중적인 음식이었다. 원나라나 일본의 각종 기록들도 이를 뒷받침하는데, 나물이나 생강 같은 향신료를 김치에 쓸 정도로 제조 방식이 상당히 발전하기는 했지만 여전히 오늘날과 같은 맛과 형태의 김치는 아니었다.

김치가 오늘날과 같은 맛과 형태를 갖추게 된 시기는 조선 중엽 이후로, 이 시기에 본격적으로 김치에 고추를 사용하기 시작한다. 고추가 우리나라에 들어온 시기는 이보다 앞선 16세기 말엽이지만 그 후 약 100여 년 이상 김치에 쓰지 않다가 17세기 말에서 18세기 초 사이에 고추를 사용한 양념제조술이 발달하면서 바야흐로 김치 요리에 대변혁이 시작된다. 그렇다면 고추를 유입하고도 100여 년이 넘게 사용하지 않은 이유는 무엇일까? 이와 관련해서 명확한 자료는 찾아보기 힘들다. 다만 고추가 중국과 일본을 통해 우리나라에 들어오긴 했지만 구체적인 용도까지 전파되지는 않았던 것으로 보인다. 고추의 전파 과정과 습성도 이러한 추론에 힘을 실어준다.

고추의 원산지는 남아메리카의 아마존 강 유역이다. 기원전 6500년경 멕시코 유적에서 출토될 정도로 역사가 오래된 고추는 2000년 전부터 페루에서 재배했으며 아메리카 대륙을 중심으로 재배 면적을 넓혔다. 그 후 콜럼버스를 따라 아메리카로 건너간 쟌카(또는 찬카)라는 사람이 멕시코 원주민들이 '아기'라는 향신료를 먹는 것을 보고 최초로 유럽에 전파했지만

김치는 우리나라 대표 먹거리로 주변국들과 오랜 교류를 통해 발전했다. 특히 고추의 유입은 우리나라 김치의 역사를 새롭게 쓴 일대 사건이었다. 사진 ⓒ Getty Images Bank

초기에는 '붉은 후추'라 하여 특별한 주목을 받지 못했다. 그 이유는 바로 중세 최고의 향신료인 후추가 있었기 때문이다. 동양에서는 1542년 인도에 고추가 전파되었으며, 같은 해 포르투갈 사람이 고추를 일본에 전했고 일본을 통해서도 우리나라에 유입된 것으로 보인다.

한편, 고추의 용도와 관련해서는 고추의 습성에도 주목할 필요가 있다. 고추는 인근 지역에서 다른 품종을 재배할 경우 쉽게 꽃가루가 바람에 날려 서로 교배하여 새로운 품종을 만들기 때문에 다른 품종에 비해 유입 경로나 용도를 정확히 파악하기가 어렵다. 고추의 모양새나 매운맛이 지역에 따라 차이가 큰 것도 이러한 이유이다.

이와 관련해서는 이수광의 『지봉유설』에 다음과 같은 기록이 있다.

고추에는 독이 있다. 일본에서 비로소 건너온 것이기에 '왜겨자'라 한다.

이익의 『성호사설』*에는 이에 관한 기록이 좀 더 구체적이다.

(고추는) 일본에서 건너온 것이라는 지식 외에 아무것도 알려진 것이 없기 때문에 '왜초'라고 한다. …… 고추를 '번초'라고도 하고 …… 고추는 매운 것이다.

고추의 매운맛이 어느 정도였는지 짐작해볼 수 있는 대목이다. 또한 이때까지도 고추의 구체적 용도가 우리나라에 알려지지 않았다는 사실도 알수 있다. 일본인이 고추의 용도에 적극적인 관심을 기울이지 않은 이유는 그들의 식습관과도 관련이 있다. 일본은 국교가 불교이기도 했지만 육식을 하지 않는 체질적 특성 때문에 위장에 지나친 자극을 주는 매운맛을 즐기지 않았다. 따라서 고추가 일본을 통해 우리나라에 유입되었다고 해도 용도까지 자세히 알기는 어려웠을 것이다. 더구나 외부에서 그것도 우리가 주로 문화를 전수해주던 일본을 통해 유입된 낯선 식재료였기에 고추가 우리 음식 문화에 정착하는 데는 시간이 필요했을 것이다.

한편, 1766년 『증보산림경제』*에 고추를 '당초唐椒'라고 했다는 기록이 있는데, 이는 임진왜란 전후에 고추가 일본 외에 중국에서도 유입되었음을 의미한다. 그러나 중국에서 유입된 고추 역시 용도까지 구체적으로 전해진 것은 아니다. 그리고 고추가 우리나라에 유입되면서 매운맛이 변했을 가능성도 있지만, 고추의 매운맛이 당시 사람들에게 익숙하지 않았던 것은 사실이다.

고추의 매운맛이 우리나라에서 뒤늦게 주목받은 이유는 후추와도 연관이 있다. 후추의 맛에 익숙했던 조선의 상류층 사람들은 고추의 매운맛이 낯설었다. 더구나 고추는 매운맛은 있으나 향이 없었기 때문에 음식의 향을 즐기는 사람들의 관심을 끌기에는 한계가 있었다. 그러나 시간이 지나면서 고추가 점차 후추의 대안으로 주목받게 되는데 그 이유는 당시까지도 까다로운 재배 조건 때문에 경작지가 한정되었던 후추가 값이 비싸 서민들이 쓰기에 부담이 큰 반면, 고추는 기후 제약이 적고 어디서나 씨만 뿌리면 재배가 가능해 누구나 저렴하게 쓸 수 있었기 때문이다.

우리 선조들은 고추의 붉은색이 잡귀나 액운을 막아준다고 믿었다. 실제로 붉은 고추는 향신료 역할뿐만 아니라 방부제 역할까지 해 장맛을 지키는 데 도움을 준다.

고추는 붉은 색깔로도 주목을 받았다. 우리 선조들은 예로부터 보는 것만으로도 맛을 느낄 정도로 음식의 시각적 효과를 중시했는데 고추의 붉은색이 그런 역할을 했다. 게다가 붉은색은 귀신을 쫓아낸다는 민간신앙이 접목되면서 음식 맛을 지키는 향신료로서 고추의 역할은 더욱 강화되었다. 이와 관련해서는 요리의 가장 기본인 전통 장 담그기 풍습을 주목할 필요가 있다.

우리 선조들은 장을 담글 때 부정한 잡귀의 접근을 막고 장맛을 살리기

위해 붉은색 고추를 띄웠는데, 최근 연구 결과에 따르면 이는 단순한 민간
신앙의 차원을 넘어 실제 장맛을 풍부하게 하는 데도 도움을 준다고 한다.

　고추는 일상에서 특별한 일을 맞이할 때도 중요한 역할을 했는데 특히
아들을 낳으면 금줄에 붉은 고추를 매달아 대문에 걸어두는 풍습 역시 악
귀나 병균 등 부정한 것의 접근을 막으려는 민간신앙 차원의 믿음이 담겨
있었다. 이처럼 고추는 100여 년의 침묵 끝에 향신료는 물론, 민간신앙의
차원으로까지 쓰임새를 확대하며 우리 음식문화에 정착하게 된다.

고추는 조선 사람들을 골탕 먹이기 위해 유입되었다?

　한편, 고추의 매운맛은 또 다른 논란을 불러일으키기도 했다. 『임원십육
지林園十六志』●의 「식감촬요食鑑撮要」나 일본 『화한삼재도회和漢三才圖會』● 등
에 기록된 다음의 구절을 보자.

　고추는 매우 맵고, 그 성질은 대온大溫하며 많이 먹으면 화火가 동하고 창
　瘡을 나게 하고 낙태한다.

　고추는 맵기 때문에 입술이 마비되고 이것은 가열하면 더욱 매워지
　고…… 고추가 치아를 해친다.

　고추가 얼마나 매운지 충분히 느낄 수 있는 대목인데, 이 때문에 일본이
고추를 우리나라에 전파한 이유에 감정적 의도가 있다는 논란이 이어지기
도 했다. 일본인 쓰네야 세이후쿠恒屋盛服가 1901년에 쓴 『조선개화사』에

도 비슷한 이야기가 나온다.

고추는 본래 독초이기 때문에 조선 사람들을 골려주기 위해 조선에 전했는데 체질의 차이 때문에 오히려 조선 사람들이 고추를 즐겨 먹게 되었다.

하지만 일본에서 들어온 고추의 매운맛은 시간이 지나면서 우리 입맛에 맞는 향신료가 되어 우리만의 독특한 음식 문화를 만들어냈다. 그리고 이 과정에서 고추의 효능에 대한 우리 연구도 활발하게 이루어졌다. 그 결과 고추는 우리나라에 유입된 후 정착기를 거치면서 김치의 맛과 영양, 시각적 효과 등에 혁명적 변화를 일으켰다. 이후 김치에 젓갈을 사용하는 오늘날과 같은 김치 조리법이 개발되면서 고추는 우리 입맛에 맞는 향신료로 제자리를 찾게 된다.

김치와 함께 범국제적 음식이 탄생하다

고추를 사용한 우리나라 김치는 이후 중국으로 전파되기도 했다. 1712년 김창업이 지은 『노가재연행록老稼齋燕行錄』*을 보면,

우리나라에서 중국으로 귀화한 노파가 김치를 만들어 팔아 생계를 유지하고 있는데, 특히 노파가 만든 동치미의 맛은 한양의 것과 같다.

1803년에 발간한 『계산기정薊山紀程』*에는 중국의 김치 맛을 다음과 같

이 우리나라와 비교하기도 한다.

> 중국 통관通官 집의 김치는 우리나라(조선)의 김치 만드는 법을 모방하였
> 는데 맛이 일품이다.

중국으로 전파된 우리의 김치 제조법을 일반인들까지 즐겼음을 알 수
있는 대목이다. 당시 우리나라에서 상당히 멀리 떨어진 중국 쓰촨 지방까
지 동치미 담그는 법이 전파되었는데 이는 임진왜란 당시 파병된 쓰촨 지
방 군사들이 우리 김치 맛에 반해 고국으로 돌아가면서 김치 담그는 법을
배워 갔기 때문이다.

한편, 향신료 외에 또 다른 용도로 고추가 일본으로 다시 전파되기도 했
는데 이와 관련해서는 다음과 같은 기록도 있다.

> 수박을 먹고 복통이나 토사를 만났을 때, 고추를 썰어 달여 먹으면 바로
> 해독되는데 이것은 조선의 통신사에게 배운 것이다.

고추는 중국과 일본 등 외부에서 유입되었지만 우리나라에서 많은 관심
을 받고 지속적으로 연구하면서 다양한 용도로 활용되었다. 또한 우리의
김치 제조법이 일본으로 건너가면서 새로운 음식이 탄생하는 데도 영향을
미쳤다. 우리 문화의 절대적 영향을 받은 『정창원문서正倉院文書』『연회식』
등에도 소금·술지게미·장·초 등 김치와 관련한 설명이 있을 정도다. 500년
경 중국 최고最古의 농서인 『제민요술齊民要術』*에 쌀가루로 담근 김치가
나오는 것도 주목할 만한데 이는 김치를 상당히 오래전부터 즐겼으며 우

리나라와 중국, 일본 사이에 김치 교류가 오래전부터 있었음을 의미한다.

채소를 소금에 절인 '수수보리지'도 비슷한 예다. 수수보리지는 채소의 맛과 영양을 보존한 채 저장하기 위해 쌀가루와 소금에 채소를 재는 방식으로, 백제에서 일본으로 건너간 김치의 일종이 변형·정착된 식품이다. 일본에서는 따뜻하고 축축한 기후 때문에 쌀가루를 쓰면 김치 맛이 쉽게 변하고 냄새가 났기 때문에 쌀가루 대신 쌀겨를 써서 일종의 무김치라고 할 수 있는 다꾸앙(단무지)을 만들어 먹었다. 단무지는 발효시키지 않았다는 점에서 김치와 차이가 있지만 채소를 저장하여 오래 두고 먹기 위해 고안되었다는 점에서 김치 제조 방식과 유사한 면이 있다. 그런 점에서 우리나라 사람들이 부담 없이 즐겨 먹는 자장면이 순수 중국요리가 아닌 우리나라에서 새롭게 탄생한 음식이라는 점을 감안하면, 오늘날 중국집에서 먹는 자장면과 단무지는 현대인들의 입맛에 맞게 개량된 한·중·일 삼국의 범국제적 음식이라고 할 수 있다.

이와 같이 김치는 주변국들과 오랜 교류를 통해 발전했으며 한편으로는 끊임없는 연구를 통해 우리만의 독특한 고유 음식으로 자리 잡았다. 특히 고추의 유입은 우리나라 김치의 역사를 새롭게 쓴 커다란 사건이었다.

후추에 길을 묻다

특권층의 전유물, 후추

세계적으로 후추는 사람들의 입맛을 돋우는 최고의 향신료로 통한다. 후추는 일찍이 고대 그리스와 로마에서 물물교환 품목에 으뜸을 차지할 정도로 대단히 인기가 좋았으며, 400년경에는 아라비아 상인들을 통해 서양에 유입되어 불로장생의 묘약과 정력제로 쓰일 정도로 각광을 받았다. 이러한 과정에서 후추는 역사에 남는 일화도 많이 남겼다.

그러나 후추의 사용은 제한적이었다. 유럽 국가들이 직접 생산지를 찾아 나서기 전까지 베네치아 상인들이 독점하여 양을 제한적으로 공급했기 때문에 금이나 은보다도 값이 비쌌다. 때문에 후추는 유럽 각국의 국가경제에 커다란 영향을 끼쳤으며 이러한 이유로 유럽 국가들은 경쟁적으로 후추의 원산지인 인도를 직접 찾아 나서기도 했다.

후추(왼쪽)**와 고추**(오른쪽) 후추는 세계적으로 사람들의 입맛을 돋우는 최고의 향신료 대접을 받았으며 고추는 값비싼 후추의 대안으로 주목받게 된다.

중국의 경우 후추는 육조시대[7]에 인도에서 직접 들여온 것으로 알려져 있다. 그러나 일설에 따르면 한나라 때 서역 사신으로 갔던 장건張騫이 비단길을 통해 가져왔다고도 한다. 때문에 이 지역을 지칭하는 한자 '호胡'를 따서 '호초胡椒'라고 불렀는데 이후 우리나라에 들어오면서 우리식 발음으로 변형되어 '후추'가 되었다.

우리나라에 후추가 전파된 시기나 경로에 대해서는 정확한 기록이 남아 있지 않다. 다만 고려 중엽에 이미 통용되었으며 고려 말에는 중국과의 교역뿐만 아니라 남방을 통해서도 들여온 것으로 보인다.

문헌상으로는 이인로의 『파한집』*에 처음으로 후추라는 명칭이 나오는

7　중국 삼국시대의 오나라 이후 당나라 이전의 시대. 위진 남북조시대와 수나라까지 중국 육대六代의 왕조가 있던 시대로 주로 문화사적 시대 구분에서 쓰인다.

데 이 책을 이인로가 죽은 뒤 40년 만인 1260년(원종 1년) 3월에 아들 이세황이 출간했다는 점을 고려하면 후추라는 명칭을 사용한 시기는 이인로가 사망한 1220년 이전으로 볼 수 있다. 이후 『고려사』에는 1389년(공양왕 1년) 유구의 사신이 후추 300근을 가져왔다는 기록이 있으며, 신안 앞바다 해저 유물선에서 후추가 발견된 것으로 보아 고려 중기 이후에는 후추 교역이 이루어졌음을 알 수 있다. 물론 후추는 우리나라에서도 귀한 대접을 받았다. 향신료에 질적 등급을 매길 정도로 맛에 대한 감각이 뛰어났던 우리나라 사람들은 후추를 인정했지만 값이 비싸고 구하기가 힘들었기 때문에 특권층에서만 사용할 수 있었다. 조선 시대에 들어와서도 후추는 여전히 상류층을 중심으로 비싼 가격에 소량만 유통될 정도로 귀했는데 이 때문에 민간에서는 후추 대신 조피나무 열매의 껍질로 만든 천초川椒·겨자·마늘 등을 향신료로 사용했다.

단군신화와 향신료

우리 선조들이 향신료를 사용한 역사는 단군시대까지 거슬러 올라간다. 유목민족이었던 우리 민족은 고기를 즐겨 먹었는데 오래전부터 향신료를 사용한 이유도 이러한 식생활과 무관하지 않다. 고대의 향신료는 단순히 음식 맛을 내는 역할만 담당하지 않았다. 문헌자료가 남아 있지 않아 구체적인 내용은 알 수 없지만, 당시 사회에서 향신료는, 첫째 고기를 소독하는 한편 부패를 방지하고, 둘째 풍성한 사냥감을 확보함과 동시에 구성원의 안전을 기원하는 도구였으며, 셋째 약재로서의 효능도 있었다. 고대 사회에서 사냥감을 획득하는 행위가 단순히 배를 채우는 생물학적 차원이 아닌 공동체의 존립을 위한 행위였듯이, 향신료의 사용 역시 공동체의 안전과 복을 기원하는 주술적 의미가 포함되어 있었던 것이다.

이처럼 향신료의 사용에 종교적 의미와 과학적 의미까지 포함되어 있다는 점은 동서양이 공통적이다. 서양의 경우 옛날부터 성직자들이 예배를 비롯한 종교의식을 거행할 때 향신료를 사용했는데 이는 과학적으로도 유효했다. 마늘의 경우 알리신이라는 강력한 살균 성분이 있어 페니실린에 비길 만한 효능으로 결핵균·이질균·임질균을 치료했다. 따라서 서양에서 드라큘라 퇴치에 마늘을 사용한 이유 역시 의료기술이 발달하지 못한 시기에 병균과 잡귀의 퇴치를 같은 것으로 보았음을 의미한다.

우리나라에서는 단군신화에서부터 이러한 흔적을 찾아볼 수 있다. 단군신화에서 곰과 호랑이가 함께 사람이 되고자 환인을 찾아갔을 때 마늘과 쑥을 받았다는 이야기는 잘 알려져 있다. 여기서 마늘과 쑥의 의미 역시 복합적이어서, 하늘의 뜻을 담은 신성함, 인간이 되려는 주술적 염원, 마늘과 쑥의 과학적 효능 그리고 쓰디쓴 맛조차 인내해낼 수 있어야 한다는 개인적 인내 등이 모두 포함되어 있었다.

후추, 일본 사신들의 염탐 도구가 되다

후추는 동서양을 막론하고 역사적 사건의 주요 매개체가 될 정도로 대단히 귀한 향신료였다. 유럽에서는 해양기술 발달과 신대륙 발견의 원인이 될 정도였고 우리나라 역시 예외는 아니어서 조선에서도 잊지 못할 일화를 만들어냈다. 임진왜란의 원인과 전황을 기록한 『징비록』*에는 후추에 관해 다음과 같이 기록하고 있다. 임진왜란 직전 일본 사신이 우리나라를 방문했을 때의 일이다.

조선 침략의 야심을 품고 전쟁을 준비해온 일본은 사신들을 통해 조선의 사정을 면밀하게 염탐했다. 남해의 항구에 도착한 일본 사신들은 한양까지 이동하면서 갖가지 억지를 부리며 지나가는 지방마다 분주하게 정황을 살폈다. 마침내 한양에 도착한 사신 일행은 조정에서 준비한 잔치에 참석했다. 그런데 술잔이 돌고 흥이 무르익을 무렵 일본 사신이 갑자기 자리에서 일어나 후추를 꺼내 술 좌석에 마구 뿌려댔다. 순간 자리를 같이한 조선의 벼슬아치들과 거문고를 타던 악공 그리고 춤추고 노래하던 기생들까지 서로 다투어 후추를 허리춤에 집어넣기 시작했고 결국 술자리는 난장판이 되고 말았다. 이 광경을 지켜본 일본 사신은 관리의 규율이 이렇듯 문란하다면 전쟁에서 이기는 것은 시간 문제라고 판단했다.

이후 오랜 기간 동안 조선 땅은 전쟁의 소용돌이에 빠져들었고 한때 왕까지 피난 가는 고비를 겪으며 고전했지만 다행히 다시 전열을 가다듬어 일본군을 물리쳤다. 하지만 승패를 떠나서 전쟁으로 백성들은 상상을 초월하는 고통에 시달려야만 했다. 왜란이 끝나고 30여 년이 지난 후인 1626년 (인조 4년) 영의정 이원익이 올린 보고서에 따르면, 왜란 후 인구가 왜란 전의 6분의 1도 안 되었다고 하니 당시 전쟁의 참상과 국력 쇠잔이 어느 정도였는지 충분히 짐작할 수 있다. 전쟁의 참상을 기록으로 남긴 유성룡은 『징비록』 서문에서 다음과 같이 말한다.

매양 지난 난중의 일을 생각하면 아닌 게 아니라 황송스러움과 부끄러움에 몸 둘 곳을 알지 못해왔다. 이에 한가로운 가운데 그 듣고 본 바를 대략 서술하였으니…… 비록 볼 만한 것은 없으나 역시 모두 당시의 사적事蹟이라 버릴 수가 없었다.

『징비록』이 모두 검증된 기록이라고 보기는 어렵다. 또한 『징비록』에서 인용한 후추 이야기를 임진왜란의 직접적 원인으로 받아들이기에도 무리가 있다. 그럼에도 『징비록』이 저자의 경험과 풍부한 자료를 바탕으로 임진왜란을 체계적이고 종합적으로 기록한 자료집으로 평가받고 있다는 점에서 후추에 관한 기록 또한 의미가 적지 않다. 대륙으로 진출하려는 일본의 야심에 방비가 없었던 조선을 후추를 통해 상징적으로 묘사한 점만은 짚고 넘어갈 필요가 있기 때문이다. 전쟁은 승패에 관계없이 양측이 치러야 하는 대가가 엄청나다. 따라서 전쟁은 사전에 예방하는 것이 최선의 방책이라는 선인들의 말씀을 빌리지 않더라도 당시 관리들의 실상을 후추 일화로 보여준 것은 후추의 맛만큼이나 쓸쓸한 뒷맛을 남긴다.

전골 요리와 선비 정신

전골 요리의 기원

우리나라 고유 음식인 전골 요리의 기원은 오래전으로 거슬러 올라간다. 군인들이 야외에서 조리해 먹던 일종의 야전 식량에서 유래했다는 설이 가장 유력한데, 이와 관련해서 장지연은 『만국사물기원역사萬國事物紀原歷史』*에서 다음과 같이 기록하고 있다.

상고시대에 군사들이 철로 만든 전립을 머리에 쓰고 다녔는데, 전쟁터에서 요리 도구가 별도로 없었기 때문에 철관을 벗어 음식을 끓여먹던 것이 습관이 되어 여염집에서도 냄비를 전립 모양으로 만들어 고기와 채소를 넣고 끓여먹었다. 이를 전골이라 하였다.

정조 때 유득공이 지은 한양의 세시풍속지 『경도잡지京都雜志』에는 다음과 같은 기록도 보인다.

냄비 이름에 전립투라는 것이 있는데, 그 모양이 벙거지 같다고 하여 생긴 이름이다. 전골은 채소를 냄비의 가운데 움푹 팬 부분에 넣어 데치고 주변의 넓고 평평한 테두리에 고기를 구워 요리하는데 술안주나 반찬으로 좋다.

전골 요리는 조선 시대에 들어오면서 대중적인 요리로 정착해 많은 사람들이 즐겼다. 무쇠나 곱돌로 만든 전립투는 들기 편하도록 양편에 고리 모양의 손잡이가 달려 있을 정도로 대중화되었다. 요리책 『옹희잡지饔饎雜誌』·『시의전서是議全書』• 등 많은 자료에서도 조선 시대 전골 요리에 관한 기록을 찾아볼 수 있다.

전골 요리가 세간의 주목을 받게 된 이유는 요리 도구와 방식이 특이했기 때문만은 아니다. 번거로움을 싫어하고 청빈한 삶을 즐기는 재야 선비들의 정신과 삶의 방식도 영향을 미쳤는데, 조선 시대 실학자이며 『토정비결』•의 저자로 유명한 이지함의 별호가 철관자鐵冠子라는 기록도 있다. 이지함은 철관을 만들어 머리에 쓰고 팔도를 유람하다가 식사 때가 되면 철관을 벗어 밥 짓는 솥으로 사용했고, 비가 올 때면 쇠로 만든 전립戰笠을 쓰고 다니다가 집에 돌아와 이 철관으로 밥을 지어먹었다고 한다. 요리 방식이나 절차에 구애받지 않는 자유로운 정신을 엿볼 수 있는 대목이다.

전골은 즉석 요리의 하나로, 불에 냄비를 올려놓고 조리하면서 먹는다. 낙지전골·채소전골·굴전골을 비롯해 여러 가지 재료를 섞은 모듬전골 등 재료에 따라 이름이 다양하다. 또한 요리가 담긴 냄비를 둘러싸고 여러 사람이 함께 먹을 수 있어 친밀감을 유지할 수 있는 공동체 문화에 적합했으며, 음식을 끓이는 불이 화로 역할도 하는 일석삼조의 요리였다.

전골 냄비_국립민속박물관 소장 조선 시대에 전골을 끓이던 그릇.
군인들이 전쟁터에서 요리 도구가 없어 철관을 벗어 음식을 끓
여 먹던 데서 전골 요리가 유래했다는 설이 유력하다.

전골 요리는 시기와 계층에 따라 다양한 방식으로 변화를 거듭했다. 예
전에는 얇게 썬 고기를 평평한 테두리에 구워 양념장에 찍어 먹는 구이전
골이 많았으나 오늘날은 예전의 구이전골과 냄비전골이 혼합된 형태로 정
착했다.

전골은 찌개 요리와도 분명한 차이가 있다. 찌개는 소박한 서민들의 음
식으로 주로 김치나 순두부와 같은 한 가지 재료를 넣는 반면, 전골은 찌
개와 유사한 국물 음식이지만 여러 가지 재료를 넣고 끓이면서 즉석에서
조리해 먹는다. 또한 전골은 구절판처럼 궁중이나 상류층에서도 환경과
입맛에 맞게 변형해 고급 음식으로 즐기기도 했다.

전골, 궁중에 가다

우리 전통 음식 중에는 특이한 요리 방식이 점차 보편화되어 누구나 부
담 없이 즐기는 서민의 음식으로 정착한 사례가 있는가 하면, 서민이 즐

기던 먹거리가 재료와 요리 방식의 고급화로 궁중이나 상류 계층으로 전파되는 사례도 있다. 일명 '열구자탕悅口子湯'이라고 하는 신선로가 그러한 예다.

신선로는 일반적으로 궁중 음식으로 알려져 있다. 여러 가지 어육魚肉과 채소를 돌려 담고 장국을 부어 끓이면서 먹는 음식으로, 궁중 음식 중에서도 단연 으뜸으로 꼽힌다. 현대 사회에서도 최고급 요리에 속하는데 정작 이러한 신선로가 궁중의 요리로 정착한 내력은 전혀 화려하지 않다.

신선로의 유래는 조선 중기 당쟁으로 혼란스러운 현실 정치와 인연을 끊고 낙향한 재야 선비 정희량鄭希良의 이야기로 거슬러 올라간다. 정희량은 갑자사화(1504년)를 예언했으며, 1497년(연산군 3년) 요직에 있으면서 왕에게 경연에 충실할 것과 신하들의 간언을 받아들일 것을 상소했다가 미움을 산 강직한 인물이다. 출세에 관심이 없었던 그는 시문은 물론 학문에도 조예가 깊었지만 다양한 분야에 관심을 기울였는데, 특히 음양학에 밝아서 자신의 운명을 미리 점친 후 은둔 생활을 하기로 마음을 먹는다. 하지만 낙향을 앞두고 무오사화(1498년)가 일어나 사초 문제에 연루되어 귀양살이를 하게 된다. 이후 유배지에서 풀려난 정희량은 모친상을 이유로 관직을 내놓고 고향으로 돌아갔고, 모친상을 마친 뒤에도 세상에 나가기를 거부하며 차라리 불교에 귀의하겠다는 말을 남긴 채 집을 떠난다. 정희량은 임진강과 한강 하류가 만나는 조강祖江 가에 상복과 생삼으로 거칠게 꼬아 엮은 신을 벗어두고 마치 물에 빠져 죽은 것처럼 위장하고는 이름을 이천년이라 고친 후 깊은 산속으로 들어갔다. 이후 정희량을 본 사람은 아무도 없다. 정희량은 방랑 생활을 하면서 가운데에 숯불을 담고 주변에는 음식을 담을 수 있도록 구멍이 뚫린 대접 모양의 그릇을 지니고 다녔다.

신선로는 우리나라 궁중 음식에 속하는 전골로 열구자탕이라고도 한다. 사진 ⓒ Getty Images Bank

그는 음양의 조화인 물과 불의 이치를 활용하는 수화기제水火旣濟[8]에 따라 가운데에 불을 피워 화로로 삼고 물이 담긴 주변으로 여러 가지 채소를 넣어 익혀 아침과 저녁만 지어 먹었다. 이 화로는 정희량이 죽은 뒤 비로소 세상에 알려졌는데, 그에게 신선의 기풍이 있다 해서 '신선로'라 부르게 되었다.

이후 신선로는 궁중으로 전파되어 여러 종류의 고기와 생선에 육수를 붓고 갖가지 고급 재료와 양념을 넣어 만든 요리로 재탄생하게 된다. 소박함과 청빈함이 녹아 있던 신선로가 차원이 다른 궁중 음식으로 변신한 것

---

8 수화기제란 주역에 나오는 63번째 괘상이다. 간단하게 설명하기는 어렵지만, '물이 위에 있고 불이
  아래에 있으니, 불은 위로 오르려는 성질이 있고 물은 아래로 내려가려는 성질이 있기에 음양이 서
  로 교합하며 사귀니 이미 이루었다'는 뜻으로 요약할 수 있다.

인데 이 때문인지 궁중에서는 이 요리를 정희량의 신선로와 구분하여 '입을 즐겁게 하는 탕'이라는 뜻으로 '열구자탕'이라고 부르게 되었다.

신선로의 요리 방식은 궁중에만 전파된 것이 아니었다. 특히 벼슬에 관심이 없고 명산대천을 찾아다니며 심신 수련을 하던 재야 선비들은 솥이나 그와 비슷한 도구를 머리에 쓰거나 등에 지고 다니다가 음식을 해먹으면서 정희량 요리법의 명맥을 이어갔다. 신선로가 궁중과 양반가에 전파되면서 온갖 산해진미가 가미된 맛과 영양가 높은 고급 요리로 정착한 반면, 신선로에 담긴 정희량의 정신은 탐욕과 권력에 찌든 세상을 등지고 자연에 묻혀 산 재야 선비들이 이어받은 셈이다.

굴비를 걸고 충성을 맹세하다

바다의 노다지, 조기

옛날에는 조기 떼가 회유하는 시기를 잘 맞추면 잡은 조기를 모두 배에 실을 수 없을 정도로 조기의 양이 풍부했다. 때문에 전라도에서는 조기를 함경도에서 많이 잡히는 명태에 비유해서 '전라도 명태'라고 했다. 당시 전라도 뱃사람들은 조기를 잡으러 바다에 나가면서 다음과 같은 노래를 불렀다.

돈 실로 가자, 돈 실로 가자. 칠산 앞바다로 돈 실로 가자.

조기잡이로 얻는 소득을 충분히 짐작하고도 남는 대목으로 어부들은 누구나 좋아하는 조기를 '바다의 노다지'라고도 불렀다.

조기는 동해에서는 잡히지 않고 서해와 남해에서만 잡히는 생선이다. 떼를 지어 남쪽에서 서쪽으로 이동하면서 물 위로 뛰어올라 마치 개구리가 떼 지어 우는 듯한 소리를 내는데 그 소리가 조기를 잡던 인근의 배에 까지 뚜렷하게 들릴 정도로 매우 시끄러웠다고 한다. 또한 잡히는 지역과 방법 그리고 효능에 따라 이름이 다양했는데, 떼 지어 물을 따라간다고 해서 '추수어'라고 했고, 병이 났을 때 국을 끓여 마시면 회복이 빠르고 원기를 돕는다는 뜻의 '조기助氣'라고도 했다. 『화음방언자의해華音方言字義解』에 따르면 중국에서는 조기 '종鯼' 자를 써서 '종어鯼魚'라고 했는데, 이것이 우리나라에 들어와 급하게 발음되어 '조기'가 되었다고도 한다.

조기의 종류에는 참조기(황조기)·수조기·보구치·흑구어 등이 있는데 이 가운데 특히 황조기가 일품으로 꼽힌다. 소금에 절여 말린 조기는 천지어 天知魚라고도 하는데, 지붕이나 높은 곳에서 조기를 말릴 때 접동새나 고양이가 감히 훔쳐 먹지 못했다고 해서 붙은 이름이다. 말린 조기의 이름에 관한 이야기는 이자겸이 등장하는 일화가 대표적이다.

이자겸과 굴비

이자겸은 고려 인종 때 막강한 권력을 휘둘렀던 외척 대신이다. 그러나 왕비인 자기 딸을 시켜 왕의 독살을 시도하고 왕위를 넘보았다는 죄목으로 1126년(인종 4년) 전라도 법성포로 유배당한다. 개경에 있을 때 진공進貢 해온 조기 맛을 본 적은 있으나 현지에서 천지어를 처음 먹어본 이자겸은 천지어 맛도 모르고 정권 다툼에만 빠진 시절을 무척 후회했다. 이렇게 맛있는 생선을 혼자 먹을 수 없다고 생각한 이자겸은 말린 조기와 자신의 심경을 담은 장문의 글을 개경에 있는 인종에게 올렸다. 그의 글에는 귀양살이를 하는 사람들 대부분이 그러하듯 억울하게 죄를 받아 귀양을 왔지

만 결코 비관하지 않고 초야에서 다시 복권될 때를 기다리겠다는 다짐이
담겨 있었다. 또한 임금에게 일편단심으로 충성하겠다는 맹세와 함께 그
날이 올 때까지 결코 비굴하게 살지 않겠다는 결연한 의지로 말린 조기를
'비굴非屈'이라는 글자의 순서를 바꿔 '굴비屈非'라는 이름으로 진상했다.
그러나 개성으로부터 아무런 대답도 듣지 못한 이자겸은 그해 12월에 결
국 죽고 말았다.

먹는 생선을 임금에게 비굴하게 살지 않겠다는 맹세의 증표로 보냈다는
것이 어딘가 어색하고 희극적이기까지 하다. 하지만 그만큼 굴비의 맛이
일품이었다는 뜻이었으니, 그 때문에 이자겸과 굴비의 사연이 일반인들에
게까지도 회자되었다. 이후 사람들은 자연스럽게 말린 조기를 굴비라고
부르게 되었다.

계층 간 교류와 비빔밥

비빔밥의 다양한 유래

우리의 먹거리 문화는 다른 문화에 비해 계층 간 교류가 활발했다. 다만 재료의 양적·질적 차이에 따라 전파 속도와 요리 방식 그리고 음식 형태에 차이가 있을 뿐이다. "먹는 데 귀천이 없다"는 속담을 입증해주는 셈이다.

우리 전통 음식으로 꼽히는 비빔밥은 그중에서도 가장 주목할 만하다. 일반적으로 밥에 나물·고기·고명 등을 섞어 먹는 비빔밥은 맛과 영양은 물론, 때에 따라서는 요리 방법이 간단해 오늘날에도 사랑받는 우리나라 대표 음식이다.

비빔밥은 다른 음식에 비해 문헌상 역사가 짧지만, 그럼에도 유래에 관한 다양한 이야기가 전해 내려온다. 특히 비빔밥의 유래는 계층에 따라 차이가 있다는 점이 흥미롭다.

비빔밥은 일품요리로 골동반(汨董飯 또는 骨董飯)이라고도 한다. 어지러울 '골汨'과 비빔밥 '동董'을 합쳐 이미 지어 놓은 밥에 여러 가지 반찬을 섞어서 비빈다는 뜻이다. 한말의 식품에 대한 조리법을 한눈에 볼 수 있는 『시의전서』에는 비빔밥을 다음과 같이 기록하고 있다.

밥은 정갈하게 짓고, 고기는 재워서 볶으며, 어육으로 만든 재료는 부쳐서 썬다……. 밥에는 모든 재료를 다 섞고 깨소금과 기름 등을 많이 넣어 비벼서 그릇에 담는다……. 비빔밥 상에 오르는 장국은 잡탕국으로 쓴다.

이처럼 고급 재료를 쓰고 조리 과정도 간단치 않은 것으로 보여 궁중이나 양반가에서 시작된 음식이라는 설이 있지만, 한편으로는 간편하게 비벼 먹는 방식 때문에 농부나 일반 평민들 사이에서 유래했다는 설도 있다.

농사철이 되면 아낙네들이 논밭에서 일하는 사람들의 식사를 위해 들밥을 이고 나갔는데, 이때 밥은 큰 그릇에 푸고 사람 수대로 바가지에 나물을 듬뿍 담아 고추장을 넣고 잘 비벼서 먹었다. 또한 섣달 그믐날 부엌 찬장에 남은 반찬과 찬밥은 해를 넘기면 부정이 탄다 하여 그날 밤 모두 먹었는데 밤참으로 함께 나누어 먹던 이 풍습도 비빔밥과 연관 지어볼 수 있다. 그 밖에도 제사나 산신제, 동제에서도 비슷한 문화가 있었다. 조상에게 올리는 제사가 끝난 늦은 밤에 음복飮福이라 하여 밥에

어디에서나 간편하게 먹을 수 있어 오랫동안 사랑받아온 비빔밥은 농사일을 하는 일반 백성의 음식에서 유래했다는 설과 궁중 음식에서 유래했다는 두 가지 설이 있다.

다 나물 등 갖가지 반찬을 고루 섞어 나누어 먹었고, 집에서 멀리 떨어진 곳에서 지냈기 때문에 사람 수만큼 식기를 준비할 수 없었던 산신제나 동제가 끝난 후에 신인공식神人共食으로 그릇 하나에 음식을 모두 넣어 비벼 먹기도 했다.

헛제삿밥으로 비빔밥을 만들다

비빔밥은 다양한 유래만큼이나 재미있는 일화도 전한다.

조선 시대에 경상도 관찰사로 부임한 식도락가가 있었다. 그는 부임한 날부터 진주 지역의 제삿밥을 구해 바칠 것을 명했다. 진주 지방 제삿밥이 별미라는 소문을 들었기 때문이다. 하지만 1년 365일 하루도 빠지지 않고 제사 지내는 집을 찾아 제삿밥을 구하는 일은 불가능했기 때문에 사령들은 잔꾀를 내어 제사상에 올리는 음식을 그대로 만들어 비빔밥을 내놓았다. 그런데 관찰사는 음식을 먹어 보지도 않고 제삿밥이 아니라며 사령들에게 호통을 쳤다. 제삿밥에는 분향한 향내가 남아 있기 마련인데 제사를 지내지 않고 음식만 차렸기 때문에 향내가 나지 않았던 것이다. 이때부터 제사를 지내지 않고 차린 제삿밥을 '헛제삿밥'이라고 불렀다.

이후 헛제삿밥은 비빔밥을 뜻하는 이 지방의 고유한 먹거리가 되었고, 현재 안동에서는 헛제삿밥으로 비빔밥을 만들어 파는 지역 향토음식점이 성황리에 운영되고 있다.

이와 같이 비빔밥의 유래담에는 궁중, 양반가, 일반 민가, 농부 등 다양한 계층이 등장한다. 그러나 어느 한쪽의 견해를 일방적으로 받아들이기는 쉽지 않다. 다만 비빔밥에 관한 공식 기록이 19세기 말엽에야 나타나는 것으로 보아 이전까지는 비빔밥을 문자로 기록할 정도로 대중화되지 못했거나 상류층에서 주목하지 않았을 가능성이 있다. 즉, 일찍부터 발달한 농경 사회에서 일반 서민들 사이에서 먼저 즐기던 비빔밥이 이후 상류층과 궁중에까지 전파되어 재료나 조리 방식이 고급화되고 이름을 얻으면서 문헌에 기록되었을 가능성을 말한다.

명태와 지방관의 인연

낯선 생선을 금기시하다

예로부터 서민들은 일하는 분야나 사는 지역에 따라 특정 먹거리를 즐기거나 금하는 풍습이 있었다. 특히 먹거리에 고유한 이름이 없는 경우 지역이나 계층에 따라 생소하다는 이유로 천대하거나 꺼리기도 했는데, 바다에서 잡히는 생선이 대표적인 예이다.

처음 보는 생선은 당연히 경계했고 우어憂魚나 망어亡魚, 마어麻魚라는 이름이 있는 삼치도 생김새나 이름이 재수 없다는 이유로 먹지 않는 경우가 많았다. 삼치의 경우 생긴 모습 때문에 뱀이나 구렁이와 교미한다고 생각했는데, 초여름 물가에 나와 알을 낳은 후 기름진 모래에 묻으면 그 알이 이듬해 봄에 부화해 삼치가 된다고 믿었던 것이다. 현대인들에게 스태미나 식으로 각광받는 장어 역시 뱀과 비슷하다는 이유로 조선 말기까지 먹지 않았고, 한치는 다리의 길이가 한 치밖에 안 될 정도로 비정상적으로 짧다고 해서 먹기를 꺼렸다.

　이와 같이 민가에서 생선에 대해 민감하게 반응한 이유는 풍어와 뱃사람의 안녕을 기원하는 심리와도 연관이 있었다. 선주 입장에서는 한번 고기잡이를 나가는 데 적지 않은 비용과 인력이 들었고, 어부와 가족 입장에서는 언제 위험이 닥칠지도 모르는 험한 바다에 나가 목숨을 걸고 고기잡이를 해야 했기 때문이다. 따라서 풍어와 무사 귀환을 기원하는 당사자와 가족은 주변의 모든 것에 민감하게 반응했다. 물론 금기시한 일부 생선의 경우 나름의 객관적 근거도 있었다. 우리나라 최고의 의학서로 손꼽히는 『동의보감』에는 임산부가 비늘 없는 생선을 먹으면 난산을 한다는 기록이 있다.

　반면 이름이 없거나 천대 받았던 생선이 의외의 사건이나 인연으로 이름을 얻게 되면서 전국적으로 유명세를 탄 경우도 있다. 특히 특정 지역에서만 잡히는 생선은 지방에 파견된 관리들이 전국적으로 입소문을 낸 경우가 적지 않은데, 중앙에서 파견된 관리들에게 백성들의 먹거리를 확인하는 일은 가장 기본적이고 핵심적인 업무였기 때문이다. 그뿐만 아니라 관리들은 임기를 채우면 중앙이나 타 지역으로 옮겨야 했는데 지역의 먹거리에 대한 이야기는 이들의 입을 통해 쉽게 전파되었다.

지방관과 명태의 인연

　명태는 조선 초기 『세종실록지리지』*에는 보이지 않는다. 이때까지도 이름이 없을 정도로 사람들에게 잘 알려지지 않은 생선이었음을 의미한다. 하지만 그렇다고 그때까지 명태를 먹지 않았다고 단정하기는 힘들다. 대구와 비슷하게 생긴 명태를 대구의 일종으로 취급했을 가능성도 없지 않기 때문이다. 물론 명태는 대구에 비해 위턱보다 아래턱이 조금 길고 꼬리지느러미가 두 갈래로 갈라졌으며, 대구보다 몸통이 가늘고 길어 자세히 보면 눈으로도 구별이 가능하다. 때문에 설득력이 약하다는 지적도 있지만, 명태가 잡히는 지역과 명태의 크기 그리고 잡는 방법에 따라서 이름이 여러 가지였다는 점에서 혼동이 있었을 가능성은 충분하다.

동해안 곳곳에서 대량으로 잡혔던 명태는 특히 동해안 북쪽에서 많이 잡혔다고 해서 '북어北魚'라고 부르기도 했다. 중종 25년(1530년)『신증동국여지승람』* 에서는 함경도 경성과 명천 지역에서 잡힌 것으로 기록된 '무태어無泰魚'를 명태로 보기도 한다. 이와 관련하여 이유원은 『임하필기林下筆記』* 에서 명태라는 이름의 유래를 다음과 같이 설명하고 있다.

조선 중엽에 영동 지역 명천 지방에 살던 어부가 이름 없는 고기를 잡아 관아에서 주방 일을 보는 친구에게 전해주었다. 주방장은 이 생선을 요리해서 관찰사 민씨의 식탁에 내놓았다. 관찰사는 아주 맛있게 생선 요리를 먹고 생선 이름을 물었다. 하지만 생선 이름을 아는 사람이 아무도 없었다. 관찰사는 그 자리에서 명천 지방의 첫 자인 '명明'과 고기를 바친 어부의 성씨 '태太'를 합쳐 '명태明太'라고 이름 지었다. 그리고 앞으로 300년간 명태가 귀한 생선으로 대접받을 것이라는 예언을 덧붙였다.

이후 이름을 갖게 된 명태는 전국적으로 유명해졌다. 명태는 맛이 좋고 살 이외에 다른 부위도 쓰임새가 다양해서 알은 명란젓으로, 창자는 창난젓으로, 내장은 기름으로 쓰는 등 버릴 것이 하나도 없는 경제적인 생선으로 각광받았다.

명태로 액땜을 하다

명태는 결혼식이나 제사 등 관혼상제冠婚喪祭에서도 빼놓을 수 없는 필수품이다. 민간신앙 차원에서도 명태를 이용한 다양한 풍습이 전해 내려오는데 특히 명태를 말린 북어는 오늘날에도 사람을 대신하여 액땜용으로 흔히 사용한다. 못자리를 잡은 후 가묘를 쓸 때나 새로 구입한 집터의 지세를 눌러야 할 때 마당에 북어를 몰래 묻어두는 풍습이 대표적이다. 그뿐만 아니라 새롭게 장만한 사무실이나 집에 입주할 때 무사와 번영을 기원하는 고사를 지낸 후 출입구나 현관에 북어를 실 뭉치에 묶어 매다는 풍습은 역귀를 땅 속에 매장해 다시 살아나지 못하게 하려는 의도에서였다.

명태가 민간신앙 차원에서 주목받은 이유에 대해서는 다음과 같은 이야기도 있다. 명태는 눈과 입이 크고 맑은 물에서 살기 때문에 바다 속에서 천리를 볼 수 있고 모든 소리를 듣는다고 믿었다. 때문에 날씨를 맑게 해주고 바다에서 일어나는 각종 재난을 막아주는 능력이 있으며, 이러한 믿음은 곧 풍어와 어부의 무사귀환에 대한 기원으로 이어졌다. 또한 명태는 말끔하니 잘생겼고 비린내가 나지 않아 오랫동안 신선한 모습을 유지할 수 있어 제수용품으로도 대단히 선호했고, 집안에 부귀영화를 불러들인다고 해서 귀한 대접을 받았다. 그런데 묘하게도 1950년대 이후 명태의 수요가 격감해 수입원으로서의 역할이 감소되었으니, 관찰사 민씨의 예언이 들어맞았다는 점도 흥미롭다.

빈대떡과 수제비에도
귀천이 있다

빈대떡은 구호 식품

조선 시대에는 흉년이 들면 수많은 유랑민들이 남대문 밖으로 모여들었다. 세도가에서는 빈대떡을 만들어 소달구지에 싣고 와서 유랑민들에게 "아무개 대감댁의 적선이오"라고 외치면서 던져주는 구호 활동을 했으니 당시 빈대떡은 일종의 구호 식품이었던 셈이다.

빈대떡은 녹두를 주 원료로 한 먹거리로 '빈자떡'이라고도 했다. 빈자떡은 본래 '병자병餠子餠'이라는 전병의 일종인데 녹두지짐 사이에 꿀을 넣고 반죽한 팥을 곁들여 위에 잣과 대추 등을 꽃모양으로 붙여서 만들었다. 지역에 따라 빈대떡은 지짐·부침개·문두·녹두떡 등으로도 불렀다.

기록에 따르면 빈대떡의 종류는 다양하다. 고기를 재료로 한 달고 화려하며 향기로운 빈대떡에서부터, 소금으로 간을 맞추고 팥소 대신 채소를 넣는 지극히 소박한 빈대떡까지 있다. 조선 시대에 명물로 꼽힌 평안도 지방의 빈대떡은 한양의 빈대떡에 비해 크기가 세 배나 되고 두께도 두 배나 되었으니 빈대떡에도 귀천貴賤이 있었던 셈이다. 동시에 권세가에서부터 일반 서민들까지 다양한 계층이 빈대떡을 즐겼음을 의미한다.

현전하는 빈대떡에 관한 가장 오래된 기록은 1677년 『박통사언해』*에 나온다. 최남선의 『조선상식문답』*에도 빈대떡 이야기가 나오는데, 빈자떡의 어원이 중국의 '빙자'에서 유래했다고 한다. 본래 지진고기를 놓을 때 밑받침용으로 쓰다가 이후 가난한 사람들이 먹을 수 있도록 변형되어 '빈자貧者떡'이 되었다고도 한다. 이와 관련해서는 다음과 같은 이야기도 있다.

옛날 어느 빈민촌에 떡장수가 살았는데 그가 살던 곳은 빈대가 많았다. 때문에 사람들은 이곳을 '빈대골'이라 불렀고 떡장수가 판매하는 떡이 빈대와 같이 납작하게 생겼다고 해서 '빈대떡'이 되었다.

이러한 변천 과정을 거쳐 빈대떡은 오늘날 서민들의 먹거리로 정착하게 된다.

서민들의 애환이 담긴 수제비

수제비의 변천사도 흥미롭다. 수제비는 밀가루를 반죽해 적당한 크기로 떼어 맑게 끓인 장국에 넣어 익힌 음식이다. 『제민요술』에 '박탁鑄飥'이라는 이름으로 등장할 정도로 매우 역사가 오래되었는데, 이후 우리 민족이 6·25전쟁을 겪으면서 서민층에게 굶주림과 애환이 담긴 추억의 먹거리가 되었다.

수제비가 언제 우리나라에 들어왔는지는 정확하지 않다. 최소한 통일

신라시대를 전후하여 유입되었을 것으로 보는 것이 일반적이지만, 통일신라 시대까지 수제비는 물론 밀가루를 재료로 하는 음식에 대한 기록은 남아 있지 않다. 수제비에 대한 기록은 고려 시대에 들어서야 비로소 나타나기 시작한다. 『고려도경高麗圖經』* 에 다음과 같은 기록이 있다.

조선 시대에는 수제비를 운두병이라고 불렀으며 재료와 조리 방식으로 미루어보아 양반가에서 즐기는 음식이었다. 사진ⓒGetty Images Bank

고려에는 밀이 적기 때문에 중국에서 수입한다. 그러나 밀가루 값이 매우 비싸서 혼인이나 잔치 같은 날이 아니면 먹지 않는다.

고려 시대까지도 칼국수 재료가 메밀가루였을 정도로 밀가루가 귀했다. 따라서 밀가루를 재료로 하는 수제비 역시 오늘날의 형태로 선보이기까지는 시간이 걸렸고 이러한 과정에서 재료와 요리 방식, 이름까지도 몇 차례 변화를 겪은 것으로 보인다. 조선 시대에는 수제비를 '운두병雲頭餅'이라고 했는데, 운두병의 조리 방식은 다음과 같다.

좋은 밀가루에 다진 고기·파·장·기름·후춧가루·계핏가루 등을 넣고 반죽하여 닭을 삶아낸 국물에 반죽한 밀가루를 숟가락으로 알맞게 떼어 넣어 익힌 다음 그릇에 담아 닭고기를 얹어 먹는다.

이 같은 수제비의 조리 방식과 재료로 보아 수제비는 조선 시대에도 여전히 양반가에서 즐기는 음식이었음을 알 수 있다. 수제비가 현재와 같이 서민들이 즐겨 먹는 음식이 된 것은 일제강점기 이후로, 이 시기의 농산물 수탈 정책과 이후 6·25전쟁에 따른 식량 부족을 메우기 위해 미국에서 밀가루를 배급하면서부터이다. 이때부터 서민들은 귀한 쌀밥을 대신해 수제비를 끼니의 방편으로 이용했다. 이후 밀가루는 변신에 변신을 거듭하면서 서민들의 일상에 자리 잡았고, 최고의 기호 식품인 라면을 비롯하여 빵과 국수 등 밀가루로 만든 다양한 먹거리들이 현대인들에게 각광받고 있다. 재료의 보급률이 음식의 대중화에 기여한 셈이다.

방지와 소금구이

맥적, 불고기의 원조?

농경 사회의 정착은 사람들의 식생활 문화에도 많은 변화를 가져왔는데 특히 사냥의 기회가 줄어들어 고기 공급이 감소하면서 고기를 재료로 하는 요리 방식에 큰 변화가 일어났다. 통구이 방식에서 고기를 잘게 썰어 꼬챙이에 꿰어 요리하는 맥적이 등장한 것도 이와 같은 맥락으로, 맥적은 오늘날의 '산적'과 같은 '적'에 해당하는 고기 요리이다. '맥'은 부여계 민족을 가리키는 말로, 맥적은 우리 고유의 음식이다. 당시에는 소고기뿐만 아니라 돼지고기나 개고기 등 다양한 종류의 고기를 사용했는데, 이러한 요리 방식 중 일부가 중국으로 전파된 것으로 보인다. 중국 진나라의 『수신기搜神記』*에는 다음과 같은 기록이 있다.

맥적은 이민족의 음식인데 중국이 이것을 숭상하여 귀족과 부잣집에서 중요한 잔치에 이 음식을 먼저 내놓았다.

맥적이 중국의 고기 요리 방식과 큰 차이가 있었음에도 인기가 좋았음을 알 수 있다. 일반적으로 중국의 전통적인 고기 요리 방식은 양념하지 않고 굽거나 삶아서 조미료에 묻혀 먹는 반면, 맥적은 작게 썬 고기를 미리 조미하여 꼬챙이에 꿰어 구워 먹는 음식이었다. 때문에 별도의 양념이나 조미료에 묻혀 먹을 필요가 없어 '무장無醬'이라고도 했는데 특히 이렇게 미리 조미하는 요리 방식을 우리 전통 먹거리인 불고기의 원조로 보기도 한다.

일반적으로 고려 중기까지 우리나라는 고기 요리가 발달하지 못했다. 국교를 불교로 삼은 고려 시대에는 국왕도 고기를 절제했기 때문에 사회적으로 육식을 자제하는 분위기였다. 더구나 경제적 여건까지 고려하면 고기를 먹을 수 있는 기회는 신분이 낮을수록 더욱 귀했다. 도살 기술과 고기 요리 기술이 모두 발달하지 못한 것도 이러한 사회 분위기 때문이다. 하지만 몽골의 침입을 기점으로 고기를 재료로 하는 요리에 변화가 일어나는데 이 시기에 사회적으로 영향을 미친 요인은 크게 세 가지로 요약할 수 있다.

첫째 불교의 영향력이 쇠퇴하면서 고기를 절제하던 사회 분위기에 변화가 일어났고, 둘째 목축과 고기를 다루는 솜씨가 일찍부터 발달한 여진과 거란족의 귀화인이 증가하면서 도살업이 발달해 고기를 접할 수 있는 기회가 확대되었다. 그리고 셋째 오랫동안 유목 생활을 하며 고기에 익숙한 몽골인들의 조리 방식이 들어오면서 다양한 요리를 경험할 수 있게 되었다.

소금구이의 원조, 방자구이

이러한 변화로 고기 요리가 점차 발달하기는 했지만 고기가 모든 계층이 즐길 수 있을 정도로 대중화되기에는 한계가 있었다. 상류층을 중심으로는 약용을 겸한 보양식이 발달했지만 정치·경제적으로 제약이 많은 평민이나 천민은 소외되어 있었다. 때문에 이들은 비공식적인 방식으로 고기 요리를 접하기도 했다.

이와 관련해서 『고려도경』 「방자조」에는 다음과 같은 기록이 있다.

방자라는 하인은 박봉에 채소 등이 약간씩 지급되었기 때문에 간혹 윗사람이 남긴 고기를 구해서 집으로 가지고 가기도 하였다.

「**야연 野宴**」 국립중앙박물관 소장 소나무 아래에서 자리를 깔고 둘러앉아 숯불에 고기를 구워먹는 양반과 기녀. 털가죽 방석이나 털모자로 보아 겨울의 정경임을 알 수 있다.

여기서 당시 방자라는 하인의 생활상을 엿볼 수 있다. 그리고 이들의 형편을 고려하면 고기를 제대로 요리해서 먹었다고 보기는 힘들다. 아마도 국을 끓여 먹었거나 소금과 같은 간단한 양념만 해서 즉석에서 구워먹었을 것이다. 이와 관련해 '방자구이'에 관한 이야기도 주목할 만하다.

즉석 고기구이에 해당하는 방자구이에서 '방자'는 관아에서 상전의 개인 심부름을 하던 남자 노비를 뜻한다. 『춘향전』에 나오는 방자 역시 하인의 이름이 아니라 관아에 딸린 노비를 부르는 호칭이었다. 방자는 잔칫집이나 식사 약속 등과 같은 개인 용무로 출타하는 상전을 모시고 남의 집을 방문하는 일이 많았다. 당시 방자들은 상전이 용무를 보는 동안 밖에서 기다려야 했는데 이때 시장기가 돌면 안채에서 고기 한 점을 얻어다가 즉석에서 구워 먹었다. 특별한 양념이나 조리 기술 없이 소금만 뿌려서 구워 먹었기 때문에 오히려 고기의 맛과 향을 제대로 즐길 수 있었는데 이것이 오늘날의 소금구이 방식이다. 많은 사람들이 별미로 즐기는 먹거리로 자리 잡았다는 점에서 '방자구이'는 오늘날 '소금구이'의 원조에 해당하는 유래담이라 하겠다.

임금의 먹거리에 관한 진실

도루묵은 임금이 먹지 않았다

임금과 관련된 먹거리 유래담에는 국내외적으로 시련을 겪은 조선의 인조와 선조가 자주 등장한다. 반정으로 왕위에 오른 인조와 임진왜란을 겪은 선조의 치세 기간은 나라 안팎으로 상당히 어지러웠고, 이러한 혼란 속에서 먹고 사는 문제를 해결하는 일은 임금과 백성 모두에게 절실한 과제였기 때문이다. '도루묵'에 얽힌 다음의 이야기는 대표적인 예이다.

인조(또는 선조라고도 전한다)가 난을 피해 공주 지방에 도착했을 때였다. 당시 이 지방에 사는 백성이 '묵어'라는 생선을 잡아 임금에게 진상했다. 힘든 피난길을 오느라 피곤도 하고 시장도 했던 인조는 낯설었지만 처음 먹어본 생선이 무척이나 맛있었다. 임금은 생선의 맛이 매우 인상이 깊었던 탓에 '은어화'라는 품위 있는 이름을 직접 지어주었다. 그 후 난이 평정되고 다시 궁궐로 돌아온 임금은 피난길에 먹었던 생선의 맛이 생각났다. 그러나 잔뜩 기대를 하고 생선 맛을 본 임금은 예전의 맛을 느끼지 못했다. 실망한 임금은 그 자리에서 명했다.

"다시 묵어라 하여라."

이 말이 사람들에게 널리 회자되면서 임금이 생선을 도로 묵어라 했다 하여 '도로 묵어'가 되었고, 이후 발음이 변형되어 '도루묵'이 되었다.

도루묵에 관한 이야기는 이의봉李義鳳이 편찬한 『고금석림』*과 조선 말기 조재삼趙在三이 지은 『송남잡지』*에도 나온다. 『고금석림』에는 고려의 왕이 동천했을 때의 일이라 기록하고, 야사에서는 인조가 이괄의 난을 피해 공주 지방으로 갔을 때의 일이라고도 한다. 하지만 정사에서 도루묵과 임금의 인연은 찾아볼 수 없다.

『세종실록지리지』와 『동국여지승람』* 등에 따르면 도루묵은 함경도와 강원도에서 주로 잡히는 생선이다. 함경도 지방에서는 은어銀魚라고 부른 기록이 있지만 함경도 지방 이외 지역에서 '은어'라는 생선 이름은 도루묵이 아닌 다른 어종의 이름이었기 때문에 임금과 도루묵에 얽힌 이야기는 함경도나 적어도 강원도 이북 지역에서 발생했다고 보는 것이 설득력이 있다. 그러나 정사에서 강원도 이북 지역이나 함경도로 피난을 간 역대 임금의 기록은 찾아보기 힘들다. 그뿐만 아니라 구전에 등장하는 임금도 선조와 인조가 혼용되어 있고, 공주 지방 이외의 다른 지명이 등장하기도 한다. 때문에 도루묵과 임금에 얽힌 위 이야기가 사실에 기반했다고 보기는 힘들다. 오히려 지역에서 도루묵을 알리기 위해 자생적으로 만들었을 가능성이 농후하다.

도루묵은 비린내가 별로 없고 맛이 담백하기 때문에 생선을 좋아하지 않는 사람들에게도 부담이 적은 생선이다. 하지만 감칠맛이 적어 생선의 고유한 맛을 즐기는 미식가들은 즐겨 먹지 않았다는 점에서 부유한 상류층보다는 일반 서민들이 주로 먹는 생선으로 볼 수 있다. 따라서 상류층 사람들이 생선의 진정한 맛을 모른다는 사실을 강조하기 위해 의도적으로 도루묵 이야기에 임금을 등장시킨 것으로 추정할 수 있다. 이유야 어떻든 도루묵에 관한 이야기는 사람들에게 오래도록 기억되었고 전국적으로 유명세를 타게 되었다. 특히 일본인들이 즐겨 먹은 덕분에 겨울철 동해안의 수출품으로 각광받아 어부들의 짭짤할 수입원 노릇을 하기도 했다.

임금과 인절미

임금과의 인연을 담아 전국적으로 유명해진 먹거리로는 인절미도 빠지지 않는다. 오늘날도 잔칫상에 빠지지 않고 오를 정도로 인기가 좋은 인절미는 찹쌀이나 찹쌀가루를 시루에 찐 다음 콩고물이나 팥고물을 묻혀 먹는 고소하고 영양가 많은 떡이다. 기록에 따르면 인절미는 고려 시대에 이미 제사상에 올랐다. 그리고 조선 시대에는 연안 지역의 인절미가 유명했다는 기록이 있으며, 『규합총서』에도 지방마다 모양이나 재료가 각기 다른 특색을 소개한다. 그러나 민가에서는 이름이 없었던 인절미가 피난 온 임금에게 진상한 일을 계기로 현재의 이름을 갖게 되었다는 이야기도 있다.

조선 16대 왕 인조 24년에 일어난 이괄의 난으로 피난길에 나선 임금이 공주에 도착했을 때였다. 당시 공주 지역에 살던 백성이 임금에게 떡을 만들어 올렸다. 시장했던 인조는 떡을 매우 맛있게 먹고 "떡의 이름이 무엇이

냐?"고 물었지만 아무도 대답하는 사람이 없었다. 떡의 맛이 인상 깊었던 인조는 그 자리에서 떡의 맛이 천하의 제일이라는 뜻으로 '절미絶味'라는 이름을 붙여주었다. 이때부터 이 고장 사람들은 떡을 진상한 사람의 임씨 성을 앞에 붙여 '임절미'라고 했고, 그 후 발음이 변형되어 '인절미'가 되었다.

그러나 이 역시 민가에서 전해 내려오는 이야기일 뿐 정사에서는 근거를 찾아보기 힘들다. 또한 도루묵 이야기에 나오는 인조와 이괄의 난이 동일하게 반복된다는 점도 이야기의 신뢰성을 떨어뜨린다. 그런 점에서 인절미 이야기 또한 그저 민가에서 즐기던 먹거리에 임금의 권위를 부여한 것으로 보인다.

고대국가에서 왕이 후계자에게 왕위를 선양하기 위해 적임자를 선별할 때 인절미를 이용했다는 이야기도 있다. 물론 인절미를 이로 물게 해서 떡에 남은 치아의 자국 개수를 보고 후계자를 결정했다는 이야기에서 중요한 것은 인절미가 아니다. 보기에 따라서 인절미는 그저 남은 치아 자국을 강조하기 위한 수단에 불과할 수도 있다. 그럼에도 인절미는 하늘의 뜻에 따른 권위와 정통성을 갖춘 왕권 이양이라는 절차에 없어서는 안 되는 존재였다.

임금의 치아와 능금

예로부터 치아에는 다양한 의미가 있었다. 개인적으로는 건강에서부터 남녀 간의 사랑을 맹세하는 도구가 되기도 했고 사회적으로는 연륜을 갖춘 연장자를 상징하기도 했으며 국가적으로는 왕위 계승과 깊은 관련이 있었다. 고대국가에서 치아의 개수를 보고 왕위 계승자를 결정한 것은 부족사회의 족장 추대 과정에서 덕과 지혜를 따지던 풍습이 관습으로 이어진 것이다. 고대국가에서의 왕권은 하늘이 내려준 신탁이었고 이가 많다는 것은 연륜을 갖춘 연장자로 하늘로부터 왕의 자격을 부여받았다는 의미가 담겨 있었다. 다음 이야기도 그러한 예다.

유리왕과 탈해왕에게 선왕이 왕위를 물려주려고 했을 때의 일이다. 당시 두 사람이 서로 상대방이 덕이 있다고 하여 한사코 왕위를 사양했다. 결국 누가 더 덕이 있는지 알아보기 위해 두 사람에게 떡을 물게 했다. 이때 이빨 자국이 더 많이 난 유리왕이 왕위에 오르게 되었다. 그리고 유리왕은 왕호를 '이사금'이라고 했다.

당시 왕위 계승자를 이사금이라고 한 것도 치아와 연관이 있다. 이사금은 '치리齒理'라는 뜻으로, 잇자국을 뜻하는 '니슨금-닛금-니은금'이 변한 말이고 이 이사금이 다시 발음이 변해 '임금'이 된 것이다. 따라서 '임금'은 왕위 계승 과정에서 치아의 상징적 역할을 그대로 담고 있는 말이다.

치아는 남성성 또는 권력을 상징하기도 한다. 우리나라에서도 '이빨 빠진 호랑이'라는 표현은 막강한 힘을 완전히 상실한 사람을 이르는 말이다. 서양에서도 치아는 공격의 원초적 무기이자 활동성을 상징해서 성벽·담·요새 등 난공불락의 견고함과 힘을 의미했다. 특히 남성에게 이가 빠진다는 것은 거세와 비슷한, 완전한 인생의 실패 또는 상실을 의미했다.

국가적으로 치아의 개수를 확인하는 방식에도 나라별로 차이가 있었다. 『삼국유사』에서는 임금의 치아 수를 판별할 때 인절미 대신 능금을 사용했

자하문_문화재청 제공 북소문 또는 창의문이라고도 한다. 조선 시대 문루 목조 양식을 대표하는
건축물 중 하나이며, 한양도성 4소문 가운데 유일하게 문루가 임진왜란 이후 중건되어 큰 변형없
이 남아 있다.

다는 기록이 있는데 흥미롭게도 능금은 우리말로 나라님을 뜻하는 임금과
발음이 같다.

　우리나라에서는 매우 오래전부터 능금을 재배했다. 능금을 사과의 주생
산지인 경상도 사투리로 오해하는 경우도 있으나 이는 사실이 아니다. 엄
밀히 말하면 능금은 우리나라 토종 사과를 뜻하며 한자어로 임금林檎 또는
내금來禽에서 유래한 우리 고유의 명칭이다. 능금의 한자인 수풀 '림林'에
금수 '금禽' 또는 올 '래來'에 금수 '금禽'을 풀어보면 능금의 맛이 좋아 새들
이 숲을 이룰 정도로 모여들었다는 뜻이다. 따라서 능금은 과일 중에서도
가장 맛있는 '과일의 왕'인 셈이며 이것이 왕을 의미하는 임금과 발음이 같
은 것은 결코 우연이 아니다.

붉은 능금은 사람들이 껍질째 베어 먹을 수 있는 몇 안 되는 과일이다. 특히 과일을 베어 먹을 때 잇자국이 그대로 남는 과일로는 능금이 거의 유일하다. 따라서 떡을 대신해 능금을 물게 해서 잇자국을 보고 왕위를 결정했다는 이야기는 나름의 설득력이 있다. 때문인지 능금은 고려 시대에도 수도 개성에서 재배를 장려했고, 조선 시대에는 지금의 광화문 왼쪽의 자하문 밖 세검정에 능금 재배로 유명한 과수원이 많았다.

귀한 과일이었던 능금은 말복에서 처서 사이에 성숙하며, 맛이 좋고 더위를 식히는 데 좋아 남녀노소를 막론하고 즐겨 먹었다. 하지만 지금은 아쉽게도 개량종이 보급되면서 경제성이 없어 재배 면적이 대폭 축소되어 명맥을 겨우 유지하는 정도이다. 그러나 세계 여러 나라 학자들이 자하문 밖 능금나무 종자를 귀중한 연구 자료로 수집할 정도로 여전히 가치를 인정받고 있다는 점은 그나마 위안으로 삼을 만하다.

농경 사회의 보양식, 개고기

개도 관상을 보았다

우리 역사에 개가 처음으로 등장하는 시대는 부여이다. 중국 역사서 『삼국지위지부여전』의 기록에 따르면 부여의 관직 명칭은 마馬가·우牛가·저猪가·구狗가 등으로, 말·소·돼지 등과 함께 개가 나오는 것으로 보아 개를 이미 가축으로 키우고 있었으리라고 추정한다. 이후 4~5세기경 고구려 고분벽화인 만주 길림성 퉁거우通溝 무용총에 개가 사냥용으로 등장한다는 점도 이러한 추론을 뒷받침해준다.

『일본서기』에 따르면 680년에 통일신라의 아찬 김정나가 일왕 천무에게 개를 선물했으며 686년에는 신라 왕이 개 세 마리를 선물했다. 그뿐만 아니라 일본 역사서 『속일본기續日本記』°에도 732년에 신라 사신 김장손이 일왕 성무에게 개 한 마리를 선물했다는 기록이 있다. 그리고 『책응원구册應元龜』에는 중국 당나라 현종 때인 723년과 730년 두 차례에 걸쳐 신라에서 개를 한 마리씩 선물했다고 한다.

　따라서 600년대 중반 이후에는 개가 사람들을 잘 따를 만큼 친숙한 동물이었음을 알 수 있다. 특히 중국과 일본의 통상 예물에 주요 품목으로 등장할 정도로 이 시기에 이미 국제적으로 우리 개의 능력과 품성을 인정받았다는 점도 주목할 만하다. 우리나라에서는 오래전부터 개에 대해 각별한 관심을 기울였는데, 개에 관한 다양한 분류 방식이 존재하는 것도 이를 반증한다. 심지어 집에서 기르는 개는 관상도 보았는데 개가 단순히 사람을 따르거나 집을 지키는 것뿐만 아니라 나쁜 기운을 몰아내고 집안에 재물을 안겨다주는 행운을 불러온다고 믿었기 때문이다.

　이러한 믿음은 개가 도깨비나 요귀 등의 재앙을 물리친다는 민간신앙으로 이어졌다. 우리 민족은 예로부터 백호나 백마와 같은 백색 동물을 신성하게 여겼다. 백구를 선호한 것도 이와 같은 맥락으로 백구가 잡귀를 물리치고 재난을 예방해주며 터가 센 집의 기운을 다스리는 등 집안에 좋은 일을 불러들인다고 믿었다. 또한 네눈박이 흑황구 역시 잡귀를 쫓아내며 누런 황구는 다산과 풍년을 불러온다고 해서 농가에서 대단히 선호했다.

　조선 시대 이규경의 저서 『잡방상견지법』에는 개를 고르는 법이 상세하게 기록되어 있다. 또한 『잡오행서雜五行書』에서도 개를 구별하는 법이 남아 있다. 몸통이 노랗고 꼬리·귀·발 등이 흰 개, 뒷다리만 희거나 귀와 머리 쪽이 누렇거나 꼬리만 흰 검둥개를 기르면 복이 들어온다고 했다. 앞다리와 가슴 털이 흰 개를 기르면 좋은 일이 생기며, 흰둥이의 다리가 검정색이면 집안에 재물이 쌓이고 꼬리만 검은 개를 기르면 대를 물려 자손이 높은 벼슬에 오른다고 했다. 특히 호랑이 무늬가 있는 흰둥이는 만석을 주고서라도 살 만한 가치가 있다고 했는데 이는 주인의 수명을 늘리고 집안에 복을 불러온다고 믿었기 때문이다.

반면 금기시한 개에 대해서도 구체적으로 기록하고 있다. 얼굴이 검고 앞발과 두 귀가 흰 개는 집안에 우환을 불러들이는 악령이 깃든다고 믿었다. 그리고 몸통은 노랗고 다리가 흰 개, 입 주둥이가 검거나 희면서 두 귀가 노란 개는 흉상이며, 누렁이가 등빛이 희면 불길하고 사람에게 해를 끼친다고 믿었다. 또한 개가 10년을 넘게 살면 둔갑술을 부리는 영물이 되기 때문에 늙은 개는 흉물로 여겨 기피했다.

식용하는 개도 관상을 보았는데 일반적으로 황구를 최고로 꼽았다. 수컷이 보신에 좋다고 하며 살이 많아 잡아먹기에 알맞은 개를 식견食犬이라고 했다. 그중에서도 눈동자까지 누런 황구는 지라와 위를 보호하기 때문에 여자에게 좋으며, 꼬리가 검은 개는 남자의 양기에 좋다고 했다. 황구로 빚은 술은 무술주戌酒라 하여 공복에 마시면 기력이 좋아진다고 했다.

이 밖에도 식용으로 금기시한 개의 관상은 다음과 같다. 발가락이 여섯 개 달린 개는 부정을 타고 몸통이 희고 머리가 검거나, 몸통은 검지만 머리가 흰 개도 독성이 많다는 이유로 먹지 않았다. 사타구니에 털이 없고 행동이 뒤숭숭한 개와 3월에 난 강아지도 식용을 금했는데 이러한 속설은 단순히 부정을 탄다는 정서적 이유도 있었지만 고기가 질기거나 영양가가 없다는 등의 설득력을 지니고 있었다.

중국과 논쟁을 벌이다

중국에서도 옛날에는 개를 식용으로 즐겼으며 한나라 때는 '구도狗屠'라는 개를 도살하는 전문직이 있을 정도로 개고기가 널리 보급되었다. 중국 고서『주례』에 "개고기를 제사상에 올렸다"는 기록이 있으며, 『예기』 월령에 따르면 "음력 7월에 천자가 식용으로 개고기를 먹었다." 또한 『논어』에서도 "제사에 반드시 개고기를 쓴다"는 기록이 있다. 그러나 명·청 시대에 이르면 개를 식용으로 하는 풍습이 점차 사라지게 된다. 당시 심각한 전염병이었던 콜레라의 원인이 개라고 믿었기 때문이다. 여기에 간혹 사람을 위기에서 구해내는 의견義犬이 등장하면서 개에 대한 사람들의 인식이 변화한 것도 영향을 미쳤다.

우리나라의 경우 유학에 입각하여 명나라의 예법을 중요하게 여긴 조선시대에 들어와서도 개를 식용으로 하는 풍습이 유지되었다. 『농가월령가農家月令歌』에 따르면 며느리가 시집와서 처음으로 친정에 갈 때 개를 잡아 삶은 고기를 가져갔다는 기록이 있다. 그렇다면 이미 중국에서 즐기지 않은 풍습이 조선에서 유지된 이유는 무엇일까? 물론 그 이유가 우리나라 사람들이 중국인보다 특별히 콜레라와 같은 병균에 강한 체질이었다거나 우리나라에서는 사람을 구하는 의견이 나오지 않았기 때문은 아니다. 여기에는 당시 조선의 학문 분위기가 적지 않은 영향을 미쳤다. 유교를 숭상하는 조선에서는 동시대 중국 유학보다는 시간을 뛰어넘어 유학의 원류로 삼았던 주나라를 따르려는 복고주의적 경향이 강했던 것이다. 따라서 음식에 관해서도 유교 예법은 따르되 내용은 공자 시대의 유산을 오히려 숭상했다. 조선에서 개고기 외에도 공자 시대의 음식 명칭을 재사용한 사례가 적지 않은 것도 같은 맥락이다. 이런 문화도 전한다.

임진왜란 당시 원군으로 온 명나라 군사들은 조선 사람들이 육회를 먹는 것을 보고 야만인이라고 비웃었다. 이에 당시 조선의 선비들까지 적극적으로 반박하고 나섰다.

"『논어』를 보면 육회를 먹었다는 이야기가 나오고, 그 주註에 공자 시대에는 날고기를 회로 먹었다고 적혀 있다. 그뿐만 아니라 다른 고전에도 날고기를 즐겨 먹었다고 하는데 어찌 이를 야만이라 할 수 있단 말인가?"

당시 사회의 복고주의 경향을 잘 보여주는 사례이다. 그렇다고 조선 시대에 개고기를 일상에서 아무 때나 즐겼던 것은 아니다. 특히 비싸고 귀한 약재나 소고기를 구하기 힘들었던 일반 서민들에게 개고기는 귀한 보양식이라 특정 시기에만 주로 먹었다.

농경 사회와 보양식

개고기는 아무 때나 함부로 먹으면 화를 불러온다고 믿었다. 『부인필지婦人必知』*에 따르면 1년 중 개의 날에 속하는 술일戌日에 개고기를 먹으면 집안의 개가 잘못된다 하여 금했다. 또한 제주도에서는 정월에 개고기를 먹으면 1년 내내 재수가 없다고 해서 특별히 금지하는 풍습이 있었다. 일반적으로 개고기는 1년 중 더위가 가장 극심할 때나 김매기와 같은 힘든 농사일을 마친 다음인 음력 7월 중순 이후에 주로 먹었다. 곧 일반 서민들에게 먹을 것이 부족하거나 특별히 영양식이 필요한 시기에 보양식을 겸한 것이다.

『동의보감』은 개고기의 효능을 구체적으로 소개하고 있는데, 수캐 고기는 더위를 이겨내고 사람의 오장을 편안하게 하며 혈맥을 조절하고 장과 위를 튼튼하게 하며 골수를 충족시켜 허리와 무릎을 보호하고 기력을 증진시킨다고 한다. 조선 순조 대의 학자 홍석모가 지은 민속해설서『동국세 시기東國歲時記』의 '삼복' 조에는 마늘을 넣고 삶은 개고기를 구장狗醬이라 하며 이것을 먹고 땀을 빼면 더위가 가시고 몸을 보신할 수 있다고 했다. 특히 삼복 더위에 낮에는 불 같은 햇볕을 받아가며 일하다가 밤에는 모기·빈대·벼룩 등에 시달려 잠을 제대로 자지 못하고 식욕마저 떨어질 때 몸을 보양하기 위해 구장을 먹으면 좋다. 또한 삶은 개고기는 큰 수술이나 병치레를 하고 난 다음 허해진 몸의 원기 회복에도 좋다. 궁궐의 잔칫상에 올라갈 정도로 귀한 대접을 받기도 했는데, 1795년 음력 6월 16일 혜경궁 홍씨의 회갑연 상차림에 황구를 요리한 음식이 올랐다는 기록도 있다.

우리나라에서 가장 오래된 조리 가공법이 구체적으로 기록되어 있어 조선 최고의 요리집으로 평가받는 『규곤시의방閨壼是議方』●에도 개장고지느르미, 개장국느르미, 누른 개 삶는 법, 개장 고는 법 등 다양한 개고기 조리법이 나온다. 여기에는 개고기가 맞지 않는 사람을 위해 장국에 닭고기나 다른 육류를 넣어 만드는 육개장을 비롯한 탕 문화도 소개되어 있다. 개고기가 영양가가 있다고 해서 모두가 즐긴 것이 아님을 알 수 있는 대목이다.

이와 같이 개는 집을 지키고 집안의 안녕과 복을 불러오는 역할을 했으며, 영양을 보충하기 힘든 시기에 보양식의 재료가 되기도 하고, 농사가 힘든 때에는 풍년과 다산을 염원하는 대상이 되는 등 서민들과 일상생활을 함께하며 다양한 역할을 담당했던 것이다.

■ 『여씨춘추』 87쪽

진나라 장양왕의 즉위에 공을 세우고 재상으로 재임했던 여불위가 식객 3000명에게 저술을 맡겨 편찬한 책. 제자백가 중 잡가의 대표 작품으로 춘추전국 시대의 모든 사상을 세밀하게 분석했다. 후대의 가필도 약간 포함되어 있기는 하지만, 도가·유가·법가·병가·음양가·농가 등의 여러 설과 시사를 수록하여 선진 시대의 사상사를 연구하는 데 중요한 자료이다.

■ 『석명』 88쪽

후한 말 훈고학자 유희가 편찬한 어원사전.

■ 『주례』 88쪽

이 책은 후대 중국과 우리나라 관직제도의 기준이 되는 책으로, 「천관염인周禮天官鹽人」은 저를 만들고 관리하는 직무에 관한 기록이다.

■ 『벽온방』 89쪽

작자와 연대 미상의 조선 중종 대 의학서. 후대의 허준이 이 책을 참고하여 『신찬벽온방』을 편찬했다. 돌림병 퇴치를 위한 의서로 조선 시대 전염병 연구에 중요한 자료이다.

■ 『훈몽자회』 89쪽

1527년(중종 22년)에 최세진이 기존의 『천자문』『유합』 등이 추상적이고 생활과 거리가 먼 고사가 많아 어린이 학습서로 적합하지 않다는 이유로 엮은 책. 3360개의 한자에 각자마다 새김·소리·주석을 붙였으며, 『천자문』과 『유합』에 비해 한자 수가 많아 전통 사회에서 한자 교육은 물론 우리말의 역사 연구에도 중요한 자료이다.

■ 『성호사설』 92쪽

1740년 실학자 이익의 글을 엮은 책으로 견문이 넓고 고증이 명확하다는 평이다. 우리나라와 중국의 역사와 정치 쟁점에 대해서도 다루며, 서얼제도·과거제도·토지제도·화폐제도·노비제도 등 전근대적 사회제도에 대한 개혁안도 담겨 있다. 또한 불교와 유교는 물론 민간신앙, 혼인과 상제 등의 풍습에 대한 견해도 담고 있다.

■ 『증보산림경제』 92쪽

홍만선의 『산림경제』를 유중림이 증보한 책. 자급자족을 위한 농업이 아니라 노동력을 줄이면서 최대의 수익을 창출하고 농산물의 상품화를 추구한다는 특징이 있다. 조선 후기 사회경제의 새로운 변화를 보여주는 자료이다.

■ 『임원십육지』 94쪽

조선 후기 실학자 서유구가 저술한 농서. 『임원십육지』『임원경제십육지林園經濟十六志』『임원경제지林園經濟志』라고도 한다. 특히 7권 「정조지」는 음식과 조리법을 주식·부식·후식으로 분류하여 다루고 있다. 김치·젓갈·장·떡·술 등 조선 시대 식문화를 알아볼 수 있는 중요한 자료이다.

■『화한삼재도회』 94쪽

1712년『삼재도회三才圖會』의 구성을 본떠 일본에 관한 내용을 대폭 보충하여 일본에서 펴낸 백과사전.

■『노가재연행록』 95쪽

1712년(숙종 38년) 11월 3일부터 이듬해 3월 30일까지 5개월 동안 중국을 여행하며 기록한 책. 청나라 문학과 철학, 문화와 역사, 외교와 교역 등 광범위하고 다양한 정보가 담겨 있다. 홍대용의『담헌일기湛軒日記』, 박지원의『열하일기熱河日記』, 김경선의『연원직지燕轅直指』와 함께 대표적인 연행록 중 하나이다.『가재연행록稼齋燕行錄』또는『연행훈지록燕行塤篪錄』이라고도 한다.

■『계산기정』 95쪽

이해응이 동지사 사절단의 일원으로 연경에 갔을 때 보고 들은 것을 기록한 책.

■『제민요술』 96쪽

중국에 현존하는 가장 오래된 농업기술 서적. 북위의 가사협이 편찬했다. 곡물류의 재배법, 술과 된장의 양조법, 가축 사육법 등을 체계적으로 기술하고 있으며 국외에서 도입한 재배식물에 대해서도 자세한 설명을 덧붙이는 등 6세기 이전의 농업 이론과 농업 기술 경험을 총괄한 책이다.

■『파한집』 99쪽

고려 중기 문신 이인로의 시화와 잡록을 기록한 책.

■『징비록』 101쪽

조선 선조 시대 영의정을 지낸 유성룡의 저서. 저술 연도는 1604년(선조 37년)경이며 간행 연도는 1647년(인조 25년) 직후 추정하나 정확한 것은 알 수 없다. 제목의 '징비'는『시경』의 "지난 일을 경계하여 후환을 삼간다"라는 구절을 인용한 것이다. 임진왜란의 원인과 상황을 약술하면서 전

전戰前의 조·일 관계, 관군의 붕괴, 의병의 봉기, 한산도 해전, 명군의 원병, 강화교섭, 종전終戰의 순으로 서술하였다. 군사훈련·지역방비·세금문제·식량조달·창고설치 등 국내의 국방과 정치 전반을 기술하고 있으며 난중에 일어난 사건이나 인물평을 당색에 구애받지 않고 객관적으로 서술하여, 전란의 기록임에도 전쟁의 진행 과정만이 아니라 당시 정치·경제·외교 관계 등의 문제를 포괄적으로 알 수 있는 책이다.『선조실록』『임진장초』『용사일기』등을 비롯한 임진왜란 관련 사료 중 가장 체계적이고 종합적인 책으로 평가받는다.

■『만국사물기원역사』 104쪽

1909년 황성신문사에서 발간한 계몽 서적으로 세계 여러 나라 사물의 기원과 역사를 포함해 동서양의 광범위한 자료를 다룬 백과사전이다.

■『옹희잡지』105쪽

『임원경제지』의 저자 서유구의 저술.

■『시의전서』105쪽

19세기 말엽의 작자 미상 요리책으로 술·건어물·채소 등에 관한 기록이 많다.

■『토정비결』105쪽

조선 명종 대의 토정 이지함이 지은 일종의 예언서. 현대 사회에서도 1년의 신수를 보는 책으로 유명하다.
그러나 대부분 학자들은 이지함이 술서術書에 능통하고 복서卜筮를 잘했다고 하지만 학문적 바탕이나 경
향으로 보아 이러한 점복서를 남기지 않았을 것으로 본다.

■『화음방언자의해』111쪽

조선 영조 대의 황윤석이 우리말 어원을 한자의 중국식 발음·범어 등
과 비교해서 풀이한 어원 연구서.

■『세종실록지리지』118쪽

1454년(단종 2년)에 완성했으며 인문지리·자연지리·경제·군사 분야를 상세하게
기술하여 조선 전기 지리지 편찬 체계를 확립한 책이다. 15세기 각 지역의 산업과
풍속도 기록하여 역사·지리학과 지방사 연구에 귀중한 자료이다.

■『신증동국여지승람』119쪽

중종의 명에 따라 1530년에『동국여지승람』을 새로 증보한 책.
조선 전기 지리지의 집성편으로 속에 실린 지도와 함께 조선 말
기까지 큰 영향을 끼쳤다. 지리적인 면 외에도 지방 사회의 행정·
문화·예술 전반을 백과사전 식으로 기록하고 있다.

■『임하필기』119쪽

조선 말기 문신 이유원이 엮은 책으로, 당대 명인들의 일화, 명산·고적·사찰 등에
대한 해설, 조선과 중국에 관한 내용을 광범위한 분야에 걸쳐 수록하고 있어 한국
사 연구에 중요한 자료이다.

■『박통사언해』122쪽

숙종 3년(1677년)에 중국어 학습서『박통사』를 한글로 간행하여 100년 가까이 중국어 학습서로 사용했으
나 원문인 중국어가 시의에 맞지 않고 중국 사람과 소통도 원활하지 않아『박통사언해』를 간행했다.

■『조선상식문답』122쪽

1936년 <매일신보>에 최남선이 연재한 글을 묶은 책. 조선의 국호·지리·물산·풍속·명일·역사·신앙·유
학·제교·어문은 물론, 과학·문학·도서·금석·음악·연극·서학·회화 등 다양한 전통 문화를 문답식으로
엮었다.

■ 『고려도경』 123쪽
송나라 사신 서긍이 고려에 와서 보고 들은 것을 기록한 책.

■ 『수신기』 125쪽
350년경 동진 시대 역사가 간보가 기이하고 신기한 인물의 고사를 기록한 중국의 가장 대표적인 설화집.

■ 『고금석림』 130쪽
1789년(정조 13년) 이의봉이 편찬한 사서. 역대 우리말과 중국어를 비롯하여 흉노·토번·돌궐·거란·여진·청·일본·안남·섬라 등 우리나라 주변 지역에서 사용하는 언어를 모아 해설한 어휘집.

■ 『송남잡지』 130쪽
조선 말기 학자 송남 조재삼이 두 아들의 교육을 위해 편찬한 책으로 일종의 백과사전. 천문·지리·국호·음악·동식물 등을 다루면서 8도의 지명, 연혁, 농사와 고기잡이, 사냥에 관한 사항, 정자와 건물에 관한 사항, 지방에서 쓰이는 언어, 역대 인물, 바둑과 쌍륙 및 술수, 일상생활에서의 금기사항, 결혼예절, 과거시험 등에 관한 내용을 기록했다. 권3의 「방언」은 국어 연구의 중요 자료이다.

■ 『동국여지승람』 130쪽
조선 성종의 명에 따라 노사신, 강희맹 등이 조선 각 도의 연혁·풍속·무덤·사당·관청·토산품·학교·성곽·산천 등과 역대 인물을 기록한 인문 지리서. 지방 사회의 모든 면을 담은 백과사전으로 조선 전기 사회를 이해하는 중요한 자료이다.

■ 『속일본기』 136쪽
697년에서 791년까지 95년간의 역사를 비교적 상세하게 다룬 일본 헤이안 시대 초기의 칙찬사서勅撰史書. 신라와 발해가 일본에 파견한 사신에 대한 기록도 있어 나라 시대를 연구하는 기본 사료이다.

■ 『농가월령가』 139쪽
조선 후기 정약용의 둘째 아들 정학유가 지은 가사집. 권농을 주제로 농가에서 1년 동안 매달 해야 할 일을 순서대로 읊었다.

■ 『부인필지』 140쪽
『규합총서』의 저자 빙허각 이씨가 쓴 원본을 번역한 것으로 1915년에 간행했다.

■ 『규곤시의방』 141쪽
1670년 이현일의 어머니 안동 장씨가 쓴 요리책. 녹말·녹두가루·메밀 등을 이용한 다양한 국수 종류, 고기 저장 방법, 겨울철 채소와 나물 재배법 등을 다루고 있다.

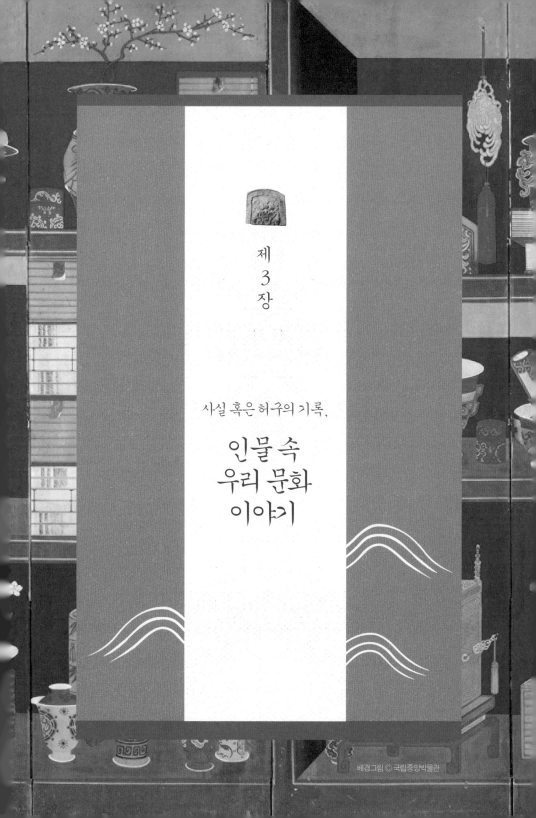

제
3
장

사실 혹은 허구의 기록,

인물 속
우리 문화
이야기

강감찬과 여우

별이 떨어지다

강감찬은 고려 시대 문인 출신으로 재상의 직위에까지 오른 인물이다. 하지만 그는 지금까지도 '고려의 명장 강감찬 장군'으로 불릴 정도로 민가에서는 무인으로 더 잘 알려져 있다. 그에 관한 문헌 설화는 『고려사열전』을 비롯하여 『세종실록지리지』 『용채총화』 『동국여지승람』 『해동이적』● 『기문총화』● 등 다양한 책에 수록되어 있다. 다음은 지금으로부터 약 1000년 전 그의 탄생에 관한 기록이다.

어느 날 하늘을 관찰하던 관리가 큰 별이 어떤 집으로 떨어지는 것을 보고 그곳을 찾아가니 그 집 부인이 방금 사내아이를 낳았다고 했다. 관리는 "이 아이는 하늘이 내려준 비범한 아이"라며 자기 집으로 데려다 키웠다. 후에 송나라 사신이 와서 어린 강감찬을 만나보더니 '문곡성文曲星의 화신'이라며 아이에게 큰절을 했다.

제주도 무속신화 천지왕본풀이에 따르면, 별은 태초에 암흑과 혼돈에서 개벽이 이루어질 때 가장 먼저 생겨났다. 따라서 별은 해와 달보다 먼저 우주에 존재한 광명으로 빛을 표상한다. 고대에는 별의 움직임에 따라 왕조 시대의 흥망성쇠를 예측했기 때문에 태몽에 나타나는 별은 개인이 아닌 국가의 존망을 좌우할 정도로 역사적인 인물의 탄생을 의미한다. 특히 문곡성은 북두칠성[9]의 네 번째 별로 문운文運을 주관하며 음양가에서는 길흉을 점칠 때 글과 재물을 관장한다. 따라서 '문곡성의 화신'이라 함은 학문과 지혜가 뛰어난 역사적 영웅을 의미한다.

『삼국사기』와 『삼국유사』에도 위인의 탄생을 알리는 별 이야기가 있다. 자장율사의 경우 그의 어머니가 별이 품안에 들어오는 태몽을 꾸고 잉태해서 석가모니 탄생일에 낳았다고 하고, 원효 역시 유성이 어머니 품속에 들어오는 태몽을 꾸었다고 한다. 신라의 명장 김유신은 아버지가 화성과 토성이 자신에게 떨어지는 꿈을 꾸었고, 다음 날 어머니는 동자가 금 갑옷을 입고 집 안으로 들어오는 꿈을 꾼 후 아이를 갖게 되어 20개월 만에 태어났다. 이처럼 별이 등장하는 태몽은 하늘이 점지해준 위대한 인물의 탄생을 의미하는데, 이는 해와 달의 태몽이 왕과 왕비의 탄생을 의미하는 것과 대비를 이룬다. 특히 강감찬의 경우 문곡성이라는 별의 명칭까지 등장하는 점을 주목할 만한데, 영웅이나 위인의 탄생을 알리는 태몽이라도 별의 명칭까지 구체적으로 등장하는 경우는 흔하지 않기 때문이다. 따라서 문곡성의 등장은 위인으로서 강감찬의 면모를 더욱 뚜렷하게 부각시키려

---

9 국자 모양의 북두칠성은 탐랑성, 거문성, 녹존성, 문곡성, 염정성, 무곡성, 파군성 등 일곱 개의 별로 이루어져 있다.

는 의도로 보인다. 중국에서 '문곡성의 화신'으로 알려진 인물로는 은나라 말기에 주왕에게 충심으로 직언하다 처형당한 비간과 드라마 「판관 포청천」의 주인공 포증이 있다.

강감찬이 태어난 곳을 낙성대落星臺라고 불렀는데 '별이 떨어진 곳'이라는 뜻이다. 낙성대는 지금의 서울시 관악구 봉천동으로, 서울의 지하철 2호선 낙성대역의 명칭도 여기서 유래했다. 낙성대는 역사적 인물이 태어난 곳이라 하여 강감찬 사후에도 많은 사람들의 관심을 받았는데, 특히 임진왜란 때 왜군이 이곳 석탑의 대석을 비틀어 어긋나게 하고 탑의 위층을 빼한 층을 낮추어 정기를 줄여놓기도 했다. 또한 탑 속의 보물을 훔치고 탑의 동쪽 구릉을 파 혈맥을 끊어놓기도 했는데 이는 모두 강감찬의 초자연적 힘을 의식했기 때문이다. 1974년 서울시는 강감찬이 태어난 집 인근에 공원을 조성했다. 그리고 이곳과 다소 거리는 있지만 신림동 2차 건영아파트 단지 안에 강감찬의 흔적을 찾을 수 있는데 바로 서울에서 가장 오래된 나무로 알려진 굴참나무이다. 강감찬 장군이 지나가다가 꽂은 지팡이가 자라났다는 이 나무는 나이가 1000살을 넘긴 것으로 추정하며 높이가 18미터로 최근까지 굵은 도토리가 열렸다고 한다.

한편, 현전하는 강감찬 관련 이야기는 대부분 민가에서 전해 내려올 뿐 정사에서는 찾아보기가 힘들다. 때문에 역사에 길이 남은 명장으로서의 활약상은 고사하고 출생이나 성장, 가문, 관직 생활, 그리고 죽음에 관한 기본적인 사실조차 규명하기 어려운 실정이다. 민가에서는 강감찬의 초기 관직 생활과 관련하여 다음과 같은 이야기가 있다.

강감찬이 소년 원님으로 고을에 부임하자 관속들이 그를 어리다고 얕보

왔다. 어느 날 그는 관속들을 뜰에 세워놓고 수숫대를 소매 속에 모두 집어넣으라고 명했다. 이에 관속들이 불가능한 일이라고 고개를 흔들자 강감찬이 관속들을 향해 "겨우 1년 자란 수숫대도 소매에 다 집어넣지 못하면서 20년이나 자란 원님을 아전의 소매 속에 집어넣으려고 하느냐!"라고 호통쳤다.

영악한 관속들의 기를 한마디로 꺾어놓은 이 이야기에서 강감찬이 어려서부터 총명했고 사람을 통솔하는 능력이 뛰어났음을 알 수 있다. 그러나 실제로 강감찬은 983년(성종 2년) 35세의 나이에 장원급제하여 비교적 늦게 관직 생활을 시작했기 때문에 이 이야기 속에 담긴 의미는 사실이라고 해도 실제로 일어난 사건과는 거리가 있어 보인다.

영웅의 탄생설화와 여우

민가에서 전하는 강감찬에 관한 이야기는 경중의 차이는 있지만 대부분 신이神異한 내용이 많은데 그의 출생담도 마찬가지다.

강감찬의 아버지는 늦도록 자식을 두지 못했다. 그러던 어느 날 이인異人에게 귀한 아들을 얻게 될 것이라는 예언을 듣고 전국을 돌아다니면서 정성을 들였다. 마침내 집으로 돌아오는 길에 잠시 잠이 들어 귀한 태몽을 꾼 강감찬의 아버지는 서둘러 집으로 향했지만 날이 어두워져 할 수 없이 주막에서 하룻밤을 지내게 되었다. 그런데 이날 밤 강감찬의 아버지는 여우가 둔갑한 주막집 여인의 집요한 유혹에 넘어가고 말았다. 그 후 얻게 된 아들이 바로 강감찬이다.

　현재까지 민가에서 전해 내려오는 강감찬의 탄생설화는 문헌기록과는 이야기 구조 자체가 다르다. 출생담에서 별이 아니라 여우가 등장한다는 점도 특이하다. 사람이 아닌 영물과의 사이에서 태어나는 영웅 탄생설화가 있기는 하지만 그 대상이 여우라는 점에는 의문이 가기 때문이다. 인간 세상에서 여우는 부정적 존재라는 점도 그 예이다.

　고려 건국신화에도 태조 왕건의 조부 작제건이 아버지를 찾아 중국으로 갈 때 서해의 용왕을 괴롭히던 늙은 여우를 활로 쏘아 죽이고 용왕의 딸과 결혼했다는 이야기가 있다. 여기서 여우는 조화를 부려 남에게 해를 끼치는 사악한 존재로 용왕도 대적하지 못할 정도로 초능력이 있는 영물이다. 그런 여우가 강감찬의 출생담에 등장하는 이유는 무엇일까? 관련 자료가 없어 구체적으로 알 수는 없지만 먼저 여우의 특성부터 살펴보자.

　예로부터 여우는 영특한 동물이었다. 여우를 잡기 위해 사람들이 화약을 묻어놓고 줄을 걸어두면 여우가 조심스럽게 파내기도 하고 화약을 물어다 절벽 아래에 버리기도 했다. 또한 고슴도치가 자신을 보호하기 위해 가시만 내놓고 몸을 웅크리고 있으면 고슴도치를 앞발로 살살 굴려 물에 빠뜨리는 시늉을 하면 이에 놀라서 날뛰는 고슴도치의 목을 한쪽 발로 누르고 다른 발로 껍질을 벗겨 먹었다고도 한다.

　한편, 중국 문헌에는 꼬리가 아홉 달린 여우, 즉 구미호가 상서로운 동물로 등장하는데『귀신학사전』에 따르면 서른 살이 넘도록 장가를 못 간 우왕이 구미호를 왕비로 맞았다는 이야기도 있다. 우리나라의 경우『삼국유사』속 불교 설화에 여우가 등장하는데 여기서는 승려의 불력佛力을 증진시키는 영물 역할을 한다. 그리고 풍수지리의 대가로 알려진 도선이 여우 여인에게서 구슬을 얻은 뒤에 지리에 통달하게 되었다고도 하며, 원광법사가 불력을 이루는 데 도움을 받은 3000년 묵은 여우 귀신 이야기도 있다.

민간 원시신앙에서는 모든 동물에 정령이 깃들어 있다고 믿었으며 특히 출중한 인물에게는 정령이 있는 신이神異가 깃든다고 생각했다. 따라서 몇백 년에 한 번 나올 만한 명장이자 명신인 강감찬 장군의 탄생설화에 등장하는 여우 역시 신성한 영물이다. 특히 민간의 설화에서는 이러한 신성함이 서민들의 일상에서 발생하는 크고 작은 민생 문제의 해결사 역할을 수행한다는 점도 흥미롭다.

예를 들면 강감찬이 관리 시절 남산에 사는 수백 년 묵은 호랑이가 승려로 변신해 사람들을 해치자 호랑이를 직접 불러 꾸짖으면서 평생 한 번만 새끼를 낳고 몇몇 산에서만 살게 했다는 일화도 있다. 또한 강감찬이 어느고을에 부임했는데 여름에 개구리가 너무 시끄럽게 울어대자 관속에게 부적을 써주고 연못에 던지게 했더니 개구리가 울음소리를 그쳤다는 이야기도 있다. 낙성대 부근의 남태령 고개에서는 강감찬 장군이 장난꾸러기 여우를 꾸짖어 쫓아냈다는 설화가 전해 내려오며 심지어 주민들을 괴롭히는 모기나 개미까지 퇴치했다는 이야기도 있다.

강감찬은 키가 작고 매우 못생겼다고 알려져 있지만 실제로는 문곡성의화신답게 빼어난 미남이었다는 설도 있다. 하지만 외모 때문에 장차 큰일을 할 수 없을 것을 우려한 강감찬이 스스로 마마신을 불러들여 얼굴을 곰보로 만들어 추남이 되었고, 덕분에 주변의 관심에서 벗어나 공부에만 전념해 학문은 물론, 인간사 돌아가는 형세를 예견하고 조정하는 능력까지 갖추게 되었다는 것이다. 이러한 능력은 소년 시절부터 발휘되었다고 한다. 하루는 그의 아버지가 친구 딸의 혼인식에 가면서 얼굴이 못생긴 강감찬을 데리고 가지 않자 장난기가 동한 강감찬이 아무도 알아보지 못하게 변장하고 혼인식에 참석했다가 신랑이 사람으로 둔갑한 짐승이라는 사실을 알고 주문을 외어 퇴치했다는 이야기도 있다.

영원히 빛나는 별로 돌아가다

강감찬은 첫 이름이 은천殷川이었다. 문인으로 성종 2년에 갑과 장원으로 급제해 최고위직인 문하시중(수상직)의 자리까지 오른 인물이다. 현종 1년(1010년) 거란의 성종이 '강조의 정변'을 구실로 서경을 침략했을 때는 전략적 차원에서 일시 후퇴를 주장하여 비판을 받기도 했다. 하지만 이후 나주로 피난하여 사직을 보호하고 전열을 정비한 고려군이 마침내 거란을 물리쳤다. 명분을 중시한 당시 사회에서 전략상 필요하다면 후퇴를 선택할 정도로 유연한, 보기 드문 인물이었음을 알 수 있다. 그 후 강감찬은 군사 지휘권까지 행사하는 서경 유수직을 겸직하며 거란의 침입에 치밀하게 대비했고 마침내 소배압의 십만 대군을 대파하고 고려를 위기에서 구해낸다. 당시 거란의 십만 대군 중 살아서 돌아간 자가 겨우 수천 명에 불과할 정도로 '귀주대첩'은 대외항전 사상 전무후무한 전투이다. 동시에 강감찬은 우리 역사에서 손에 꼽을 명장으로 남게 된다.

그럼에도 민간에서는 강감찬이 역사적 사건보다는 민생과 관련된 신이한 이야기에 많이 등장한다. 특히 강감찬이 보여주는 초능력에는 도가적 특징을 담아 개미와 모기가 등장하는 작고 소소한 문제를 해결하는 데에서부터 호랑이와 같은 거대한 힘을 제압하거나 사람들에게 해를 끼치는 악귀를 퇴치하고 스스로 마마신을 불러들이는 등 현실에서는 실현 불가능한 자연현상의 해결사로 자주 등장한다.

이러한 강감찬의 신이함은 서민들의 삶과도 밀접한 연관이 있는데, 출생담에서 주막집 여인이라는 낮은 모계와 영리한 여우라는 설정을 통해 약자의 지략으로 강자의 힘에 대적하여 난관을 극복하는 모습을 보여줌으로써 서민들에게 대리만족을 주기도 했다. 또한 그는 천수를 다해 84세를 일기로 세상을 하직하고 문곡성으로 되돌아감으로써 죽은 후에도 백성들의 가슴에 뚜렷하게 남아 나라와 백성이 어렵고 힘들 때마다 빛을 발했다.

강감찬의 존재감은 대몽 항쟁기에도 빛을 발했다. 몽골의 침입으로 나라가 위기에 처하자 백성들에게 희망과 자신감을 불어넣어줄 영웅의 출현이 절실했던 무인 집정자들이 강감찬을 다시 불러낸 것이다. 하지만 집권을 정당화하기 위해 나라를 구하는 영웅은 반드시 무인이어야 했던 당시 집권층의 의도로 인해 강감찬은 문인 강감찬이 아닌 '강감찬 장군'으로 백성들 앞에 등장하게 된다.

그 후에도 강감찬은 국가가 위기에 처할 때마다 백성과 국가의 호출을 받았다. 고려 말기의 혼란한 상황에서 위축된 문신들의 위상을 회복하기 위해 문신 최자가 쓴 『보한집』에 문곡성의 화신으로 다시 등장하기도 하고, 조선 후기에 들어서면 홍양호의 한문본 『강감찬전』(1794년)을 비롯해서 국운이 쇠잔해가던 20세기 초에는 우기선의 국한문본 『강감찬전』(1908년), 박건회의 국문본 『고려강시중전』(1913년) 등으로 재탄생했다. 강감찬은 시대가 어지러울 때마다 사람들에게 힘과 용기를 주는 희망의 존재였다.

흥선왕과 봉선화

봉황이 선물한 딸과 봉선화

봉선화의 원산지는 인도·말레이시아·중국 등으로 알려져 있으며 우리나라에 들어온 시기는 정확하게 알 수 없다. 그럼에도 우리나라에서는 오래전부터 봉선화가 다양한 사연에 등장해왔다. 다음은 삼국시대부터 전해 내려오는 봉선화에 얽힌 슬픈 이야기이다.

옛날 한 여인이 꿈에서 선녀로부터 봉황 한 마리를 선물로 받고 아이를 갖게 되었다. 그 후 여인은 딸을 낳았고 아이의 이름을 '봉황을 선물 받았다'는 뜻으로 '봉선'이라 지었다. 곱게 성장한 봉선은 거문고 연주 솜씨가 매우 뛰어나 주변으로부터 칭찬이 자자했다. 마침내 봉선의 소문을 듣게 된 임금은 그녀에게 거문고를 연주하며 궁궐에서 살도록 명했다. 그러나 원인 모를 병에 걸린 봉선은 궁궐을 나와 집에서 치료를 받으며 쓸쓸하게 지냈다. 그러던 어느 날 봉선은 임금이 마을을 지나간다는 소식을 듣고 아픈 몸을 이끌고 마지막 있는 힘과 혼을 다해 거문고를 연주했다. 마침 봉선의 집 부근을 지나던 임금은 거문고 타는 소리를 알아듣고 봉선의 집을 방문했다. 그러나 집안으로 들어서는 순간 임금은 무척 놀랐다. 거문고를 타는 봉선의 손가락에서 붉은 피가 뚝뚝 떨어지고 있었기 때문이다. 안쓰럽게 여긴 임금은 무명에 맥반석을 싸서 동여매주고 궁궐로 돌아갔다. 그러나 얼마 지나지 않아 봉선은 시름시름 앓다가 죽고 말았다. 그 후 봉선의 무덤에서 이름 모를 꽃이 피어났는데 사람들은 그녀가 꽃으로 환생한 것이라며 '봉선화'라는 이름을 붙여주고 무덤에 핀 빨간 꽃잎으로 손톱에 물을 들여 봉선의 넋을 위로했다.

꽃의 생김새가 지조와 절개가 굳고 품위가 있는 봉황을 닮았다고 해서 봉선화가 되었다는 이야기도 있다.

옛날 어느 부부가 살았다. 부인은 너무나 아름다웠고 주변에서 칭송 받을 정도로 친절했다. 그러던 어느 날 남편으로부터 억울하게 의심을 받게 된 부인은 결백을 증명하기 위해 스스로 목숨을 끊었다. 부인이 죽은 후에야 뒤늦게 후회한 남편은 부인의 시신을 양지바른 곳에 정성껏 묻어주었다. 얼마 후 그녀의 무덤에서 꽃이 피어났고 사람들은 이 꽃을 부인의 넋이 되살아난 것이라고 입을 모았다. 그런데 열매가 여물면 살짝만 건드려도 툭하고 터져 씨앗이 사방으로 흩어져버렸다. 사람들은 자신의 몸에 손끝 하나 대지 말라는 경고의 의미이며 죽어서도 정절을 지키려는 부인의 의지라고 믿었다. 그리고 지조와 절개가 굳은 봉황의 의미를 담아 이 꽃을 봉선화라 부르게 되었다.

그 후 여인들 사이에서는 봉선화 꽃잎으로 손톱에 물을 들이는 풍습이 생겨났다. 꽃잎의 붉은 빛깔을 오래 남겨 억울하게 누명을 쓴 여인의 정절과 넋을 기리는 동시에 악귀로부터 몸을 보호하려는 의미가 담겨 있었다.

충선왕을 자극한 봉선화

봉선화는 우리 역사 속에서 민족의 시련을 달래주는 꽃이기도 했다. 일제강점기에는 「봉선화」라는 노래를 부르며 나라 잃은 설움을 달래기도 했는데 이 때문에 민족의식을 고취시킨다는 이유로 일제는 이 노래를 금지하기도 했다.

고려 충선왕도 봉선화와 관련하여 우리 민족이 당한 설움을 엿볼 수 있는 이야기를 남겼다. 고려 충선왕 시대는 몽골의 간섭을 받던 시기로 당시 몽골은 고려를 부마국으로 삼는 방법으로 내정간섭을 강화해 나갔다. 충선왕도 왕비인 조비 외에 몽골의 계국대장 공주를 또 다른 왕비로 맞아들여야 했는데 시기와 질투가 많은 공주 때문에 이른바 '조비 무고 사건'이 일어나게 된다. 충선왕이 자기보다 조비를 더 사랑한다는 사실을 시기한 공주가 조비가 친정아버지 조인규와 짜고 자신을 죽이려 한다는 편지를 몽골에 보낸 것이다. 이 사건으로 충선왕은 왕위에서 강제로 물러나게 되었고 결국 조비와 아버지 조인규 등과 함께 몽골의 수도로 불려가 감시 속에서 살게 된다.

몽골에 거주하던 충선왕은 어느 날 한 소녀가 자신을 위해 붉은 피를 뚝뚝 흘리며 손가락으로 가야금을 연주하는 꿈을 꾸었다. 깜짝 놀라 잠에서 깬 충선왕은 이상한 생각이 들어 궁녀들의 손을 모두 조사하도록 명했고,

궁녀 중 한 명이 봉선화 물을 들이기 위해 손가락에 흰 헝겊을 동여매고 있다는 보고를 받는다. 충선왕은 이국 땅에서 우리 고유의 풍습인 봉선화로 물들이는 궁녀 이야기에 놀라지 않을 수 없었다. 충선왕은 무슨 사연인지 알아보도록 명했고, 시종을 통해 그녀의 아버지 역시 충선왕의 개혁을 지지하다 면직 당하고 그 벌로 자신이 몽골에 끌려와 궁녀 생활을 하고 있다는 사연을 듣게 되었다. 졸지에 이국 땅에서 생활하게 된 궁녀가 고향 생각을 달래기 위해 손톱에 봉선화 물을 들였던 것이다.

가륵한 마음이 든 충선왕은 즉시 그녀를 불러오도록 명했다. 왕 앞에 불려온 궁녀는 언젠가 이런 날이 올 것이라고 믿고 왕을 위해 가야금 연주를 준비했다고 당당하게 말하고는 반드시 고국으로 돌아가리라는 뜻이 담긴 노래를 연주했다. 충선왕은 나이 어린 소녀조차 고국으로 돌아갈 믿음을 간직하고 있다는 사실에 놀라며 다시 한 번 스스로를 돌아보고 귀국에 대한 의지를 다지게 된다. 이후 원나라 성종이 후계자 없이 사망하면서 원 황실이 황제 자리를 놓고 치열한 쟁투를 벌이자 충선왕은 그 기회를 놓치지 않고 평소 가까이 지내던 하이샨(무종)을 적극 지원했다. 마침내 무종이 황제에 오르자 그와의 관계를 토대로 몽골과 외교적 관계는 물론, 자신의 환국을 저지하는 국내 세력을 누르고 정치적 입지를 강화하여 1308년 7월, 부왕 충렬왕이 사망하자 고국을 떠난 지 10년 만에 마침내 귀국한다. 그러나 고려에서 부왕의 뒤를 이어 다시 왕위에 오른 충선왕은 기억에 또렷하게 남아 있던 당시의 궁녀를 수소문했지만 그녀는 이미 세상을 떠나고 없었다. 이 소식을 접한 충선왕은 애석한 마음을 담아 궁궐에 봉선화를 심어 소녀의 넋을 위로했다.

선덕여왕과 모란꽃

치욕을 안겨준 모란꽃

신라 제27대 선덕여왕이 당나라 태종에게 받은 붉은색·자주색·흰색의 모란꽃 그림과 씨앗을 보고 "이 꽃은 향기가 없을 것이다"라고 예언했다는 이야기는 너무나 잘 알려져 있다. 그러나 당시 신라의 대내외적 정세를 감안하면 아마도 선물을 받은 그날 밤 선덕여왕은 잠을 이루지 못하고 분을 삭였을 것이다. 나비가 없는 모란꽃 그림을 보낸 당 황제의 의도는 명백했기 때문이다. 혼자 사는 선덕여왕에게 '여인으로서 향기가 없어 나비가 날아들지 않는다'는 조롱의 메시지와 함께 신라가 고구려, 백제의 빈번한 침입을 받는 것 역시 왕이 여자이기 때문이라는 압박의 의미도 담겨 있던 것이다.

선덕여왕은 신라 진평왕의 장녀이다. 부왕이 아들 없이 사망하자 '성골'이라는 특수한 신분에 힘입어 화백회의의 추대로 왕이 되었지만 즉위 과정은 안정적이지 않았다. 때문에 선덕여왕은 즉위한 즉시 전국에 관원을 파견하고 이듬해 각 주군의 조세를 1년간 면제하는 등 민심을 수습하기 위해 각별한 노력을 기울였다. 그리고 대외적으로 '인평'이라는 독자 연호를 사용하여 왕실의 자주성을 확립하려는 노력도 병행했으며, 불교를 국가의 정신적 지주로 삼아 통치 기반을 강화하기 위해 634년에 분황사, 635년에는 영묘사를 세워 불교 육성에도 관심을 기울였다.

그러나 선덕여왕의 즉위를 전후한 시기에 신라의 국내외 상황은 매우 급격하게 변하고 있었다. 당시 백제는 의자왕이, 고구려는 연개소문이 집권하여 대내외적으로 적극적인 활동을 벌였다. 특히 642년부터 이들의 공격을 빈번하게 받았던 신라는, 백제 의자왕의 공격으로 서쪽 변경 40여 성과 지금의 합천 지역인 낙동강변 대야성을 함락당했고, 당과의 중요한 외교 통로이자 전략 요충지였던 한강변 당항성까지 고구려와 백제의 침공에 시달려야 했다. 이 시기를 전후해 화랑도가 활동을 시작한 것도 대내외적으로 신라의 국력을 신장하기 위한 요구의 반영이었다. 또한 여기에는 신라가 국력을 확대해 삼국의 주도권을 잡기 위해서는 어질고 슬기로운 왕보다 남성적인 힘과 용기가 있는 왕이 필요하다는 인식도 담겨 있었다. 이러한 사회 분위기는 선덕여왕의 아버지였던 진평왕에 대한 기록에서도 엿볼 수 있다. 『삼국유사』에 따르면 진평왕은 "신장이 11척이나 되는 거인이었고, 절에 행차하여 돌계단을 오를 때 그가 밟은 돌계단이 한 번에 세 개씩 부서졌다"고 할 정도로 힘이 장사였다. 이는 일반적으로 왕을 신비한 능력이 있으며 평화를 사랑하는 덕과 지혜가 있는 인물로 묘사하는 것과 대조적이다. 당시 국내외 상황이 작용했을 것으로 추정되는 대목이다. 따라서 이러한 분위기를 감안하면 여왕이 즉위했다는 사실에 불안감을 느낀 대신들도 있었을 것이다.

대신들이 침묵한 이유

그렇다면 당 태종이 보낸 선물의 의미를 신라 조정의 대신들은 몰랐을까? 알고 있었다면 대신들은 왜 침묵했을까? 의문에 답을 찾기 위해서는 먼저 모란꽃의 특징과 당대에 모란꽃이 어떤 의미였는지를 살펴볼 필요가 있다.

모란은 당나라 이전에도 중국에 존재했지만, '만인의 꽃'으로 불릴 정도로 대단히 인기 있는 꽃으로 유행한 시기는 당나라부터였다. 당 현종은 양귀비와 함께 침향정에서 모란을 감상하기도 했고, 이백과 백거이는 시에서 모란을 부귀의 상징으로 칭송할 정도였다. 대개 모란꽃 그림에는 고양이와 나비를 함께 그려 넣었는데, 특히 고양이는 장수하여 오래도록 부귀를 누린다는 '부귀모질富貴耄耋'의 의미를 담고 있었다.

또한 모란은 남성을 상징하기도 했다. 모란의 '모牡' 자는 모든 꽃 중에서 으뜸이라는 뜻으로, 중국에서는 모란이 '황제의 꽃'이었기 때문에 꿀벌 이외의 곤충이 가까이하지 못했다. 선비들도 부귀와 공명을 상징하는 모란을 대단히 선호해서 글공부가 끝나면 책거리를 하면서 표지에 모란꽃을 그려 관직에 나가 청운의 꿈을 펼칠 수 있기를 염원했다. 그뿐만 아니라 여성들 사이에서도 모란은 대단히 귀한 대접을 받았다. 신부 예복인 원삼이나 활옷에 모란꽃을 수놓았고 왕비나 공주의 옷도 모란 문양으로 장식했다. 또한 덕스럽고 복이 있는 미인과, 부귀영화와 천하제일의 아름다움을 간직한 절세미인을 활짝 핀 모란꽃에 비유했다.

이러한 모란꽃의 상징적 의미가 우리나라에 전파된 것은 당나라와 접촉이 잦았던 삼국시대였을 것으로 추정된다. 따라서 설사 삼국 사회 전체는 아닐지라도 최소한 당나라를 왕래한 대신을 비롯한 상류층에서는 모란꽃의 상징성을 알고 있었을 것이다. 그러나 '만인의 꽃'인 모란이 상징하는 비유의 폭이 넓었고, 특히 대국인 당나라의 황제가 여왕에게 선물한 것이기 때문에 신라의 대신들 입장에서는 나비 없는 모란꽃의 의미를 해석하기가 부담스러울 수밖에 없었다.

하지만 선덕여왕의 입장은 달랐다. 모란이 아무리 절세미인을 뜻한다고 해도 한 국가를 통치하는 여왕에게는 결코 긍정적인 의미로 받아들일 수 없었다. 생각하기에 따라서는 여왕의 통치 자체를 인정하지 않으면서 정치는 당의 황제인 자신에게 위임하고 한 여인으로서 아름다움과 부귀영화를 좇으며 살아가라는 무례한 권고로 보일 수도 있었다.

모란꽃으로 정치적 위기를 넘기다

당 태종은 여왕의 국가 통치에 부정적이었다. 그는 643년 9월 신라의 원군 요청에 세 가지 대책을 제시하면서 "부인(여자)이 임금이 되어 이웃 나라가 업신여기고 쳐들어와 한 해도 편할 때가 없으니 여왕 혼자 나라를 다스리게 해서는 안 된다"며 문제 삼을 정도였다. 따라서 선덕여왕 입장에서 당 태종의 선물은 치욕인 동시에 분명한 내정 간섭이었다. 그러나 선덕여왕은 공개적으로 이의를 제기할 수 없었다. 국내에서도 여왕의 통치를 불안해하는 귀족 세력이 있었기 때문에 현명하게 대처하지 못할 경우 국내 정치에까지 파장을 몰고 올 수 있었다.

결국 기지를 발휘한 선덕여왕은 당 태종의 선물에 호기심 이상의 정치적 관심이 집중되는 것을 차단했고, 대신들에게 "그림에 나비가 없는 것으로 보아 이 꽃은 아름다우나 향기가 없겠구나"라고 평할 뿐이었다. 황제가 보내온 모란꽃 그림에 담긴 정치적 의미를 배제하고 객관적인 자연 현상에 대해서만 한마디 덧붙인 것이다.

그럼에도 당 태종의 선물은 이후 신라 정계에 일정 부분 영향을 미쳤다. 귀족회의 의장이었던 상대등 비담을 비롯한 진골 귀족들이 선덕여왕에게 공개적으로 반기를 들고 난을 일으킨 사건이 대표적이다. 김춘추와 김유신 세력이 힘겨운 싸움 끝에 난을 진압하며 선덕여왕을 지원했고 덕분에 여왕은 16년의 통치 기간 동안 선정을 베풀며 정치적 안정을 이룰 수 있었다. 선덕여왕의 뒤를 이어 왕위에 오른 진덕여왕도 이러한 지지 세력을 기반으로 대당 외교는 물론 국내 정치 개혁에도 앞장서 왕권을 강화했고, 이 시기를 기점으로 신라는 귀족 세력이 위축되고 김춘추와 김유신을 주축으로 한 율령국가 지향 세력이 전면에 등장한다. 그리고 진덕여왕의 뒤를 이어 마침내 김춘추가 국왕에 즉위하면서 신라는 무열왕계 전제왕조의 기틀을 확립하게 된다.

김춘추와 도깨비

비형의 탄생과 김춘추 가문

문헌상 우리나라 최초의 도깨비는 『삼국유사』 「도화녀 비형랑」조에 "진지왕의 혼령이 도화녀와 7일간 교혼하여 비형을 낳았다"는 기록에 처음 등장한다. 여기서 비형은 신이한 능력을 지닌 도깨비로 그의 행적에 관해서는 다음과 같이 기록하고 있다.

비형은 출생이 신이하여 진평왕이 궁중에 데려다 길렀다. 궁중에서 생활하게 된 비형은 밤마다 대궐을 나가서 새벽 종소리가 울릴 때까지 서천西天에서 도깨비들과 놀았다. 진평왕이 이 사실을 알고 신원사 북쪽 개천에 다리를 놓으라고 명했다. 이에 비형이 도깨비들을 이끌고 하룻밤 사이에 돌다리를 놓았다고 해서 '귀교' 또는 '대석교'라고 했다. 하루는 비형이 거느리는 도깨비 중에 흥륜사 누각을 지은 길달이 여우로 변해 달아나자 비형은 도깨비들을 시켜 그를 죽여버렸다. 이때부터 귀신들이 비형의 이름만 들어도 두려워하며 달아났고 그 때문에 민가에서는 잡귀의 침입을 막기 위해 문 앞에 '비형의 집'이라는 글귀를 써붙이는 풍습이 생겨났다.

이와 같은 비형의 탄생과 행적은 사실 여부와 관계없이 역사적인 해석의 여지를 남긴다는 점에서 대단히 흥미롭다. 비형이 진지왕의 죽은 영혼과 도화녀 사이에서 태어난 도깨비이므로 현실의 입장에서 보면 그의 존재는 분명 허구이다. 그럼에도 이 이야기가 기록으로 전해 내려오는 이유는 무엇일까? 그 답을 찾기 위해서는 먼저 비형의 아버지였던 진지왕의 즉위와 퇴위에 관한 역사적 사실부터 살펴볼 필요가 있다.

진지왕은 왕자로 태어났지만 왕이 되기는 힘든 차남이었다. 물론 그의 형이자 장남이 왕위를 계승하기 전에 사망했지만 형에게는 유력한 왕위 계승권자인 아들이 있었다. 이런 조건에서 진지왕이 왕위에 올랐다는 것은 무력을 동원했거나 특정 정치 집단의 적극적인 후원을 받았다는 추론도 가능하다. 진지왕이 재위 기간 동안에는 독자 연호를 쓰지 못할 정도로 왕권이 불안정했고 재위 4년 만에 화백회의의 결정에 따라 폐위된 점도 이러한 추론을 뒷받침해준다. 그리고 후에 태종 무열왕이 된 김춘추는 진지왕의 직계 손자로 진지왕이 쫓겨나지 않았다면 진지왕의 아들 김용춘에 이어 왕위를 계승할 수 있는 일순위 후보에 해당했다. 따라서 이들은 모두 폐위된 진지왕의 뒤를 이어 즉위한 진평왕과 집권 세력 입장에서는 경계의 대상이었다. 김춘추가 김유신과 함께 삼국을 통합하는 대업을 이루었다고는 하지만 진평왕 재위 시절에는 나이 어린 소년에 불과했고 그의 아버지 김용춘 역시 신라 정계에서 주류가 아니었다. 따라서 당시 신라에서 귀족들의 주도하에 폐위된 진지왕과 그의 손자 김춘추 사이에 죽은 진지왕의 도깨비 아들 비형 이야기는 어떤 방식으로든 정치적 해석의 여지가 있었다.

비형의 존재와 신라 정국

비형의 탄생은 정치적 입장에 따라 상반된 해석이 가능하다. 먼저 도깨비였던 비형의 탄생은 현실 정치에서 김춘추의 집안에 부담으로 작용할 수 있었다. 『삼국유사』에 따르면 진지왕은 즉위 4년 만에 정란황음으로 나라 사람들의 손에 폐위당한 후 죽었다. 따라서 진지왕은 죽어서까지 여인을 탐하여 도깨비 아들을 낳은 셈이 된다. 비형의 탄생은 결과적으로 진지왕이 폐위당한 이유를 재확인해주기에 충분했고, 진지왕의 직계 후손인 김춘추 가문 역시 신라 정국에서 존재감이 위축되기에 충분했다.

그러나 관점을 달리하면 신이한 능력이 있는 도깨비 비형의 존재는 김춘추 가문의 존재감을 확인시켜주는 기회 요인이기도 했다. 할아버지 진지왕이 왕위에서 쫓겨난 후 사망함으로써 정치적으로 소외된 김춘추의 가문이 비형의 탄생에 얽힌 신비한 이야기로 다시 주목받을 수 있었기 때문이다. 이러한 추론은 폐위된 진지왕의 뒤를 이어 즉위한 진평왕이 비형의 능력을 알아보고 데려다가 궁중에서 생활하게 했다는 이야기에도 힘을 실어준다. 진평왕도 김춘추 가문을 의식하지 않을 수 없었기 때문이다.

그런데 진평왕이 비형을 궁중에 데려다 생활하게 했다는 이야기는 다시 두 가지 관점에서 해석해볼 수 있다.

첫 번째는 진평왕이 신통력 있는 비형을 경계해서 곁에 두고 통제하려고 했다는 해석이다. 기록에 따르면 진평왕은 비형을 궁궐에 데려다놓고 용사 50여 명으로 하여금 지키게 했다고 한다. 그리고 비형이 이들의 감시를 뚫고 성벽 위를 날아다니며 능력과 신성함을 과시해도 내치지 않은 것은 잠재적 경쟁자에 대한 견제를 늦추지 않았기 때문이다. 여기에는 단순히 비형에 대한 견제가 아니라 김춘추 가문에 대한 견제도 포함되어 있었다.

두 번째는 비형의 존재를 정치적 통합과 화합의 의미로 해석할 수 있다. 폐위된 진지왕의 아들 비형을 진평왕이 데려다 키웠고 비형도 진평왕의 명령에 따르며 적극 협조했기 때문이다. 심지어 진평왕은 귀신 세계에서 능력 있는 자를 비형에게 추천하도록 명했고 이에 길달을 천거하여 진평왕을 돕도록 했는데 이 길달이 어느 날 여우로 변신해 도망가자 비형이 도깨비들에게 명해 그를 처형하기도 했다. 길달이 도망간 이유는 구체적으로 알 수 없지만, 어떤 이유에서건 도망을 실행에 옮긴 것은 진평왕의 통치권에서 벗어나기 위해서였을 것이다. 따라서 비형이 진평왕을 대신해서 길달을 처형했다는 것은 왕의 통치력과 권위를 확장하고자 했다는 의미로 해석할 수 있다. 따라서 비형의 존재는 신라 정국에서 진평왕계와 폐위된 진지왕계의 화합과 통합의 시도라는 의미가 담겨 있었다. 또한 『삼국유사』에는 비형이 진평왕 재위 시기에 태어난 것으로 기록되어 있지만 이 이야기가 진평왕 이후에 전해진 것이라면 두 번째 추론에 더욱 힘이 실린다. 즉, 선덕여왕 즉위 이후 중앙 정계에 실력자로 등장해 후에 왕이 된 김춘추가 자신의 가문 출신인 비형을 통해 선대왕의 재위 기간에 적극 협조하였다는 정치적 메시지가 담겨 있었던 것이다. 그리고 이를 통해 한때 정적이었던 선왕들과 그들의 정파를 모두 끌어안고 통치기반을 강화하려고 시도했을 가능성이 충분하다.

건국신화의 모티브를 차용하다

비형의 존재를 이해하기 위해서는 김춘추의 가계家系를 주목할 필요가
있다. 김춘추의 가계는 진흥왕에서부터 시작하기 때문이다. 진흥왕은 대
대적인 정복 사업으로 신라 영토를 최대로 확장하여 신라의 전성기를 연
대왕이다. 말년에 스스로 머리를 깎고 승복을 입었으며 법운이라는 승명으
로 살다 생을 마감할 정도로 독실한 불교도이기도 했다. 사망한 후에도 신
라 정국은 물론 백성들 사이에서도 진흥왕의 존재감은 남달랐다.

진흥왕은 장남 동륜과 차남 금륜을 두었다. 그리고 요절한 장남 동륜에
게는 아들 김백정이 있었지만 진흥왕의 뒤를 이어 차남 금륜이 진지왕으
로 즉위했고 그 진지왕이 재위 4년 만에 폐위된 후 다시 동륜의 아들 김백
정이 진지왕의 뒤를 이어 진평왕으로 즉위한다. 이렇게 동륜계가 다시 왕
권을 이어받게 되었고 백정의 두 딸이 뒤를 이어 선덕여왕과 진덕여왕으
로 즉위하면서 진지왕의 직계 자손들은 왕권에서 소외되었다.

그러나 진평왕계는 왕권이 강하지 못했다. 『삼국사기』에는 진평왕 53년
에 "이찬 칠숙과 석품이 모반을 했다"는 기록이 있는데 다행히 난을 진압
해 왕권을 지킬 수 있었지만 정권 말기에 이러한 반란이 일어났고, 뒤이어
즉위한 선덕여왕도 상대등 비담의 반란으로 왕권을 위협받았다. 따라서
진평왕이 왕위를 딸에게 물려주기 전부터 왕권의 안정적 이양과 이후 왕
권 강화를 위한 모종의 정치 연대나 타협을 시도했을 가능성이 충분하다.
그러나 상대등과 귀족까지 반란을 일으켰다는 기록으로 보아 기득권 집단
에서 연대 세력을 찾기란 쉽지 않았을 것으로 보인다. 따라서 권력의 핵심
에 있지는 않지만 전략적으로 잠재적 경쟁자였던 김춘추 가문과 연대했
을 가능성이 크며 여기서 비형의 존재가 다시 한 번 주목받게 된다.

비형은 실존 인물이 아니며 신라 정국에서 그를 연상할 수 있는 인물이 없다. 따라서 비형의 존재감이 현실 정치에서 어떤 영향력을 행사하거나 변화를 추동했다고는 볼 수 없으며 비형의 어머니 도화녀 역시 실존 인물이 아닐 가능성이 높다. 그럼에도 도화녀와 비형이라는 허구적 캐릭터는 개국신화에서 보이는 왕권 설화적 특징을 보여준다.

예를 들면 비형은 도깨비였다. 당시 사회에서 도깨비는 인간 세계에 살면서 신이한 능력으로 악귀나 부정을 물리치는 긍정적인 존재이기도 했다. 그리고 도화녀 역시 복숭아 꽃가지를 의인화한 상징물로 볼 수 있는데 우리 민속에서는 도화가지에 악귀를 쫓는 주술적 기능이 있다고 믿었다. 고려 시대부터 조선 시대까지도 섣달 그믐날이면 대문에 복숭아나무를 꽂아 사악한 귀신을 내쫓고 경사를 맞이하는 벽사진경辟邪進慶의 풍습이 이어졌다. 그리고 속신에 따르면 정신병·말라리아·장티푸스 등의 돌림병을 예방하고 치료하기 위해 복숭아 나뭇가지로 환자를 때렸으며, 복숭아나무의 동쪽 가지에 금줄을 매달아 문에 걸어두면 귀신을 막는다고 했다.

또한 도화녀의 상징수인 복숭아나무는 신라 왕가의 나무로 도화녀는 단순히 민간신앙에서 신성하게 여기는 여인을 넘어 신라 왕가와도 관련이 있었다. 따라서 현직 왕의 권위만으로는 도화녀를 취할 자격이 부족했던 진지왕은 죽은 혼령으로 신성하게 여기는 그녀를 상대할 자격을 비로소 갖출 수 있었다. 그런 점에서 두 사람 사이에서 태어난 비형 역시 결코 평범한 존재가 아니며 비형의 탄생은 국가적으로는 새로운 출발이라는 해석도 가능해진다. 훗날 김춘추가 왕위에 오르고 삼국통일이라는 대업에 앞장섰다는 역사적 사실을 고려하면 비형의 탄생설화에서 건국신화나 시조신화의 성격도 발견할 수 있기 때문이다.

김춘추의 즉위와 태종 무열왕계

무열왕으로 등극한 김춘추의 입장에서는 진지왕이 폐위된 이유를 어떻게든 정리할 필요가 있었다. 진지왕이 즉위 4년 만에 정란황음으로 나라 사람들의 손에 폐위당한 후 죽었다는 『삼국유사』의 기록과는 달리 『삼국사기』에는 정란황음이라는 언급은 전혀 없고 즉위 4년에 자연사했다고 되어 있다. 같은 인물에 대한 기록임에도 황음무도와 자연사라는 큰 차이를 보이는데, 『삼국사기』에서 진지왕이 폐위당한 사실을 의도적으로 생략한 것이 아니라면 폐위가 사실이 아닐 가능성도 있다. 따라서 훗날 왕위에 오른 손자 김춘추의 입장에서는 할아버지인 진지왕의 폐위 문제를 어떤 방식으로든 정리할 필요가 있었다. 억울한 부분이 있다면 반드시 밝혀내야 했지만, 사실 여부를 떠나 본인의 즉위에 대한 당위성과 위엄을 갖추기 위해서 무언가 신비한 요소가 필요했을 가능성도 배제할 수 없다.

일반적으로 건국 시조신화에서 즉위한 주인공의 아버지를 포함한 직계 조상들은 언제나 신성한 존재이거나 신성한 존재의 적극적인 지원을 받았다. 삼국시대의 건국신화는 물론 고려 왕건이나 조선을 세운 이성계도 예외는 아니다. 그러나 이러한 신화에 등장하는 인물들은 모두 역사 밖에 있었기 때문에 상징 조작이 가능했는데 김춘추의 아버지 김용춘과 할아버지 진지왕은 이미 역사 안에 존재했기 때문에 왕권 탄생에 관한 신비한 예언이나 신성한 존재의 지원을 통한 상징 조작에는 무리가 따랐다. 또한 김춘추가 새로운 나라를 세운 것이 아니라 선대 왕의 뒤를 이어 왕으로 등극했기 때문에 개국신화의 요소를 적극적으로 끌어들일 필요까지는 없었을 수도 있다.

이 지점에서 시공간적으로 비형의 등장이 가능해진다. 죽은 진지왕의 영혼과 신비한 도화녀 사이에서 태어난 비형은 진지왕에게 신성성을 부여했으며, 이것은 곧 진지왕의 후손, 즉 김춘추 가문에도 영향력을 발휘했다. 또한 갑자기 여우로 변신하여 도망가는 길달을 죽임으로써 왕위 계승에 걸림돌이 될 수 있는 견제 세력을 누름과 동시에 귀신들까지 제압함으로써 인간 세계뿐만 아니라 귀신 세계까지도 통합하는 존재로 부상했음을 의미한다. 당시 사회의 왕은 인간 세계를 통치하는 능력뿐만 아니라 잡귀를 쫓아내고 재앙을 막는 등 불교와 토착신앙 간 갈등도 중재할 수 있어야 했다. 그런 점에서 비형의 존재는 현실 정치와 그 밖의 세계까지 통합하고 화합을 이끌어냄으로써 김춘추의 즉위에 필요한 여건을 다지는 기반이 되었다. 그리하여 진평왕계이자 성골인 두 여왕의 뒤를 이어 폐위된 왕의 손자이자 진골계인 김춘추가 신라 정치사 최초로 왕위에 오르며 새로운 역사를 쓰게 된다. 김춘추는 즉위 후 할아버지인 진지왕을 성제聖帝로 올리고 명예를 회복시켰고 이후 신라는 김춘추의 직계 후손인 무열왕계가 왕위를 이으면서 전제왕권을 강화해 나가게 된다.

견훤과 지렁이

구렁이를 물리치다

지렁이는 전 세계적으로 3000여 종이 있으며 우리나라에서는 그중 60여 종이 서식한다. 민가에서 전하는 이야기에 따르면 지렁이라는 이름은 '징그럽다'에서 유래했다고 하며, 길게 운다고 하여 '가녀歌女', 또는 땅의 용이라는 뜻으로 '지룡地龍'이라고도 했다. 이 밖에도 지렁이의 상징성과 쓰임에 따라 구인·조인·곡선·토룡·원선·한인 등 다양한 이름이 있었는데 이는 민가에서 지렁이를 작고 하찮은 미물로만 취급하지 않았음을 의미한다. "지렁이도 밟으면 꿈틀 한다"는 속담 역시 아무리 하찮은 미물이라도 함부로 대해서는 안 된다는 의미이다.

지렁이는 영웅담에 등장해서 이름 없는 서민들의 삶을 대변하는가 하면, 농경 사회에서는 지렁이가 비를 뿌린다고 믿었기 때문에 땅에 사는 용이라는 의미를 담아 '토룡土龍'이라고도 했다. 이러한 명칭은 습한 땅속에 살다가 비가 오면 땅 위에 나타나는 지렁이의 습성에 주목한 것으로, 이러한 의미가 확장되어 지렁이가 오랜 시간이 지나면 용이 된다고 믿었고 독이나 신비한 초능력을 지니고 있다고도 했다.

『오주연문장전산고五洲衍文長箋散稿』*에는 고려 시대에 "궁성에 70척이 넘는 지렁이가 나왔다"는 기록이 있고, 『지봉유설』*에는 "진도의 벽파진에 큰 구렁이가 나타났는데 마루 밑에 있던 큰 지렁이가 내뿜은 기운 때문에 죽었다"는 기록도 있다. 『동의보감』에는 "지렁이에 독이 있어 이를 잘 다스리면 약재로 사용할 수 있다"고 하였고, 『규합총서』*에도 "석류를 심을 때 뿌리에 지렁이가 들어가면 죽으니 쌀뜨물을 주면 없어진다"는 기록이 있다. 오늘날 정원에 꽃밭을 만들 때 쌀뜨물을 뿌리는 것도 이와 같은 이유이다. 일부 지방에서는 비오는 날 지렁이에게 오줌을 싸면 방광이 퉁퉁 부어오른다 하여 금할 정도로 지렁이 독에 주목하기도 했다.

장님과 지렁이탕

지렁이의 신비함과 영험함에 관해서는 지렁이탕으로 늙은 부모의 눈을 뜨게 한 이야기를 주목할 만하다. 우리나라에서는 예로부터 자식의 지극한 효성으로 늙은 부모가 눈을 뜬 이야기가 많은데 대부분은 그 대가로 자식들이 큰 희생을 치른다. 목숨을 바쳐 아버지의 눈을 뜨게 한 「심청전」이 대표적이다. 그러나 하찮은 취급을 받던 지렁이가 등장하는 다음 이야기는 누구의 희생도 없이 행복한 결말을 맺는 흔치 않은 구조를 보여준다.

옛날, 어느 가난한 집에 눈먼 어머니와 아들 부부가 살고 있었다. 하루는 먹을 것을 구하기 위해 밖에 나간 아들이 밤이 새도록 돌아오지 않았다. 날이 밝자 며느리는 시어머니의 아침거리가 없어 걱정하다가 우물가에 있던 지렁이를 잡아 밥상에 올렸다. 영문을 모르는 시어머니는 음식을 맛있게 먹었다. 그러나 혼자 먹기가 미안했던 어머니는 아들이 돌아오면 주려고 반만 먹고 나머지를 몰래 숨겨두었다. 밤이 늦어서야 겨우 양식을 구해 아들이 돌아왔고 어머니는 맛있는 음식을 해준 며느리를 칭찬하며 숨겨두었던 음식을 아들 앞에 내놓았다. 그러나 음식을 본 순간 아들은 "아니, 지렁이를 드셨단 말입니까?"라고 소리쳤고 지렁이를 먹었다는 아들의 소리에 놀란 어머니는 눈을 번쩍 떴다. 며느리의 지극한 효성이 시어머니의 눈까지 뜨게 한 것이다.

지역에 따라서는 악인을 확실히 응징하는 다음과 같은 이야기로 마무리되기도 한다.

옛날 눈먼 노파와 아들 부부가 살았다. 노파는 고기를 무척 좋아했다. 하루는 먼 길로 장사를 떠나게 된 아들이 아내에게 돈을 주며 어머니의 밥상에 고기를 거르지 말 것을 당부했다. 그러나 욕심 많은 아내는 시어머니에게 지렁이를 볶아주고 혼자 고기를 먹었다. 영문을 모르는 어머니는 며느리가 차려준 음식을 맛있게 먹었고, 집을 떠나 고생하는 아들이 생각나 남은 음식을 숨겨두었다. 며칠이 지나 아들이 돌아왔고, 노파는 그동안 며느리가 맛있는 고기 요리를 날마다 해주었다고 칭찬을 아끼지 않았다. 그러고는 혼자 먹기 미안해 숨겨놓았던 음식 접시를 아들 앞에 내놓았다. 아들은 접시에 담긴 지렁이를 보고 깜짝 놀라 소리쳤다. 순간 하늘에서 번개가 치면서 며느리에게 벼락이 떨어졌고 며느리는 그 자리에서 두더지가 되고 말았다.

이때부터 두더지는 눈이 멀게 되어 땅속에서 지렁이만 잡아먹으며 살게 되었다.

결말은 다르지만 두 이야기 모두 눈먼 노파가 등장하여 지렁이를 먹고, 착한 사람은 복을 받고 악한 사람은 벌을 받는다. 여기서 사람의 심성을 보여주는 매개체로 지렁이가 등장하는데 전자는 착한 며느리의 심성을, 후자는 욕심 많은 며느리의 심성을 담았다. 그런데 지렁이에 관한 이야기에 세상을 볼 수 있는 눈이 등장하는 점도 흥미롭다. 정작 지렁이는 눈이 없기 때문이다. 그렇다면 눈이 없는 지렁이가 이런 이야기에 등장하는 이유는 무엇일까? 그 답은 다음 이야기에 있다.

옛날에 지렁이와 가재가 살고 있었다. 이때만 해도 지렁이는 눈이 있어 세상을 볼 수 있었지만 가재는 눈이 없어 더듬이에 의존해 살아야 했다. 대신 가재는 몸에 아름다운 비단 띠가 있었는데 멋내기를 좋아하는 지렁이는 가재의 비단 띠를 늘 부러워했다. 어느 날 지렁이는 가재에게 자신의 눈과 가재의 비단 띠를 바꾸자고 제안했다. 가재는 지렁이의 제안을 받아들였다. 이후 눈을 갖게 된 가재는 너무나 즐거워 덩실덩실 춤을 추었고 이 모습이 사람들 눈에는 쉬지 않고 앞뒤로 꼼지락거리는 것처럼 보였다. 반면, 비단 띠를 갖고도 이를 볼 수 없었던 지렁이는 후회했지만 이미 돌이킬 수 없었다. 이때부터 지렁이는 '에드르르 에드르르' 소리 내어 울었고, 사람들은 이런 소리를 내는 지렁이를 '가녀'라고 부르게 되었다.

이 이야기는 지렁이가 '가녀'라는 이름을 갖게 된 유래담으로 볼 수 있

다. 동시에 지렁이가 세상을 볼 수 있는 눈을 잃게 된 이유를 허영심 때문
으로 보고 있는데, 허영심의 대가치고는 대단히 크다는 것은 지렁이와 세
상을 볼 수 있는 눈의 인연이 그만큼 각별했음을 의미한다.

서민의 영웅으로 되살아나다

지렁이는 계급과 계층을 뛰어넘는 영웅담에 주로 등장하여 천하미물이
면서도 끈질긴 생명력을 보여주는 다분히 서민지향적인 상징물이었다. 두
동강이 나면 잘린 몸통에서 또다시 머리와 꼬리가 나와 두 마리가 될 정도
로 재생력이 뛰어났는데 사람들이 지렁이를 불사신에 비유한 것도 이런 맥
락이다. 여기에 암컷과 수컷의 생식기관이 한몸에 있는 양성구유兩性具有
라는 생물학적 특성에 신비감이 가미되면서 지렁이는 이물교구담異物交媾談
으로 발전한 영웅설화의 주인공이 되기도 했다.

다음은 후백제를 세운 견훤 장군의 이야기이다.

옛날 경상도 안동 지방(또는 광주 북로의 어느 부잣집이라고도 한다) 어느 마을
에 순실이라는 예쁘고 얌전한 처녀가 살았다. 그런데 어느 날부터 밤마다
상서로운 기운이 감돌며 푸른 옷을 입은 청년이 나타나 순실의 방에서 밤
을 새운 뒤에 홀연히 사라졌다. 이렇게 몇 날을 청년과 밤을 지새운 순실은
마침내 아이를 갖게 되었다. 하지만 부모에게 이 사실을 알릴 수 없었던 순
실은 근심이 늘어만 갔다. 처녀가 아이를 임신한 것도 말 못할 사연이었지
만 아이의 아버지가 누군지 알 수 없으니 딱한 노릇이었다. 그러던 어느 날
딸의 근심을 눈치챈 아버지는 딸에게 명주실을 꿴 바늘을 주며 청년의 옷에

몰래 꽂아두라고 일렀다. 순실은 아버지의 말대로 청년의 옷에 몰래 바늘을 꽂아두었고 다음 날 아침 명주실을 따라갔다가 담 밑에 커다란 지렁이 한 마리가 허리에 바늘이 꽂힌 채 죽어 있는 것을 발견했다. 그 후 청년은 다시 나타나지 않았고 순실은 옥동자를 낳았는데, 이 아이가 바로 후백제의 시조 견훤이다.

지렁이의 후손인 견훤은 성장하면서 신통력을 갖춰 전투를 하다가 전세가 불리해지면 지렁이로 변신해 진흙탕에 몸을 숨기기도 했다.

견훤이 안동 지방에서 왕건과 지방 토호 김선평·김행(이후 권씨 성을 하사받음)·장정필(초명은 길) 등 삼태사 연합군과 싸울 때였다. 견훤은 전투를 하다가 힘에 부치면 후퇴하여 흙탕물에 목욕을 해 힘을 다시 비축한 다음 삼태사 진영으로 진격했다. 일찍 끝낼 수 있다고 판단한 싸움이 견훤 때문에 번번이 수포로 돌아가자 왕건 일행은 견훤의 용력에 대한 정보를 적극 수집했다. 마침내 왕건은 견훤이 지룡의 아들이라는 사실을 알아냈고, 지렁이가 소금에 약하다는 점을 이용해 낙동강에 소금을 탄 후 견훤과 군사들을 낙동강에 밀어넣었다. 소금물에 빠진 견훤은 기운이 빠져 더 이상 전투를 할 수 없었고 이 틈을 타 왕건은 후백제군에 대대적인 공격을 감행해 결정적 타격을 입히고 승리했다.

이후 마을 사람들은 승리를 기념하기 위해 집단으로 어깨를 부딪쳐 상대방을 밀어내는 놀이를 했고, 이 풍습이 현재까지 이어져 안동 지방의 차전놀이가 되었다.

사람과 천하미물들

의인화된 천하의 미물들

민가에서는 빈대·벼룩·이·모기와 같은 천하의 미물들도 의인화되어 사람들과 같이 먹고 말하고 서로 관계를 유지했다는 이야기가 많다. 이러한 이야기는 단순히 해학적이고 재미있기도 하지만 때로는 사람들에게 따끔한 충고를 전하기도 한다. 다음은 빈대와 벼룩, 모기, 이가 등장하는 재치와 해학이 담긴 이야기이다.

주변으로부터 멸시를 받은 빈대와 벼룩, 이와 모기는 동병상련의 마음이 통한 탓인지 서로 의지하며 지냈다. 그러던 어느 날 빈대가 환갑을 맞아 친구들을 잔치에 초대했다. 평소와 같이 뛰기를 잘하는 벼룩은 약속 장소에 일찍 도착해서 친구들이 오기를 기다렸다. 그러나 호기심이 많은 모기는 항상 오는 길에 왱왱거리며 여기저기 들러 볼일을 다 보고 오는 버릇 때문에 약속 시간을 지킨 적이 한번도 없었다. 동작이 느린 이 역시 항상 서둘러 출발했지만 약속 시간 안에 도착하지 못했다. 이날도 잔칫상을 앞에 놓고 기다리던 빈대가 벼룩에게 좀 더 기다렸다가 친구들과 함께 식사를 하자고 말하고는 이와 모기를 마중 나갔다. 하지만 혼자 남은 벼룩은 허기를 참지 못하고 음식과 술을 먹기 시작했다. 이가 빈대와 함께 방에 들어왔을 때는 이미 상 위에는 먹다 남은 음식 찌꺼기뿐이었고, 방 한쪽에서는 벼룩이 술에 얼큰하게 취해 있었다. 시간을 지키려고 반나절 이상을 열심히 걸어온 이는 이 광경을 보는 순간 몹시 화가 나 벼룩의 뺨을 세게 후려쳤고, 기분 좋게 취해 있다가 갑자기 뺨을 맞은 벼룩은 이에게 달려들어 한바탕 싸움이 벌어졌다. 빈대는 둘의 싸움을 말리려고 끼어들었지만 힘이 부친 나머지 그 밑에 깔려 등을 밟혔고 잔치는 순식간에 난장판이 되고 말았다. 뒤늦게 도착한 모기가 싸움을 겨우 뜯어말렸지만 분위기는 냉랭하기만 했다.

　모기는 둘을 화해시키고 분위기를 바꾸기 위해 사람들이 하는 글짓기 놀이를 제안했다. 평소 사람 주위를 맴돌면서 글짓기를 자주 본 이와 벼룩도 자신 있다며 찬성했다. 모기는 심사에 공정을 기하기 위해 제일 연장자인 빈대를 시험관으로 정하고 각자 글을 지어내기로 했다. 벼룩이 먼저 시를 지었다.

　"팔짝팔짝 장판방壯板房, 단견일지인但見一指人."

　(팔짝팔짝 하고 장판방에서 뛰니, 단지 한 손가락 정도의 사람만 보이는구나.)

　여전히 분이 풀리지 않은 벼룩은 시로 몸집이 작은 이의 경거망동을 비꼬며 조롱했다. 이에 기분이 상한 이가 지지 않고 답했다.

　"슬금슬금 요간거腰間去, 불견정구인不見正口人."

　(슬금슬금 허리 사이로 기니, 입이 똑바로 달려 있는 사람은 보이지 않는구나.)

　자신에게 뺨을 맞은 벼룩의 한쪽 볼이 부어올라 입이 삐뚤어진 것을 조롱한 것이다. 둘 사이는 다시 분위기가 험악해졌다. 이때 모기가 끼어들어 둘의 글을 받아 답했다.

"왱왱 이변과耳邊過, 매견타협인每見打頰人."

(왱왱거리며 귓가를 지나가니, 매번 뺨을 치는 사람을 보게 되는구나.)

모기는 제법 점잖게 경험담을 글로 지어 둘 사이를 무마하려고 했다. 하지만 글짓기 발표가 끝나자 이번에는 빈대가 고민에 빠졌다. 서로 약점을 물고 늘어졌던 벼룩과 이의 글 가운데 하나를 선택하면 또다시 싸움이 날 것이 뻔했기 때문이다. 결국 빈대는 모기를 장원으로 뽑았다. 빈대의 발표가 끝나자 벼룩과 이는 서로 상대방 때문에 장원에 뽑히지 못했다며 다시 싸우기 시작했다. 이때부터 벼룩과 이는 비슷한 처지에 있으면서도 사이좋게 지내지 못하고 만나기만 하면 싸웠다.

빈대와 벼룩, 이와 모기는 오래전부터 사람 주위를 떠나지 않고 살았지만 늘 사람이나 동물의 피를 빨아먹고 피해를 주어 천하의 미물이나 물것이라며 천대를 받았다. 심지어 모기는 '흡혈충'으로 지탄받았으며 도서 지방에서는 열나흗날 저녁에 보름밥을 해놓고 방의 먼지를 쓸어담아 갯가에서 날려 보내며 모기·깔따구·벼룩 모두 경치 좋은 데로 날아가라는 주문을 외기도 했다. 이러한 풍습을 '모기 날리기' 또는 '모기 팔기'라고 한다.

그렇다면 미물들을 의인화하면서까지 관심을 기울인 이유는 무엇일까?

천하의 미물들, 끈질긴 생명력을 과시하다

역사상 수많은 생명체가 멸종했지만 빈대와 벼룩, 이와 모기는 현재까지 생존하면서 대단한 생명력을 보여주고 있다. 콜레라와 흑사병의 창궐 등으로 위기를 맞은 인류가 대대적인 박멸에 나서기도 했고, 과학의 발전으로 각종 고성능 살충제까지 등장했지만 이들은 여전히 끈질기게 살아남았다. 때문에 앞의 이야기는 이들을 완전히 소탕하지 못하고 시달려야 했던 서민들의 시름을 덜어주고 웃음으로 고충을 해소하려는 역설적 의도도 담겨 있다. 또 한편으로는 신의나 배려가 부족하여 늘 사소한 일로 다투는 사람들을 이들에 비대어 조롱하는 의미도 담겨 있었다.

모기와 이, 벼룩과 빈대는 생김새 때문에 더욱 천대받았다. 이들은 마치 잔칫날 벌어진 싸움의 후유증을 평생 달고 사는 듯하기 때문이다. 이는 잔칫날 싸움 탓인지 등에 시퍼렇게 멍이 든 반점을 지닌 채 다녔고, 빈대는 싸움을 말리다 두 번씩이나 벼룩과 이 밑에 깔린 후유증 탓인지 몸통이 납작했다. 이런 모습이 창피했는지 빈대는 밤에만 먹이를 구하러 다니는 은둔자의 습성을 지니게 되어 한번 배를 채우면 여러 날을 숨어 지냈다. 심지어는 2년 동안 아무것도 먹지 않고 견디기도 한다. 빈대는 몸길이가 5밀리미터 안팎이라 아주 좁은 틈에서도 지낼 수 있기 때문에 사람들의 눈에 잘 띄지 않는다. 질병을 옮기지는 않지만 사람을 물어 성가시게 하는데, 특히 싸움판에서 음식물을 뒤집어쓴 탓인지 특유의 악취를 풍겨 사람들에게 천대를 받았다. 벼룩과 이보다 키가 큰 모기는 싸움을 말리다 걷어차인 탓인지 허리가 잘록하고 다리가 길게 늘어났다. 모기는 박쥐·피라미·잠자리·사마귀·거미 등의 천적이지만 인간의 피를 빨아 먹고 살며 뇌염 등 사람들에게 전염병까지 옮기며 인류 역사상 가장 많은 피해를 주었다는 이유로 천대를 받았다. 그럼에도 지금껏 질긴 생명력을 유지해왔는데 남아메리카에서 발견된 약 1억 7000만 년 전의 백악기 모기 화석에 따르면 당시 모기의 몸집은 지금보다 세 배 정도 더 큰 것으로 추정된다. 한편, 벼룩은 잔칫날 이가 세게 잡아당긴 탓에 주둥이가 삐딱하게 튀어나왔고 허리를 걷어차여 몸이 구부정했다. 몸길이가 2~4밀리미터로 매우 작지만 사람들에게 흑사병 병균을 옮긴다는 이유로 대대적으로 퇴치당해 멸종될 뻔했지만 살아남았다. 벼룩은 몸집에 비해 다리가 길며 특히 뛰어오르기 편리한 뒷다리 때문에 몸길이보다 약 200배 넘는 높이까지 뛸 수 있다. 수치로 계산하면 높이 18센티미터에 너비가 3센티미터나 되며, 비율로 계산하면 지구상 모든 생물체 중 거품벌레 다음으로 점프력이 좋다.

사람들에게 이로울 것 하나 없는 이러한 천하의 미물들을 민가에서 의인화해 이야기하는 이유는 궁극적으로 사람이 사람다워야 사람임을 말하기 위해서였다. 사람의 말을 하고 행동을 하지만 주변에 이로움을 전혀 주지 못하는 사람은 천하미물과 다를 게 없기 때문이다.

■『해동이적』 149쪽

『해동이적전』이라고도 한다. 1666년(현종 7년) 홍만종이 단군에서부터 옥보고·강감찬·정희량·지리선
인·전우치·한라선인·남사고·한계노승·남해선인·장생·곽재우까지 우리나라 고유 단학파 인물 38명의
단학설화를 묶어 펴낸 전기집이다. 불로장생의 가능성과 초능력 획득 사례를 사서·문집·만록 등에서 찾
아 원문을 뽑고 그에 대한 저자의 견해를 달았다. 우리나라 도교 사상 및 신선 사상 연구에 귀중한 자료집
이다.

■『기문총화』 149쪽

조선 말기 편자 미상의 문헌설화집. 주로 역대 명사들의 일화를 다룬다.

■『오주연문장전산고』 175쪽

이규경이 저술한 19세기 대표 백과사전. 서양과 중국의 문명을 비교하면서 전통 사상을 바탕으로 부강한
국가를 만들기 위해 필요한 모든 것을 수용하려는 동도서기의 정신을 표방한다. 조선 시대에 서양의 라이
트 형제보다 앞서 하늘을 날았다는 비차 제작기도 실려 있다. 이규경은 18세기 북학파와 19세기 후반 개화
사상을 연결하는 학자로, 천문·의학·역사·지리·농업·서학·병법·광물·초목·어충·음악 등 세밀한 문제
까지도 고증학적 학문 태도로 일관한다.

■『지봉유설』 175쪽

조선 중기 실학의 선구자 지봉 이수광이 1614년에 편찬한 백과사전. 되도
록 출처를 모두 밝혀 인용한 책이 348종이며 수록한 인명이 2265명에 이
른다. 고증적이고 실용적인 학문 태도로 동양 문화는 물론, 서양의 새로운
문물도 기록해 공리공론만을 일삼던 당시 학계에 새로운 바람을 일으킨
획기적인 저서이다.

■『규합총서』 175쪽

1809년(순조 9년) 빙허각 이씨가 부녀자들이 꼭 알아야 할 일상생활의 지혜를 상세하게 서술
한 책. 장담그기, 술빚기, 밥, 떡, 다식과 약과 등의 과줄, 반찬 만들기, 옷 만드는 법, 물들이는
법, 길쌈, 수놓기, 누에치기, 그릇 때우는 법, 태교 및 아기 기르는 요령, 구급방, 금기 약물, 좋
은 집터를 정하고 깨끗하게 가꾸는 법, 그리고 부적과 주술로 마귀를 쫓는 일체의 속방까지
기록하고 있다.

제
4
장

삶과 죽음의 궤적,

소통 속
우리 문화
이야기

십이지에 숨겨진 비밀

십이지신의 의미 찾기

십이지十二支는 십간十干과 함께 중국 역법에서 많이 쓰는 수 체계이다. 여기에는 하늘의 기상인 천기天氣와 대지의 정기인 지기地氣가 포함되며, 음양오행과도 관련이 있어서 우리나라에서도 현재까지 역월曆月·방위·시각 등 다방면에서 적용하고 있다.

십이지는 십이지수十二支獸라 하여 동물과도 깊은 관련이 있다. 오래전부터 사람과 가까이 지낸 고양이가 빠지고 사람들에게 해를 끼쳐온 쥐가 포함되어 있다는 점이 특이하지만, 쥐는 부지런하고 한번에 새끼를 여러 마리 낳는 다산의 습성이 있기 때문에 농경 사회에서는 긍정적인 존재였다. 쥐의 해에 태어난 사람은 부지런하여 부자가 된다고 믿은 것도 그런 맥락이다. 그리고 십이지의 순서를 정하기 위해 하늘나라에서 달리기 시합이 열렸을 때 쥐가 고양이에게 연회 날짜를 의도적으로 잘못 알려줘서 고양이가 십이지에 들어가지 못했다는 이야기도 있다. 또 쥐와 고양이가 함께 경주에 출전해 소의 등을 타고 강을 건널 때 쥐가 고양이를 밀어 물에 빠뜨리는 바람에 고양이가 십이지에서 탈락하고, 쥐와 평생 쫓고 쫓기는 원수가 되었다는 이야기도 있다. 이때부터 고양이는 물을 가까이 하지 않게 되었다고도 한다. 이와 같은 재미있는 이야기만으로 십이지에 관한 의문을 모두 해소할 수는 없지만 그럼에도 사람들의 이해와 공감을 구할 수 있다는 점에서 주목할 만하다.

십이지에 관해서는 다음과 같은 심오한 철학적 이야기도 있다. 십이지에서 12는 10보다 약수約數가 많기 때문에 옛날부터 다양하게 활용된 숫자로, 넓게는 우주의 생성 원리에서부터 사람들의 삶과 죽음까지, 좁게는 우리 일상생활과도 밀접한 관련이 있다.

십이지에는 종교적 의미도 담겨 있다. 십이지의 시간 개념을 불교에서는 십이지연기十二支緣起와 연관 지었다. 불교의 근본 교리에서는 행行·식識·애愛·유有·생生 등 열두 가지 요소가 상호 작용하면서 윤회한다고 하며 세상에 존재하는 모든 것이 흐르는 규칙성, 즉 생명의 존재 양식을 십이지연

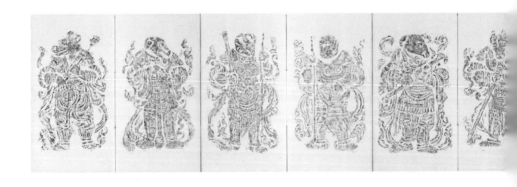

기로 설명하기도 한다. 12라는 숫자의 기원이 여기에서 출발했다는 직접적 논리를 찾기는 힘들지만, 십이지에 담긴 사상의 골격에 큰 영향을 준 것은 틀림없다. 그뿐만 아니라 사람이 죽으면 저승에 이르기까지 모두 열두 대문을 통과해야 하는데 이 대문을 통과할 때마다 참기 힘든 갖가지 시련을 견뎌내야 한다. 그런데 이승에서 덕을 베풀어야 고통을 감내할 수 있다고 해서 열두 대문의 통과의례는 이승의 삶과도 연관이 있다. 즉 12라는 숫자는 시간을 관장하는 조물주의 뜻을 따르고 지키는 의미가 있으며 사람의 생사와도 관련이 있다. 따라서 열두 동물도 사람이 사는 이승에서 복을 기원하는 대상이었다.

십이지 선정과 순서의 비밀

중국 은나라 갑골문자에 간지표가 등장하는 것으로 보아 십이지는 최소한 기원전 1000년 이전으로 거슬러 올라갈 정도로 역사가 오래되었다.

십이지신상 병풍도_국립민속박물관 소장 신라 35대 경덕왕릉 하부에 조각된 십이지상의 탁본.

열두 방위를 동물에 비유한 것은 중
국의 전국 시대부터로, 그 후 600~
650년경에 중국 고유의 십이지가
인도 불교의 약사여래와 결합하면
서 약사여래를 호위하는 십이지신
장, 즉 얼굴은 십이지의 동물이지만
몸은 사람인 형상이 등장했다.

십이지의 열두 동물이 선정된 과
정과 순서를 민가에서는 다음과 같
은 이야기로 설명하기도 한다.

옛날 부처님이 세상을 떠나기 전에 마지막으로 지상의 동물들을 불러 모
았다(또는 새해를 맞아서 지상의 동물들이 인사하기 위해 모였다고도 한다). 당시 동물
들은 쥐·소·호랑이·토끼·용·뱀·말·양·원숭이·닭·개·돼지 순서로 도
착했다. 부처님은 이들이 도착한 순서에 따라 하늘나라로 통하는 열두 대문
에 배치하고 수문장으로 삼아 매년 돌아가며 당직을 서는 임무를 부여했다.

동물들의 평소 특성을 감안하면 도착 순서에 의문이 든다. 민첩한 호랑
이와 하늘을 날 수 있는 용, 달리기가 빠른 말을 제치고 몸집이 작은 쥐와
동작이 느린 소가 1등과 2등을 차지했다고 믿은 근거는 무엇일까?

부처님의 부름을 받은 동물 가운데 소는 걸음걸이가 너무 느렸기 때문에
부처님께 하루 전인 그믐날 저녁에 출발하게 해달라고 특별히 간청했다. 부

처님은 소의 정성을 갸륵하게 여겨 허락해주었고 덕분에 일찍 도착할 수 있었다. 그런데 약삭빠른 쥐가 이 사실을 미리 알고 동태를 살피다가 소가 출발할 때 재빨리 소의 등에 올라탔다. 그리고 소가 목적지에 도착하려는 순간 재빨리 뛰어내려 문 안으로 들어가 첫 번째로 도착할 수 있었다. 소의 뒤를 이어 호랑이가 세 번째, 토끼가 네 번째로 도착했다. 그리고 용은 여유 있게 날아오다가 하늘나라에 열린 과일을 발견하고 따먹느라 늦게 도착했다고도 하고, 지상의 사람들과 생물들을 위해 비를 뿌려주고 뒤늦게 출발해 다섯 번째로 도착했다고도 한다. 용에 이어 다리가 없는 뱀이 여섯 번째로 도착할 수 있었던 것도 의외였다. 하지만 뱀은 말이 출발할 때 말의 다리에 감겨 있다가 도착지가 가까워지자 말의 다리에서 뛰어내렸고, 갑자기 뱀을 본 말이 깜짝 놀라 발버둥치는 사이 여섯 번째로 들어왔다. 그리고 일곱 번째로 도착한 말의 뒤를 이어 양과 원숭이가 여덟 번째와 아홉 번째로 도착했다. 닭은 사람들에게 날이 밝은 것을 알리고 뒤늦게 출발해 열 번째로 도착했고, 개는 물놀이를 좋아해서 강가에서 수영을 즐기다 열한 번째로 도착했다. 마지막으로 도착한 돼지는 배가 고파 먹을 것에 한눈을 팔다가 꼴찌가 되었다.

이 이야기는 재미있기는 하지만 십이지의 선정 순서를 완전하게 이해하기에는 무리가 있다. 따라서 열두 동물들에 대해서 좀더 구체적으로 살펴볼 필요가 있다.

십이지의 공통점과 차이점

열두 동물들에는 공통점과 차이점이 있다. 특히 외형적 특징에 주목할 필요가 있는데, 중국 송나라 시대에 발간한 『인화록因話錄』이나 명나라의 『초목자草木子』, 이수광의 『지봉유설』 등에는 다음과 같은 기록이 있다.

> 쥐는 쓸개 또는 어금니가 없고, 소는 윗니가 없고, 호랑이는 목이 없고, 토끼는 윗입술 또는 지라와 생식기가 없고, 용은 귀가 없으며, 뱀은 다리가 없고, 말은 위가 없고, 양은 눈동자 또는 뺨이 없고, 원숭이는 지라 또는 엉덩이가 없고, 닭은 폐 또는 생식기가 없으며, 개는 위가 없고, 돼지는 힘줄, 즉 근육이 없다.

이처럼 십이지는 인간의 신체를 기준으로 볼 때 모두 한 가지 이상의 결함이 있다. 또한 엄밀하게 따지면 하늘을 나는 새가 한 마리도 없다. 특히 봉황과 같은 십장생은 물론, 오래전부터 하늘의 뜻을 인간 세계에 전달하는 전령사라고 믿었던 까치와 까마귀도 없다. 물론 닭과 용이 있기는 하지만 닭은 오래전부터 집에서 키우면서 새라기보다는 가축의 의미가 커졌고, 용 역시 지상에 사는 특정한 생물체가 오랜 시간이 지나면 용이 된다고 믿었기 때문에 애초에 하늘을 나는 상상의 동물로 존재하지 않았다. 게다가 우리나라의 용은 여의주를 물고 있지만 날개가 없다. 이와 같이 날개가 없다는 것은 영혼의 세계와 이승의 세계를 관장하는 신성함과는 거리가 있음을 의미한다. 현대 심리학자 융은 "날개는 천사와 초자연적 도움 그리고 사고思考와 환상적 비상을 상징한다"고 말했다. 그런 점에서 초월적이고 환상적인 요인이 십이지에 배제되어 있다.

또한 십이지에는 기린이나 봉황과 같은 복을 기원하는 상상의 동물은 물론, 장수의 상징이자 자연숭배의 대상으로 신성하게 여기는 학이나 거북, 사슴과 같은 십장생도 없다. 십이지는 사람들의 일상생활과 관련이 있는 친숙하고 현실적인 동물들이 대부분이다. 열두 동물 모두 지상에서 산다는 공통점이 이를 뒷받침해준다. 물론 용은 흙이 아닌 물과 관련이 있지만 승천하면서 농사를 위해 비를 뿌려준다고 믿었기 때문에 비옥한 토지와도 밀접한 연관이 있다.

일상의 삶과 십이지의 규칙성

일상생활과 관련이 있는 열두 동물의 특징을 구체적으로 살펴보면 다음과 같다.

첫째, 모두 농경 사회와 밀접한 관련이 있다. 농사에는 기본적으로 소가 필요하며, 부지런함과 다산을 상징하는 쥐, 비를 뿌려주는 용, 풍년을 상징하는 황구도 중요하다. 특히 십이지는 농사의 주기를 알려주는 달력에서도 각각의 역할을 담당한다.

둘째, 십이지는 모두 식용이 가능하다. 먹을 것이 귀한 시기에 십이지는 조리 방식에 따라 보양식품이 되기도 해서 특정 시기에 원기를 충전해주는 역할도 담당했다. 따라서 시기나 조리 방법에 따라 권장하기도 하지만 부정을 타거나 약효가 떨어진다는 이유로 금기시하는 경우도 있었다. 예를 들면 밤에 우는 소, 토끼 꼬리, 털끝이 오그라진 양, 닭의 간이나 머리, 깃털이 변색하여 광택이 없는 닭, 개의 비위와 콩팥, 사타구니에 털이 없고 행동이 뒤숭숭한 개, 골과 눈썹이 서로 맞붙어 있는 돼지 등은 금기시했다. 여기에는 십이지에 단순히 식재료 이상의 기대를 담고 있었음을 뜻하는데 십이지에 가족의 건강과 집안의 복, 그리고 풍작의 염원을 담은 것

등이 이와 같은 맥락이다. 물론 쥐와 용의 경우 논란의 여지가 있다. 하지만 쥐의 부지런함이 '입에 먹을 것이 끊이지 않는다'는 의미로 이어진다는 점에서 무관하지 않고, 용은 보양식으로 제조 방식과 효능이 널리 알려져 있다. 예를 들면 용의 비늘이나 발톱은 약용으로 효력이 있어 용 대신 잉어와 자라를 묵은 닭과 함께 곧 용봉탕은 대표적인 보양강장 식품이다.

셋째, 열두 동물들에는 일정한 규칙성이 있다. 발가락 수가 대표적 예다. 쥐의 발가락은 대개 앞발은 4개, 뒷발은 5개로 짝수와 홀수가 있어 가장 먼저 자리 잡았고, 소가 4개, 호랑이 5개, 토끼 2개, 용 5개, 뱀 0개, 말 1개, 양 4개, 원숭이 5개, 닭 4개, 개 5개, 돼지 4개로 열두 동물의 발가락 수가 홀수와 짝수를 규칙적으로 반복하는 조합을 이루고 있다. 이와 같은 규칙성은 발가락 우기설偶奇說로, 단순한 배열이 아니라 짝수와 홀수가 반복되는 순열 조합은 음과 양의 조화를 말하는 음양오행 사상의 한 부분이기도 하다. 또한 예로부터 일상생활에서 무의식중에 어떤 수를 선택하거나 특정한 수를 의도적으로 피한 이유 역시 특정한 수나 그 획수가 각종 의례에 영향을 미친다고 믿었기 때문이다. 즉, 수는 배열 방식에 따라 다양한 의미가 부여되는데 이러한 관습의 기본이 바로 짝수와 홀수, 즉 양수와 음수의 순화馴化적 조합이다.

고대 서양에서도 그리스 피타고라스 학파는 수를 우주 원리로 간주했다. 특히 1에서 10까지의 수에서 홀수인 양수를 천수天數라 하여 긍정 또는 능동의 원리로 받아들였고, 짝수인 음수를 지수地數라 하여 부정과 수동의 원리를 상징하는 체계로 구분했으며 이를 합한 천지天地의 수가 이합집산을 통해 변화를 이루어 우주의 조화를 이끌어낸다고 보았다.

동양에서는 1부터 12까지의 수 개념을 주로 사용하며, 수에 대한 근본적 이해는 동일하다. 따라서 십이지의 발가락 수에 나타난 규칙성 역시 각 숫자의 의미를 고려하여 적합한 양수와 음수가 길수나 흉수의 개념으로 음양의 조화를 이룬다. 여기에는 길흉화복을 예견하고 재앙을 극복하여 복을 부르고자 하는 서민들의 소박한 마음이 담겨 있다.

귀신은 퇴치해도
도깨비는 퇴치 못한다

도깨비는 허상이다?

　도깨비는 변신하는 능력이 있고 생김새나 성격이 지역과 시대에 따라 다르기 때문에 형상을 명확하게 정의하기가 쉽지 않다. 그럼에도 현재까지 전해 내려오는 '귀면문화', 즉 기와에 새겨진 도깨비 문양을 통해 시대에 따른 차이와 특성을 알아볼 수 있다. 때문에 기와에 새겨진 도깨비 문양을 도깨비 형상의 도상학적 기원으로 보기도 한다. 이 자료에 따르면 각 시기별 도깨비의 특징은 다음과 같이 요약할 수 있다.

　고구려의 도깨비는 눈과 입을 크게 강조하며 뿔이나 사지, 즉 몸통이 없다. 백제의 도깨비는 동남리에서 출토된 기와의 상단 좌우에 큰 눈이 있고 코가 가운데 있다. 그 아래로 이빨을 드러낸 입과 수염이 있어 과감한 생략을 통해 살아 있는 입체감을 강조한다. 신라의 경우 혀를 내밀기도 하고 뿔이 자주 보이는 등 강인함이 느껴진다. 통일신라시대에는 머리에 용의 뿔이 있고 두 눈은 동그랗게 부라리고 있다. 큰 주먹코에 유난히 크게 벌린 입은 아래위로 송곳니가 튀어나와 있다. 얼굴에는 더부룩한 우모羽毛가 덮여 있어 생동감 넘치는 신라시대의 기색이 퇴색하는 경향을 보인다. 고려 시대에 들어오면 두꺼운 입술 사이로 혀를 내밀거나 입이 작고 수염이 좌우로 길게 뻗은 도깨비도 보인다. 이전에 비하면 위력적인 느낌이 둔화되고 선보다 면을 중시한 경향이 있다. 조선 시대에는 험상궂은 사람의 얼굴처럼 퇴화된 느낌이 들지만 무서운 형상으로 사악한 귀신을 물리치는 역할에는 변화가 없다.

특히 조선 시대에 들어오면서 도깨비는 지식인들의 비판을 받았다. 이러한 현상은 유학을 숭상한 사회 분위기와 연관이 있다. 현실 세계를 중시한 유학에서 도깨비는 허상이며, 도깨비의 등장은 사람 마음 먹기에 달려 있다고 생각했기 때문이다. 조선 사회에서 당대의 대석학들은 도깨비를 경계의 대상으로 삼아야 한다는 교훈을 남길 정도였다.

정도전은 "모든 산과 바다에 음허지기陰虛之氣와 초목토석지정草木土石之精이 훈염응결하여 이매(도깨비)가 된다"고 하여 나쁜 기운이 도깨비가 되니

산 경치 도깨비 무늬 벽돌(왼쪽)과 **도깨비 얼굴 무늬 기와**(오른쪽)_국립중앙박물관 소장 각각 백제시대와 통일신라시대의 도깨비 문양. 기와에 새겨진 도깨비는 시대와 지역에 따라 차이가 있어 도상학 연구에 중요한 자료이다.

마음을 잘 다스릴 것을 강조했다. 김시습 역시 『금오신화』*에서 "굴屈하고 펼 줄 모르는 물건도 요귀"라고 비판하며 쓸데없는 오기나 고집, 허황된 집착을 경계해야 한다고 강조했다. 세종 때 편찬한 『석보상절』『월인천강지곡』『월인석보』에서도 불경을 해설하면서 도깨비가 소머리의 뿔이 난 마왕이나 나찰로 등장하는데 마음이 진실되지 못하고 사특한 생각에 본래 모습을 잃어버린 상태를 도깨비라고 했다. 또한 살생의 죄를 짓고 망상·잡념·집착 등의 헛된 생각으로 도깨비에게 잠시라도 복을 구하지 말라고 경고하고 있다. 이익 역시 『성호사설』에서 "귀는 음의 넋이며, 신은 양의 넋이다"라고 말하면서 도깨비의 출현을 부정적 기운으로 비판했다.

유학에서는 인간과 자연의 조화를 잘 다스리면 복이 되지만 세상의 이치를 거스르면 화가 된다고 보았다. 따라서 사람이 사람으로서 도리를 하지 못하고 세상의 질서를 어지럽히는 것은 세상에 존재하지 않는 도깨비라는 허상을 만들어내는 일로, 반드시 경계해야 한다고 강조한다. 그러나 조선 중기를 넘어서면서 도깨비는 매우 추상적으로 도상화되고 해학적인 면도 발견할 수 있다.

도깨비와 귀신은 다르다

일반적으로 도깨비는 자연귀自然鬼로 초자연적 능력이 있다고 알려져 있다. 그러나 파괴적이고 절대적인 공포의 대상인 귀신과 달리 때때로 사람들에게 이로움을 주는 친숙한 존재였다. 특히 도깨비와 귀신은 태생부터 달랐다.

일반적으로 귀신은 죽은 사람의 영혼으로 살아생전에 맺힌 한 때문에 저승으로 가지 못하고 이승을 떠돈다. 따라서 원한과 사고 등 생존 당시의 모든 관계를 그대로 유지한다. 귀신이 특정한 사람에게 원한을 품고 해치는 것도 살아생전의 인간관계 때문이다. 반면 도깨비는 인간의 영혼과 관계가 없다. 도깨비는 태생적으로 어떠한 인간관계에도 작용하지 않으며 인간에게 원한을 품을 만큼 악독하지도 않다. 사람을 잡아먹는 도깨비와 같이 사람들에게 해악을 끼치는 이야기도 있지만, 이는 주로 외부에서 유입된 도깨비의 이미지가 가미된 것이다.

우리나라의 경우 이야기 속에 나오는 도깨비는 대부분 무서우면서도 어리석고 심술도 자주 부리지만 도깨비를 잘 다루는 사람은 이득을 보기도 한다. 심성과 행동이 기본적으로 인간과 비슷한 도깨비는 인간을 떠나 독립적인 생활을 영위하지 못하는 존재이다.

도깨비의 심성과 관련해서 좀 더 구체적으로 살펴보면 다음과 같다.

첫째, 도깨비는 특별한 이유 없이 사람에게 심한 장난을 치고 심술궂은 행동을 즐기곤 했다. 심술이 나면 의도적으로 사람이 원하는 것과 반대로 해서 때로는 이유 없이 잔칫집에 나타나 솥뚜껑을 찌그러뜨려 솥 안에 넣기도 하고, 황소를 지붕 위에 올려놓는가 하면, 국수 가락을 뒷동산 소나무에 걸어놓는 심술궂은 행동으로 사람들을 당황스럽게 만들었다.

둘째, 도깨비는 사람을 골탕 먹일 목적으로 재주를 부리다가 오히려 당하는 어리석고 미련한 존재였다. 이와 관련해서는 다음과 같은 이야기가 있다.

아랫마을 김 서방에게 속아 골탕 먹은 도깨비가 김 서방의 농사를 망치게 하려고 논에 돌을 잔뜩 갖다놓았다. 다음 날 돌투성이 논을 본 김 서방은 기가 막혔다. 그러나 한 가지 꾀를 생각해낸 김 서방은 밤에 도깨비가 나타나자 농사를 망치려면 논에 똥을 퍼다 놓아야지, 돌을 퍼다 놓았으니 올해는 농사가 잘 되겠다고 거짓말을 했다. 이 말을 그대로 믿은 도깨비는 그날 밤 다시 논에 나가 돌을 치우고 거름을 잔뜩 퍼다 놓았다. 덕분에 그해 김 서방의 논은 풍년이 들었다.

셋째, 도깨비는 착한 사람은 도와주고 악한 사람은 벌주었으며 한번 한 약속은 반드시 지켰다. 그리고 때로는 지나칠 정도로 성실하고 고지식했다. 도깨비는 사람에게 빌린 돈을 다음날 갚고도 잊어버려서 매일 돈을 꿔준 사람 집에 돈 꾸러미를 던져놓을 정도였다.

넷째, 도깨비는 노래와 춤 등 놀이를 즐겼다. 도깨비는 혹부리 영감이 혹 때문에 노래를 잘한다고 하자 혹을 자신의 분신과도 같은 방망이와 선뜻 바꿀 정도로 노래를 좋아했다. 그리고 기분이 좋으면 잔치를 벌여 춤추고 노래하며 놀았다.

다섯째, 도깨비는 질병을 옮기거나 사악한 기운으로 사람을 심각한 고통에 빠뜨리거나 죽게 만들지 않았다. 오히려 귀신이나 악귀를 물리치는 존재로, 민간신앙에서는 재앙을 부르는 귀신을 쫓기 위한 다양한 풍습에 도깨비가 등장했다. 처용의 가면이나 봉산탈춤의 가면도 악귀를 물리치는 도깨비와 연관이 있으며, 지역에 따라서 도깨비에게 풍어나 무사고를 기원하기도 했다. 다만 바다 일을 관장하는 신격은 용왕이었기 때문에 도깨비는 신이 아니라 개인의 능력에 의지하는 의례의 속성을 지닌 존재였다.

도깨비, 일상을 위로하다

도깨비에 대한 사회적 관심은 조선 중기 이후에 확대되었다. 도깨비라는 단어가 조선 중·후기에 간행된 책에 주로 등장하는 것도 그러한 예다. 1690년 숙종의 명으로 간행한 『역어류해』* 에 도깨비를 뜻하는 야차정夜叉精과 독갑이 같은 표현이 나온다. 도깨비의 개념과 범주 역시 이전과 비교해 외연이 확대되어, 야차·여우·나무·정령 등을 모두 도깨비라고 생각할 정도였다.

특히 이 시기에 도깨비는 서민들의 삶 속에 자주 등장했다. 재물을 탐하고 권력을 전횡하는 지배층이나 탐관오리와 같은 간교한 무리를 도깨비로 묘사하고, 변화무쌍한 정치 현실과 냉혹하고 척박한 삶의 환경에서 피지배층을 괴롭히는 환경적·정신적·육체적 현실을 도깨비의 장난에 비유하기도 했다. 이 과정에서 도깨비가 대단히 해학적으로 그려진 것은 양반 계층의 권위주의와 허위의식에 대한 피지배계층의 풍자였다. 도깨비를 양반 중에서도 정3품과 종2품 고위직인 '영감'으로도 부른 것도 같은 맥락이다.

욕심 많고 심술궂으며 우둔한 도깨비는 겨우 형색을 알아볼 수 있을 정도의 남루한 복장에 수수범벅을 잘 먹고, 계집을 좋아하여 쫓아다니기를 즐겼다. 그리고 해녀가 목숨을 걸고 따온 전복이나 소라와 미역을 제물로 받고 난 다음에야 서민들의 소원을 들어주었다. 이러한 도깨비의 품성은 다분히 권위적이고 착취적인 당시 양반 사회에 대한 유감의 표현으로, 욕심을 부리다가 사람들에게 속아 골탕 먹는 우둔한 도깨비 이야기에서 서민들은 통쾌함과 대리만족을 느꼈다. 그러나 한편으로 도깨비는 심술을 부리면서도 사람을 해코지할 정도로 악하지 않았고 화려하게 치장하지도 않았다. 이와 관련해서 귀신에 관한 다음과 같은 이야기도 흥미롭다.

옛날부터 사람에게 귀신이 들리면 옛일을 잘 알아맞히고 앞날을 예언했다고 했다. 물론 어느 정도까지 사실인지는 알 수 없지만 신이 들리면 비록 점을 잘 쳐서 사람들이 돈을 싸들고 몰려들어도 결코 돈을 모을 수 없었다. 그 이유는 사람의 몸속에 있는 귀신이 시도 때도 없이 마음에 드는 물건이 있으면 무조건 사 모으게 했기 때문이다. 특히 귀신은 화려한 것을 좋아해서 특별히 필요하지 않는 것까지도 마구 사들였다. 오늘날 지나친 충동구매를 하는 사람에게 '지름신이 왔다'고 하는 표현에도 이런 의미가 담겨 있다. 귀신은 이렇게 돈을 펑펑 쓰다가 몸을 빌린 사람의 효용 가치가 없어지면 다른 곳으로 떠났기 때문에 신이 들렸던 사람은 결국 알거지가 되었다.

반면, 도깨비는 귀하고 화려한 것을 특별히 좋아하지 않았다. 도깨비는 다 쓰러져 가는 폐가나 들판 또는 산길에 기거했고, 금은보화를 모은 이유도 특별히 귀하게 여기고 욕심내서라기보다는 단순히 모으는 데 대한 관심이나 놀이 도구로 사용하려는 호기심이 컸다. 따라서 사람들은 귀신은 무서워하고 두려워했지만 도깨비와는 희로애락을 함께했다. 도깨비의 초자연적 신통력 역시 서민들이 현실에서 이루지 못한 소원을 성취하고 싶은 염원의 반영이었다. 서민들에게 도깨비는 현실에서 느끼는 불만과 부족함을 해소하고 대리만족을 얻기 위한 대리물이었으며, 특히 무엇이든 들어주는 도깨비 방망이는 가난한 사람들이 고달픈 일상에서 벗어나 하루아침에 벼락부자가 되고 싶은 염원이 만들어낸 대표적 상징물이었다.

도깨비는 여인들의 이상적 남성상?

옛날부터 대낮에 부슬부슬 비가 내리고 어두컴컴한 날이면 '김 서방'이 온다고 했다. 여기서 김 서방은 도깨비를 말한다. 도깨비의 성이 김씨가 된 이유에는 여러 가지 설이 있는데, 도깨비가 금은金銀을 정련하는 대장 장이 연금술사였기 때문에 쇠금 자를 쓰는 김씨가 되었다는 설과, 도깨비 가 아는 성이 김씨밖에 없었기 때문에 만나는 사람을 모두 '김 서방'이라 부르다가 김 서방이 되었다는 설이 있다. 특히 후자의 경우 도깨비의 우 둔함을 조롱하는 의미가 담겨 있지만 한편으로는 친숙하기도 하다. 김씨 가 우리나라에서 가장 흔한 성이라는 점을 감안한다면, 도깨비를 두려움 의 대상이 아닌 우리 주변에서 쉽게 볼 수 있는 존재로 생각했다는 뜻이 다. 김 서방은 도깨비를 보통명사화하여 의인화한 것으로, 도깨비가 사람 과 같은 성정을 지니고 있어 기쁘고 즐거운 일에 크게 몰두한다고 알려진 것도 같은 맥락이다. 여기에 우둔하고 잘 속아 넘어가는 해학적 이미지가 가미되면서 사람과 더욱 친근한 존재가 되었다.

제주도 지방의 무속신화 영감본풀이에 따르면 도깨비의 시조는 본래 서 울에 사는 허 정승의 일곱 형제였다고 한다.

옛날 서울에 허씨 정승이 살고 있었다. 허 정승에게는 똑똑하고 능력이 뛰어난 아들이 일곱 명 있었다. 형제들은 국내 각지의 명산을 차지하고 주 변 지역을 다스렸다. 첫째는 서울의 삼각산, 둘째는 백두산, 셋째는 금강산, 넷째는 계룡산, 다섯째는 태백산, 여섯째는 지리산, 일곱째는 한라산 일대 를 맡았다. 일곱 형제는 고위직 집안의 자손이었지만 모두 겨우 형태만 알 아볼 수 있을 정도로 다 떨어진 갓에 깃만 붙은 도포를 입고 다녔다. 신발도다 해져 발가락이 나올 정도로 남루했고, 한 뼘도 안 되는 곰방대를 무는 등 우스꽝스러운 모습으로 다녔다. 하지만 이들은 외모와는 달리 연불[煙火]과 신불[神火]을 양손에 각각 하나씩 들고 다녔으며, 아무리 먼 길도 순식간에 다녀올 수 있을 정도로 신통력이 있었다.

도깨비는 주로 밤에만 활동하는 야행성으로 이와 관련한 유형만 해도 불 도깨비, 거인 도깨비, 불을 켜고 다니는 등불 도깨비, 굴러다니는 달걀 도깨비, 멍석 도깨비, 홑이불 도깨비 등 다양하다. 생김새 역시 일정한 형 체가 있는 도깨비부터 사발 깨지는 소리, 말발굽 소리, 기왓장 깨지는 소 리 등 형체가 없는 도깨비까지 있었다. 장계익의『해동잡록』*에 따르면 도 깨비는 산과 바다의 음령한 기운이며 풀·나무·흙·돌 등 자연의 정기가 변 해서 된 것이다. 또한『포박자[抱朴子]』*에는 도깨비 다리가 하나밖에 없다 는 기록도 있는데 이와 관련해서 민가에서는 다음과 같은 이야기가 전해 내려온다.

옛날 젊은이가 장에 갔다 오는 길에 날이 어두워지자 도깨비가 나타나 길 을 막았다. 도깨비는 청년에게 씨름을 해서 자신을 이기면 보내주겠다고 제 안했다. 그런데 번번이 청년이 씨름에서 이겼다. 청년이 살아 돌아가려고 사력을 다한 것도 이유였지만, 도깨비 다리가 하나밖에 없기 때문이었다. 그런데 날이 밝자 도깨비는 보이지 않고, 청년은 빗자루를 잡고 씨름을 하 고 있는 자신을 발견했다.

민가에서는 도깨비의 신통력으로 순식간에 부자가 될 수도 있으며 도깨비가 재앙으로부터 사람을 지켜준다고 믿었다. 그 때문인지 우리 풍습에 귀신을 퇴치하는 방법은 다양하지만 도깨비를 퇴치하는 부적이나 풍습은 찾아볼 수 없다.

도깨비가 빨간색에 특별히 반응하지 않는다는 점도 흥미롭다. 예로부터 빨간색은 귀신을 쫓는 색이었다. 이는 조선 시대에 들어오면서 더욱 구체화되었는데, 한 예로 임금이 위독하면 액정서에서 붉은 비단에 도끼를 그려넣은 병풍 보의를 설치해 병을 옮기는 잡귀를 쫓아내고 쾌유를 기원했다. 민간에서는 귀신을 쫓기 위해 디딜방아를 거꾸로 세워 월경혈이 묻은 여인의 속옷을 씌워놓기도 했다. 때로는 월경혈 대신 개와 닭의 피를 사용하기도 했는데 이렇게 하면 돌림병을 전하는 잡귀가 물러난다고 믿었다. 또한 귀신을 쫓아내기 위해 황토를 뿌리고 팥죽을 쑤기도 했는데 이 황토와 팥 역시 붉은색으로 잡귀를 퇴치하기 위한 주술적 의미가 있었다.

하지만 붉은색이나 부적을 도깨비에게는 쓰지 않았다. 달리 말하면 도깨비에게는 효용이 없었다. 도깨비가 붉은색의 제약을 받았다는 이야기도 찾아보기 힘들다. 오히려 여성의 월경혈을 비롯한 붉은색은 도깨비의 탄생과 관계가 있었다. 민가에서는 집에서 쓰는 빗자루, 부지깽이, 짚신, 절구공이, 체, 키, 솥, 깨진 그릇, 방석 등 살림하는 여성의 손때가 묻은 물건에 월경혈이 묻으면 도깨비가 된다고 믿었다. 때문에 농촌에서는 월경 중인 여인이 부엌에서 빗자루를 깔고 앉아 일할 때 각별히 조심을 했다. 이러한 점에서 도깨비의 탄생은 집안일을 도맡았던 여성의 고달픈 삶과도 연관이 있다. 끝없는 가사노동, 도구가 닳아빠질 때까지 써야 하는 가난에 찌든 삶, 그리고 가부장적이면서도 무기력한 남편에 대한 불만과 한을 도깨비를 통해 해소하려 한 것이다.

특히, 도깨비는 우리나라 여성들의 이상적인 남성상이기도 했다. 도깨비는 가난하고 어려운 사람을 돕고 욕심쟁이와 악인을 골려주었으며, 노래를 잘하고 춤도 잘 추는 한량이자 풍류가였다. 또한 원하는 것은 무엇이든지 눈앞에 가져다주는 방망이를 든 도깨비는 고달픈 현실에 희망을 주는 하나의 표상이었다.

이판사판과 건달

사바사바와 이판사판

일상에서 흔히 사용하는 말 중에 시간이 지나면서 본래 의미가 와전된 것이 적지 않다. 오래전에 우리나라에 들어온 불교 용어가 일상에서 통용되면서 전혀 뜻밖의 의미로 변한 것도 비슷한 예다.

현대 사회에서 '사바사바'는 개인의 이익을 위해 아첨하거나 정당하지 못한 방법으로 일을 꾸미는 행위를 말한다. 그러나 '사바'는 본래 불교 용어로 산스크리스트어에서 왔다는 것이 정설이다. 원뜻대로 해석하면 '대지' 또는 '잡다한 모임', '잡악雜惡'으로, 불교에서는 우리가 사는 인간 세계, 즉 속세를 뜻한다. 불교에서 보는 속세는 정갈하고 올바른 것뿐만 아니라 옳지 못한 수단과 방법도 공존하는 곳이다. 따라서 불경에서 '사바사바……'라고 암송하면 자신은 물론 듣는 사람들에게 이 땅의 중생은 온갖 번뇌를 인내해야 하고 성직자들은 속세의 피곤함을 참고 감내해야 한다는 사실을 일깨운다.

불교 용어인 '이판사판吏判事判' 역시 현대 사회에서 의미와 뜻이 와전되었다. 이판사판은 예측 불가능한 상황에서의 자포자기 심정, 또는 막다른 곳에 봉착한 현실에서 더 이상 어찌할 수 없을 때 사생결단을 낸다는 의미로 쓴다. 하지만 이 말은 1970년대 후반까지 국어사전에도 실리지 않을 정도로 속어로 분류되었다.

이판과 사판은 불교에서 승려를 의미한다. 이능화의 『조선불교통사』● 하권 「이판사판사찰내정」에서는 다음과 같이 설명한다.

조선 사찰에는 이판승과 사판승의 구별이 있다. 이판이란 참선하고 경전을 강론하고 수행하며 흥법포교하는 스님이다. 속칭 공부승工夫僧이라고도 한다. 사판은 생산에 종사하고 사찰의 업무를 꾸려나가고 사무행정을 해나가는 스님들이다. 속칭 산림승(山林 또는 産林僧)이라고도 한다. 이판과 사판은 어느 한쪽이라도 없어서는 안 되는 상호 관계이다. 이판승이 없다면 부처님의 지혜광명이 이어질 수 없고, 사판승이 없으면 가람이 존속할 수 없다. 그래서 청허淸虛·부휴浮休·벽암碧巖·백곡白谷 스님 등의 대사들이 이판과 사판을 겸했다.

이와 같이 종교에서 사용하는 용어가 현실 사회에서 왜곡된 것은 불교를 탄압했던 조선의 사회 분위기와 관련이 있다. 조선 시대에는 불교 억압정책 때문에 승려들이 천대를 받았다. 특히 후기에 들어서면서 승려들은 관가나 유생의 통제를 심하게 받았다. 이들의 요구에 따라 기름·종이·신발 등을 만들어 바쳐야 했고 잡역에도 동원되었다. 때문에 승려들은 참선이나 강경 등 공부에 전념할 수 없었고, 심지어 승려들이 사찰을 버리고 도망쳐서 문을 닫는 사찰까지 있었다. 사찰에서는 이러한 상황을 타개하기 위해 승려의 역할을 이판승과 사판승으로 구분했다. 이판승은 공부에 전념했고 사판승은 사찰을 관리하고 관가와 접촉해 난제를 협의하고 교단의 재원을 유지·증대하는 역할을 맡았다. 따라서 스님이 되려면 이판승과 사판승 중 하나를 선택해야 했다. 하지만 모든 인연을 끊고 불도에만 전념하는 이판승을 선택하면 절의 운영이 엉망이 되었고, 절의 운영에 신경을 쓰는 사판승을 선택하면 공부가 모자라 자질에 문제가 있다는 비판을 받았다. 따라서 이판승과 사판승 중 하나를 선택하는 문제는 결코 쉽지 않았고, 이러한 심적 갈등에 빗대어 '이판사판'이라는 말이 생겨나게 되었다.

팔부중과 건달

일반적으로 불교 용어가 현실 사회에서 잘못 사용되는 이유는 다음과 같다. 첫째, 앞서 지적한 대로 조선 시대에 들어와 불교가 탄압받으면서 위상이 하락한 것과 무관하지 않다. 이러한 분위기는 불교를 왜곡하거나 해학적인 의미로 해석하는 데 적지 않은 영향을 미쳤다. 둘째, 불교 용어가 외부에서 들어오기도 했고 한자여서 일반인들이 해독하고 이해하기 힘들었다. 그리고 셋째, 외부에서 불교가 우리나라에 들어오는 과정에서 기존 토속신앙이나 기복적 무속신앙 등이 일부 접목된 것도 영향을 미쳤다.

불교가 정착하는 과정에서 서민들의 정서가 반영되어 본래 의미가 변질된 사례로는 '건달乾達'이 있다. 현실 사회에서 건달의 사전적 의미는 '스스로 노력해서 살아가려고 하지 않고 주색잡기와 같이 소비적이고 향락적인 일에 매달려 무위도식하는 사람'을 뜻한다. 달리 말하면 건달은 스스로 노력하거나 사회적 규범 안에서 살기보다는 허풍과 속임수로 이익을 추구하는 사람을 말한다. 이들은 자신과 이해관계가 없는 이웃의 아픔이나 세상사에 전혀 관심이 없으며, 폭력을 쓰는 깡패와 달리 난잡한 욕설이나 비천한 언행으로 악행을 저지른다. 한마디로 건달은 현실 사회의 바닥 인생을 의미했다.

그러나 건달의 본래 의미는 이와 전혀 다르다. 16세기 문헌에 처음 등장하는 건달은 '간다르바'의 한자음 건달바[乾闥婆]에서 유래했다. 불교에서는 부처님을 받들고 불교를 수호하기 위해 각기 다른 역할을 수행하는 여덟 수호신인 팔부중八部衆이 있는데 건달바는 이 수호신 중 하나이다. 경전에 따르면 여래 팔부중과 사천왕에 소속된 팔부중은 차이가 있다. 팔부중은 부처를 모신 뒷면에 그려진 탱화나 승려의 사리를 봉안한 탑, 사찰의 두 번째 출입구인 천왕문天王門에 있는 사천왕 등을 말한다. 이 두 부류에 모두 포함되는 건달바는 팔부중 가운데 음악을 담당했다. 특히 건달바는 허공을 날아다니며 술과 고기를 전혀 먹지 않고 오직 향기만 먹는 금욕적인 삶을 사는 신장神將이었다.

하지만 세속에서는 건달바에서 종교적 의미를 찾아보기 힘들다. 그리고 이러한 의미 변화는 우리의 역사적 경험과도 무관하지 않다. 우리나라의 경우 팔부중은 전쟁을 비롯한 혼란한 시기에 도입되었기 때문에 국가의 안위를 기원하고 백성들의 평안을 염원하는 호국적 성격이 강했다. 심지어 불교적 의미가 퇴색하고 민간신앙으로 자리매김하면서 팔부중은 투구와 갑옷을 입은 모습으로 정형화되기도 하는데, 전쟁으로 나라가 어려움에 처하자 삶이 고달픈 백성들이 팔부중에 심리적으로 기대게 된 것이다. 여기에 신통력을 내세우는 신비주의가 가미되고 대중 교화와 인격 완성이

석탑 속 팔부중_문화재청 제공 팔부중은 불법을 수호하는 여덟 명의 신으로 천天·용龍·야차夜叉·
건달바乾闥婆·아수라阿修羅·가루라迦樓羅·긴나라緊那羅·마후라가摩睺羅迦이다. 8~9세기의 탑
으로 추정하는 경주 남산 창림사 석탑 속 팔부신중 조각은 규모와 완성도 면에서 이러한 가치가
매우 높다.

라는 불교의 궁극적 목적이 위축되면서 또 다른 의미를 낳기도 했다. 음악
을 맡은 건달바가 머리에 사자관을 쓰고 손에 삼차극三叉戟을 들기도 했는
데, 이 건달바가 시간이 흘러 시대가 바뀌면서 세속에서 할 일 없이 음악
만 소일 삼아 무위도식하는 존재로 전락하게 된다.

인간의 마음과 염불

불교는 용어나 의미가 어려워 사람들이 이해하기 힘들었기 때문에 포교
활동에 각별한 노력이 필요했다. 특히 글을 모를 뿐만 아니라 예불에 참여

할 시간 여유가 없는 서민들이 불교를 이해하고 따르게 하는 것은 중요한 과제였다. 그런 점에서 신라시대의 정토교淨土敎를 주목해볼 만하다.

정토교의 주창자는 원효이다. 정토교는 신라가 삼국을 통일한 이후 서민의 적극적인 지지를 받은 불교의 한 종파이지만 불교 교의를 깊이 연구하는 다른 5교의 종파와는 성격이 달랐다. 정토교는 아미타불에 귀의한다는 뜻에서 나무아미타불을 외는 것만으로도 신앙을 유지할 수 있다고 믿었으며, 누구나 죽은 후 부처님이 사는 서방정토, 즉 괴로움과 걱정이 없는 지극히 안락하고 자유로운 극락세계에 갈 수 있다고 믿었다. 때문에 백성들 입장에서는 복잡하고 어려운 불법을 익혀야 하는 다른 종파보다 편하게 접할 수 있었으며 특히 사회적으로 압박받는 무지한 하층민들에게 환영을 받았다.

정토교는 현실의 삶을 고해로 여기고 내세인 극락에서 왕생하는 것을 염원했기 때문에 사람들은 현세를 등지고 산으로 들어가기도 했다. 입산 수도해 "살아 있는 몸으로 하늘을 날아 서방정토로 왕생한다"는 이야기가 민가에 떠돈 이유도 이 때문이다. 정토교가 하층민들에게 유행한 이유는 당시의 사회 구조적 모순도 한몫을 했다. 계급 사회의 부조리와 신분의 한계에서 벗어날 수 없었던 사람들은 누구나 간단한 염불만으로 현실을 극복하고 마음의 평안을 얻으며 극락에 갈 수 있다는 교리에 마음을 뺏길 수밖에 없었다. 때문에 정토교는 불교를 신앙으로 삼지 않은 일반인들에게도 널리 영향을 미쳤고, 사람들은 일상에서 난관에 봉착하면 무의식적으로 나무아미타불이라고 염불을 외었다.

이와 관련한 재미있는 이야기가 있다.

옛날에 한 청년이 살았다. 어느 겨울날 청년은 장에 나귀를 팔러 나갔다. 나귀를 끌고 강을 건너던 청년이 강 한가운데에 이르렀을 때였다. 발을 내디딜 때마다 얼음 갈라지는 소리가 크게 났고, 금방이라도 얼음이 내려앉을 것 같아 등골이 오싹해졌다. 청년은 조심스럽게 한 발 한 발 옮겼다. 청년은 심장이 멈춰버릴 것 같은 긴장감 때문에 자신도 모르게 나무아미타불을 중얼거리며 강을 건넜다. 강을 건너고 나서 긴장이 풀리자 청년은 무의식적으로 부처에게 무사하기를 빌었음을 깨달았다. 강을 건너며 염불을 외던 자신의 모습을 누군가 본 것 같아 창피했던 청년은 "제기랄! 나무아미타불은 뭐 말라죽은 나무아미타불이야!" 하고 소리쳤다. 그러고는 장으로 막 출발하려는 순간 청년은 나귀의 고삐를 잡았던 손이 허전함을 느꼈다. 뒤를 돌아보자 나귀가 강 한가운데 서 있었다. 너무 긴장한 나머지 나귀의 고삐를 놓고 혼자 염불을 외며 강을 건넌 것이다. 청년은 하는 수 없이 다시 걸어온 발자국을 따라 강 한가운데로 갔다. 그런데 나귀의 고삐를 잡고 다시 강을 건너려고 하자 얼음이 갈라지는 소리가 더 크게 나는 것 같았다. 초주검이 된 청년은 무의식적으로 다시 중얼거렸다.

"도로 나무아미타불, 도로 나무아미타불……."

이 이야기는 '도로아미타불'이 생겨나게 된 유래로, 상황과 조건에 따라 변하는 인간의 변덕스러운 마음을 잘 표현하고 있다. 이야기의 사실 여부를 떠나 예나 지금이나 사람의 변덕스러운 마음을 경계해야 한다는 교훈이 담겨 있다.

명당은 살아 있는 사람이 만든다

생활 터전과 묘지의 지세는 다르다?

일반적으로 지세地勢는 인간의 수명이나 풍족한 생활 여건에 큰 영향을 미친다고 알려져 있다. 때문에 사람들은 살기 좋은 지역을 찾기 위해 다양한 노력을 기울였는데 여기서 살기 좋은 지역이란 물질적 풍요 외에도 정신적 평안을 주는 지역을 말한다. 명당에 대한 관심도 예외는 아니었다. 풍수지리가 발달하고 지역마다 다양한 인물과 사건·사고를 담은 일화가 전해 내려오는 것도 같은 맥락이다.

"생거진천 사거용인生居鎭川 死去龍仁"이라는 말이 있다. 살아서는 진천 지역이 좋고 죽어서는 용인 지역이 좋다는 의미에서부터 살아서나 죽어서나 부모를 모시고자 했던 효자의 일화를 담은 의미로도 해석된다. 성해응의 『연경재전집』에는 다음과 같은 기록이 있다.

용인의 금령촌은 현 동쪽 30리에 있다. 푸른 시내와 땅이 비옥하여 경작

하기에 마땅하다. 장시가 있는데 재물을 벌기에 충분하다……. 진천은
비옥한 토지가 많다.

용인군 내사면 양지리에서는 다음과 같은 일화도 있다.

옛날 용인 지역에 부임한 신임 원님이 있었다. 그는 부임지로 오면서 지
세를 살펴보고는 실망하여 통곡했다. 하지만 원님이 이곳에서 생활을 하면
서 장작불에 쌀밥을 지어 먹을 정도로 자원이 풍부하고 사람들의 인심이 좋
다는 것을 알게 되었다. 때문에 임기가 끝나 떠날 때가 되자 못내 아쉬워 다
시 통곡했다. 이후 사람들 사이에서는 용인 지방을 가리켜 신임 원님이 들
어올 때는 실망하여 통곡하고 나갈 때는 떠나기가 너무 애석하여 통곡했다
하여 '들통곡날통곡'이라고 했다.

용인 지역이 외형적으로 보이는 것과 달리 사람 살기에 좋았다는 이야
기이다. '생거진천 사거용인'의 유래와 관련해서 용인군 이동면 묘봉리에
서는 다음과 같은 재미있는 이야기도 전해 내려온다.

옛날 용인군 이동면 묘봉리에 한 젊은이가 살고 있었다. 어느 날 젊은이
는 산등성이에서 낮잠이 들었다. 그런데 갑자기 산꼭대기에서 집채만 한 바
위가 굴러와 깔려 죽고 말았다. 죽은 젊은이는 염라대왕 앞으로 불려갔다.
저승명부를 확인한 염라대왕은 아직 죽을 때가 아닌데 불려왔다며 젊은이
를 이승으로 돌려보냈다. 그러나 이승으로 돌아온 젊은이의 영혼은 다시 살
아나지 못했다. 몸이 워낙 커다란 바위에 눌려 죽었기 때문에 마을 사람들

「명당도」_국립민속박물관 소장 조선 시대 풍수지리설에 근거하
여 묘의 혈과 형국에 산수의 흐름과 방위를 표시한 그림.

이 그대로 매장해버린 것이다.

그러던 어느 날 젊은이의 영혼은 충청도 진천 부잣집 아들의 시신을 발견
하고 그의 몸속으로 들어갔다. 다시 살아난 젊은이는 진천 부잣집 아들의
부인과 살면서 용인에 살던 생전의 아내도 맞아들였다. 그는 두 부인에게서
각각 삼형제를 낳고 천수를 누리며 잘 살았다. 그런데 그가 사망하자 진천
에 살던 아들들과 용인에 살던 아들들이 서로 적장자임을 내세워 아버지의
시신을 모셔가 제사 지낼 권리를 주장했다. 양쪽 집안 사이에 격론이 벌어
졌지만 결론을 내지 못했다. 결국 두 집안은 진천 군수에게 판결을 의뢰했
다. 송사를 맡은 군수도 무척 난감했다. 고심하던 군수는 양쪽 아들을 불러

놓고 다음과 같은 판결을 내렸다.

"살아서는 진천에 있었으니, 죽어서는 용인으로 가는 것이 옳다."

후세 사람들이 말하는 '생거진천 사거용인'에 대한 또 하나의 유래담이자 명 판결이라 할 만하다.

풍수지리와 명당

풍수風水의 본래 의미는 '바람'과 '물'로, 산천과 수로의 모양을 인간의 길흉화복에 연결시켜 설명하는 사상이다. 특히 일정한 경로를 따라 땅속에 돌아다니는 생기生氣를 사람이 접함으로써 복을 빌고 화를 피하는 것이 기본 원리인데, 살아 있는 사람뿐만 아니라 죽은 사람의 거취에도 상당한 관심을 기울였다. 예로부터 우리 조상들은 못자리에 대한 관심이 높아서 살아 있는 사람을 위한 터전보다 죽은 사람을 위한 자리에 더 적극적인 관심과 정성을 쏟았다. 때문에 명당 못자리에 관해서는 오래전부터 무수한 이야기가 전해 내려오며 그중에는 국가의 흥망성쇠에 관한 이야기도 있다. 고구려에서는 전쟁을 치를 때 어느 음양가가 "묘형이 고독한 상형을 이룬 흉격이니 장차 멸족의 화를 당할 것이다"라고 예언하기도 했다. 삼국시대부터 못자리를 국가의 운명과 연관 지었음을 알 수 있는 대목이다. 이러한 사상은 합리적이고 현실적인 유학을 통치 이데올로기로 삼은 조선시대로까지 이어졌다.

조선 전기에는 합리적인 양기풍수에 대한 논의가 간헐적으로 이루어졌다. 북악산과 취운정 내맥을 둘러싼 국도 주산 논쟁과 수도 한양의 명당수인 청계천 오염 문제를 논의한 기록 정도가 남아 있는데, 풍수지리를 주로 생활편의적 관점에서 살펴본 것이다. 그러던 것이 조선 중기로 넘어가면서 현실에서의 복을 기원하고 묘지나 집을 잘 고르기 위한 수단이 되면서 개인주의적이고 이기적인 성격을 띠게 된다. 이러한 풍조는 실사구시와 경세치용을 주창한 실학자들에게 '망국의 표본'이라는 비판을 받았다. 그럼에도 조선 후기에는 묫자리를 고르는 풍수지리설이 민간으로까지 확산되어 신분고하를 막론하고 유행했다. 여기에는 조상 숭배라는 유교 사회의 미덕을 핑계로 한 현세지향적 목적이 숨어 있었다. 즉, 조상을 명당에 모심으로써 지기地氣와 조상의 음덕으로 자손이 복을 받고 번창할 것이라고 믿었던 것이다.

이러한 분위기는 오늘날까지 이어지고 있다. 하지만 묘지 풍수의 기본 원칙은 좋은 일을 한 가문이 길지吉地를 차지하며 묘지의 크고 작음이나 장대하고 누추함은 문제가 되지 않는다. 풍수의 대가 남사고南師古도 정작 자신의 어머니 시신을 명당에 모시지 못했다고 하며, 아버지 묘를 쓸 때는 욕심에 눈이 어두워 아홉 번 이장하여 열 번째 묘를 썼다가 망하고 말았다고 한다. 그런 점에서 명당이 살아 있는 사람의 운명을 결정짓는 것이 아니라 어떻게 살았는가에 따라 명당이 결정된다는 말이 가장 현실적인 교훈이라 하겠다. 다시 말해 살아서 올바른 일을 한다면 그 사람이 죽어서 묻히는 곳이 그 어디든 명당이 된다.

숙종과 금 덩어리

현세에서 복을 기원하는 마음은 사람 팔자에 대한 관심으로도 이어졌

다. 사람들은 자신이 과연 복을 받을 팔자를 타고났는지 궁금해했고 타고
나지 못했다면 복을 받을 방법을 찾기 위해 노력했다. 민가에서는 팔자에
관한 이야기에 임금까지 등장할 정도였다. 물론 임금이나 역사적 사건이
등장하는 경우는 대부분 사실로 보기에는 무리가 있다. 예를 들어 이러한
이야기에 숙종이 자주 등장한 이유는 그의 재위 기간이 상당히 길었고 그
시기를 전후해 대내외적 시련이 많았기 때문으로 볼 수 있다. 사람이 타고
난 팔자와 관련해서 "가난은 나라님도 못 구한다"는 다음과 같은 이야기
에도 숙종이 등장한다.

어느 날 숙종이 신분을 숨기고 사대문 밖을 나섰다가 마을 사람들이 장사
지내는 광경을 보았다. 그런데 평소 풍수지리에 식견이 있던 숙종이 보기에
그곳은 묫자리로 적당하지 않았다. 고인의 가족을 통해 지역에서 이름난 지
관이 자리를 잡아주었다는 말을 듣고 숙종은 더욱 황당했다. 숙종은 상주와
가족들에게 묫자리가 좋지 않으니 다른 곳으로 옮길 것을 권유하며 직접 좋
은 자리를 잡아주고 이전 비용까지 모두 지불하겠다고 약속했다. 점잖은 선
비(숙종)의 간곡한 청으로 가족들은 회의 끝에 묫자리를 옮기기로 결정했다.
이를 확인한 숙종은 그 길로 풍수가 거처하는 곳을 찾아가 그날 있었던 일
에 대해서 물었다. 풍수는 숙종의 질문을 받고도 전혀 당황하는 기색 없이
대답했다.

"잘 보셨습니다. 그 묫자리는 비록 명당은 아니지만, 오늘 해가 지기 전에
돈이 생기고 더 좋은 묫자리도 생길 자리입니다."

숙종은 자신이 비용을 지불하면서 좋은 묫자리를 잡아준 것을 풍수가 이
미 알고 있는 것 같아 내심 당황했다.

"그토록 풍수를 잘 아시는 분이 왜 이렇게 누추한 곳에서 살고 계십니까?"

"이곳은 비록 누추한 곳이나 반드시 임금이 방문할 자리라 떠나지 못하고 있습니다."

풍수의 대답에 숙종은 다시 한 번 놀라지 않을 수 없었다. 그러나 더욱 오기가 생겼다.

"그렇다면 이웃 마을에 착한 선비가 살고 있다고 들었는데, 그가 왜 그토록 가난하게 살고 있는지도 알겠군요?"

풍수는 숙종의 질문에 고개를 가볍게 흔들며 대답했다.

"그는 복이 그것뿐입니다. 다만 그것을 제 복으로 여겨 욕심 없이 살고 있으니 그 또한 다행일 뿐입니다. 가난은 나라님도 구제하지 못하는 법입니다."

아무리 그렇다고 해도 숙종은 한 나라의 임금으로서 착하게 사는 백성이 그토록 가난하게 살고 있는 것이 몹시 마음에 걸렸다. 숙종은 어떻게 해서든 가난한 선비가 자립할 수 있는 길을 열어주고 싶었다. 자리에서 일어난 숙종은 그 길로 가난한 선비의 집을 찾아가 하룻밤 묵어갈 것을 청했다.

가난한 선비는 처음 만나는 손님이었지만 정성을 다해 대접했다. 소문대로 선비의 착한 품성을 확인한 숙종은 그가 벼슬길에 나아갈 수 있는지 학문을 시험해보았다. 하지만 선비는 가난 때문에 공부에 전념하지 못해 학문이 벼슬길에 오를 만한 수준에 이르지는 못했다. 숙종은 안타까워하며 선비의 집에서 잠을 자는 척하다가 모두가 잠든 것을 확인하고 밤늦게 방에서 나왔다. 그리고 선비의 궁핍한 생활이 마음에 걸렸던 숙종은 가족들과 밥이나 굶지 않고 살아가라고 몰래 방 안으로 제법 큰 금 덩어리를 하나 던져넣었다.

시간이 흘러 가난한 선비가 어떻게 살고 있는지 궁금해진 숙종은 그의 소식을 탐문해보았다. 그러나 선비는 이미 죽고 없었고 가족들은 여전히 가난하게 생활하고 있었다. 그런데 그 이유가 더욱 당혹스러웠다. 가난한 선비는 숙종이 방을 나오면서 던진 금 덩어리에 머리를 맞아 죽었고, 졸지에 가장을 잃은 가족들은 금 덩어리를 재수 없는 물건이라 하여 강물에 내다버렸다는 것이다.

물론 이 이야기는 정사에서는 찾아볼 수 없다. 그럼에도 임금이 등장하는 이야기는 사실 여부와 관계없이 나름의 의미가 있다. 예를 들면 백성과 소통하는 어진 임금의 이미지를 강조하거나, 때로는 정치와 경제 등 사회가 전반적으로 불안한 시기에 나라의 최고 통수권자로서 책무를 다하고 있다는 것을 보여주기 위한 의도도 있다. 임금의 입장에서 가꾸지 않은 땅은 자신의 영토가 아니며 보살피지 않는 백성은 자신의 백성이 아니라는 메시지를 전달하려는 것이다. 그러나 이러한 임금의 노력이 언제나 성공하는 것은 아니었다. 때로는 불가항력적인 요인이 작용해 좋은 결과를 이끌어내지 못하는 경우도 적지 않았고, 백성들이 아무리 노력해도 구조적 모순 때문에 가난에서 벗어나지 못하기도 했다. 때문에 사람들은 자신의 팔자에 더욱 관심을 기울일 수밖에 없었다.

점술에도 재치와 해학이 있다

사람 팔자와 천기누설

조선 초기의 무신 이시애는 손금이 대단히 특이했다고 전한다. 바로 황제가 될 '뻔'한 손금이었는데 이 사실을 알게 된 이시애는 칼로 자신의 손금을 그어 확실한 황제의 상으로 만들었다. 좋은 운명을 타고났어도 노력이 없으면 결코 이루어지지 않는다는 점에서 이시애의 이러한 행동은 운명을 스스로 개척하려는 적극적인 노력으로 볼 수도 있다. 그러나 당시에는 황제는 하늘이 내린다고 믿었기 때문에 이시애의 행동은 천기누설과 같은 반역이었다. 결국 이시애는 세조의 정변에 저항하여 군사를 일으켰다가 반란군으로 몰려 남이 장군이 이끄는 진압군의 손에 죽고 말았다. 왕의 자리는 하늘이 내린다는 설을 뒤집지 못한 셈이다.

그러나 하늘이 내리는 왕도 어찌할 수 없는 것이 있으니 바로 가난이었다. 옛말에 백석꾼은 하늘의 뜻이 없어도 될 수 있지만, 천석꾼과 만석꾼은 하늘의 뜻이 있어야만 가능하다고 했다. 큰 부자는 하늘이 내린다는 의미로, 노력만으로 큰 부자가 되는 데는 한계가 있다는 뜻이기도 하다. 동시에 가난은 하늘의 뜻이라기보다 스스로의 노력으로 극복할 수 있다는 의미로 해석할 수도 있다. 민가에는 가난을 구제하기 위해 노력하는 임금에 관한 이야기가 많았다. 임금이 백성의 생활에 관심을 기울이는 것은 가장 기본적이고 중요한 책무였기 때문이다. 이와 관련해서 맹자는 왕조 사회에서 "백성은 밥이 하늘이다"라고 간단명료하게 정의하고 있다. 그럼에도 어느 시대나 게으름 때문에, 탐관오리의 전횡과 제도적 모순 때문에, 또는 전쟁과 천재지변 같은 불가항력적 사건 때문에 가난에 시달리는 서민들이 많았다. 이들이 타고난 팔자에 관심을 기울이고 조상과 천지신명께 제사를 지내고 점을 치며 굿판을 벌인 것도 이러한 불가항력적 상황을 예방하거나 극복하기 위해서였다. 무당과 점쟁이가 시대와 지역을 막론하고 언제나 존재했고, 지위고하를 막론하고 많은 사람들이 점술가를 찾은 이유도 같은 맥락이다.

상고시대부터 사람들의 일상에 들어와 있던 점술은 인간의 지능으로 예측할 수 없는 사건이나 앞날을 미리 알기 위해 주술의 힘을 빌리는 행위이다. 사람들은 개인의 문제에서부터 소속 집단이나 지역 공동체 문제, 그리고 통치자의 통치 방식에 이르기까지 알고 싶은 것이 끝이 없었고, 이에 대한 답을 구하기 위해 다양한 점술 방식을 동원했다.

고대 유럽에서는 동물의 내장으로 점을 치는 내장점이 일찍부터 발달했다. 무심히 책을 펼쳐 제일 먼저 눈에 들어오는 문장을 지침으로 점을 치는 개전점開典占도 있었는데 이 개전점을 기독교에서는 성경책으로 점을 쳤다고 해서 성서점이라고도 했다. 이러한 서양의 점술 행위 중 일부는 다양한 경로를 통해 동양에 전파되기도 했다.

재치와 해학이 담긴 점술

동양에서도 오래전부터 지역 문화를 반영한 다양한 점술 행위가 있었다. 특히 동양에서는 글자(한문)를 해체해 점을 치는 파자점破字占이 발달했는데 우리나라에서도 유행한 이 파자점에는 해학과 재치, 그리고 점술에 관한 나름의 여유와 혜안이 담겨 있다.

을사사화로 귀양을 간 교리 이수경이 '향香' 자를 받는 꿈을 꾸고 1008일 만에 방면되었는데 집에 돌아와 꿈에 받은 '향' 자를 파자해보니 '千+八+日(1008일)'이었다는 이야기도 있다. 또 김홍도가 출생할 때 그의 아버지가 이름을 귀갑歸甲이라 지어주라는 꿈을 꾸고 귀갑으로 김홍도의 자字를 삼았는데, '갑으로 돌아간다'는 의미를 과거에서 장원인 '갑으로 급제한다'는 의미로 받아들인 아버지의 기대와 달리 김홍도가 갑산甲山에 귀양 가서 죽었다는 이야기도 있다. 아버지의 생각과 달리 김홍도는 갑산에서 하늘나라로 돌아갈 운명이었던 셈이다.

그러나 파자점은 단순히 운명결정론을 따르지 않았다. 어사 박문수와 파자점 이야기를 보자.

박문수가 천 냥을 주고 점을 쳐서 '한각사중월계침 붕월반월원무심朋月半月怨無心'이라는 글귀를 받았다. 그러나 박문수는 이 글귀의 의미를 알 수 없었다. 그러던 어느 날 박문수가 한각사라는 절에서 수청기생의 무릎을 베고

『단원풍속도첩』 중 「시주」 혹은 「점괘」_국립중앙박물관 소장   사주를 청하는 승려와 지나가는 여인이 보인다. 당시 승려들은 사찰에서 내준 부적을 팔고 점을 쳐주며 그 수입의 일부를 사찰에 바쳤다고 한다.

누워 점에 대한 이야기를 했다. 이를 듣고 기생은 한각사는 이 절 이름이고, 자기 이름이 계월이니 한각사에서 자기를 베고 누웠다는 뜻이고, 원망 '원怨' 자에서 마음 '심心' 자를 빼면 죽을 '사死' 자가 되니 오늘이 죽는 날이라고 풀이해주었다. 덕분에 박문수는 미리 비책을 얻어 죽음을 모면할 수 있었다.

또한 파자점은 남녀 간 애정 문제에도 등장한다.

옛날 어느 마을에 사는 총각이 이웃 마을에 사는 낭자에게 만나고 싶다는 편지를 보냈다. 그런데 처녀는 '籍' 한 자만을 적은 답장을 보내왔다. 답장을 받은 총각이 너무 좋아하는 것을 보고 주위에서 그 뜻을 물었더니 총각이 대답하기를 "籍을 풀면, 제일 위의 글자는 대나무 밭[竹]을 뜻하는 것이고, 좌측의 것은 올 '래来', 즉 오래来는 뜻이며, 우측의 '석卄' 자는 열 '십十' 자 두 개에 한 '일一' 자가 받침으로 있고 그 밑에 날 '일日' 자가 있으니, 이것을 풀면 '二十一日, 대나무 밭으로 오시오'가 아닙니까"라고 풀이했다.

파자점과 사람의 팔자에 관한 이야기도 재미있다.

저잣거리를 지나던 암행어사가 신분을 숨기고 점 '복卜' 자를 짚으며 점괘를 물었다. 점쟁이는 허리에 뭔가를 찰 팔자이니, 마패를 차고 암행어사가 될 운세라고 풀이했다. 지나가던 거지가 이를 보고 옷을 바꿔 입고 같은 글자를 짚었다. 이에 점쟁이는 허리에 무언가를 찰 팔자니, 쪽박을 찬 거지 팔자라고 풀이했다.

같은 글자를 선택했다고 해서 사람 팔자가 같지 않다는 이야기이다. 달리 말하면 사람은 각자 타고난 팔자가 있다는 뜻인데 이와 비슷한 이야기에 조선을 건국한 이성계가 주인공으로 등장하기도 한다.

이성계가 조선을 건국하기 전 점쟁이에게 물을 '문問' 자를 짚고 점괘를 물었다. 당시 점쟁이는 이성계에게 좌로도 임금 '군君'이요 우로도 임금 '군君'이니 틀림없이 군왕(君+君=問)이 될 운이라고 예언했다. 마침 옆에 있던 거지가 신분을 위장하고 같은 글자를 짚자 점쟁이는 '문門' 앞에 '입[口]'이 달렸으니 남의 집 대문을 돌아다니며 빌어먹을 팔자라고 풀이했다.

민가에서는 임금의 팔자와 관련해서 다음과 같은 이야기도 전해 내려온다.

어느 날 잠행을 나갔던 임금이 신분을 감추고 임금 '왕王' 자를 짚자 점쟁이가 땅[土] 위에 오직 한 사람만[ㅣ]이 있으니 반드시 임금이 될 운세(土+ㅡ=王)라고 풀이했다. 이때 옆에 있던 거지가 같은 글자를 짚고 점괘를 묻자 길[土] 위에 사람이 한 '일ㅡ' 자로 길게 누웠으니, 장차 길에서 얼어 죽을 팔자라고 풀이했다.

임금과 파자점 이야기에서는 당시의 시대상도 엿볼 수 있다. 조선 말기 고종이 등장하는 이야기를 보자.

고종이 어느 날 어전회의에서 꿈에 밭 '전田' 자를 보았다고 하자 신하가 밭 '전田'은 고기 '어魚' 자의 머리와 꼬리가 없으니 생선이 도마에 오를 징조로 위기를 맞을 운세이며, '갑甲' 자에 다리가 없으니 군사력이 약해질 형상이며, 입[口]이 '십十' 자에 둘러싸여 네 개의 입을 만드니 의견이 분분하여 통일이 안 될 운세로 장차 국가가 위태로울 것이라고 풀이했다.

이 이야기에는 고종 집권 당시의 대내외적 상황이 드러나 있다. 따라서 태평성대에 밭 '전田'에 대한 꿈을 꾸었다면 밭 '전'은 머리와 꼬리가 잘린 깨끗하게 손질한 생선을 뜻하니 맛있는 요리를 먹을 운세이고, 입 하나가

열십 자로 나누어졌으니 가족이 번성하여 영화를 누릴 팔자라고 풀이할
수도 있음직하다.

점술가와 정치

파자점 이야기는 삶과 죽음이라는 운명을 논하는 경건함 속에서도 여유
로운 웃음을 준다. 특히 신이한 점복을 맹목적으로 숭상하지 않고 상황에
따라 판단하는 지혜를 발휘하는 재치와 해학이 돋보인다. 이 때문에 파자
점은 『조선왕조실록』에서도 소개할 만큼 사회적으로 주목을 받았고 현실
생활에서도 다양하게 활용되었다.

중국에서는 공안소설에서 추리를 하는 단서로 활용하기도 했다. 또한
한자를 주로 활용했던 조선의 식자층에서도 많은 관심을 기울였다. 파자
점은 일정 수준 이상의 해독력이 필요했고 신비한 요소가 포함되어 있었
기 때문에 지식인들의 입장에서는 개인적으로는 물론 정치적으로도 비밀
을 유지할 수 있다는 장점이 있었다. 특히 파자점의 신비한 요소는 왕권과
연계하여 정치적으로도 활용도가 높았다.

예를 들면 이성계와 파자점 이야기는 단순히 그가 왕이 된다는 운명을
예언했다는 의미 외에도 파자점이라는 독특한 방식을 활용해 왕이 될 운
명을 타고났다는 점괘가 일반 서민들 사이에서 회자됨으로써 '창업과 왕
위 계승'을 이미 하늘이 예견했다는 여론을 조성하여 혁명의 정당성을 확
보할 수 있었다. 특히 이 과정에서 파자점의 재미와 신비함이 친근감으로
이어져 자연스러운 여론 형성에 도움을 주었다.

점술을 활용한 정치 행위는 조선 건국 후에도 이어졌다. 건국 과정에서

천명론을 내세워 역성혁명과 이성계의 즉위에 정당성을 부여했다면, 건국 후에는 왕의 통치 행위를 정치적으로 지원하는 역할까지 담당했다. 특히 권력의 향배를 결정하는 과정에서 왕권을 대단히 효과적으로 합리화하는 수단으로 활용하기도 했는데, 태종이 점술가 문성윤을 통해 천명론을 내세워 자신의 즉위에 대한 여론을 조성한 것도 그러한 예다. 『태종실록』에는 이와 관련해서 다음과 같이 기록이 있다.

> (태종의) 어머니 한씨가 점치는 사람 문성윤에게 (이방원의 사주를) 물었더니 대답하기를 "이 사주는 귀하기가 말할 수 없으니 조심하고 점술가에게 경솔하게 물어보지 마소서"라고 했다.

왕자의 난을 두 차례나 치르고 왕위에 오른 태종이 원래 '왕이 될 사주를 타고났다'는 천명론을 통해 왕권을 합리화한 것이다.

어린 조카 단종을 쫓아내고 왕위에 오른 세조 역시 자신의 즉위를 무당의 예언을 활용해 정당화했다. 『세조실록』에 따르면,

> 8월에 세조의 잠저[10]에서 가마솥이 스스로 소리를 내어 울었다. 잠저의 사람들이 모두 이를 이상하게 여겼다. 세조가 말하기를 "옛글에도 있으

---

10 『주역』에서 덕을 닦으며 숨어 사는 성인이나 영웅을 의미하는 '잠룡'에서 유래한 것으로, 왕조 사회에서 왕이 즉위하기 이전의 신분을 지칭하기도 한다. 때에 따라서는 임금으로 즉위하기 전에 거처하던 사가, 즉 궁궐 밖에서 거주하던 집을 말하기도 한다. 조선의 경우 태조·중종·인조·선조·철종·고종과 같이 왕족이었지만 왕자가 아닌 신분에서 혁명·반정·추대 등의 방법으로 왕이 되었거나, 왕자였지만 세자가 아니었던 태종·세조·효종·영조 등이 이에 해당한다. 이들이 후에 왕이 되어 입궐한 후 즉위하기 전에 거처했던 잠저는 일반적으로 별궁으로 지정되어 원묘原廟나 초상화를 모신 사당인 진전으로 관리했다.

니 이는 잔치를 베풀 징조이다"라고 하였다. 이때 무당(점술가)이 급히 달려와서 윤씨(세조의 부인)를 알현하고 말하기를 "이는 대군이 39세에 등극하실 징조입니다"라고 하였다.

이뿐만 아니라 점술 행위는 국왕의 통치 행위를 지원하는 역할도 담당했다. 국가적인 큰일이나 천재지변이 발생했을 때 국왕의 명으로 점을 쳤고, 이를 정치적 의도로 활용했다. 태종이 왕위에 오른 후 한양으로 천도하면서 천명론을 다시 내세워 반대 여론을 누르고 왕으로서의 위상을 확고하게 다진 것이 그 예다. 또한 하늘에 기우제를 올릴 때도 결과가 좋지 않으면 점술가가 책임을 졌지만, 반대로 결과가 좋을 경우 모든 공이 국왕에게 돌아갔다. 사대부와의 관계에서도 점술가를 통해 국왕으로서 정치적 이익을 추구했는데, 점술가들은 정치적으로 복잡한 이해관계 속에서도 왕의 입장에서 즉각적으로 명분을 주었고, 국왕은 이를 왕명에 반영하여 합리화함으로써 현실에서 광범위하고 효과적인 설득력을 발휘했다. 때로는 이러한 방식을 통해 조정의 권신들을 제쳐두고 백성들과 직접 소통해 백성들의 이해를 먼저 구하는 절차를 따른다는 명분을 쌓았다. 또한 왕실 혼사에도 점술을 활용해 왕실 구성원과 혼례 의식의 차별성을 강화함으로써 궁극적으로 왕실의 존엄성을 높이는 역할까지 담당했다.

왕의 통치 행위와 맹인 점술가

조선 전기의 경우 왕의 통치와 관련한 신비주의적 운명론의 일선에 맹인 점술가들이 있었다는 점도 흥미롭다. 조선의 국왕과 맹인 점술가는 당시 사회에서 신분적으로 극단적인 차이가 있었기 때문이다. 왕조 사회였던 조선 시대에 국왕은 만백성의 어버이이며 문무백관을 통솔하는 최상의 권력이다. 또한 조선의 국왕은 현실적인 학문인 유교 이념에 따라 정치를 펼치는 것을 통치의 기본으로 삼았다. 반면, 맹인은 혼자서는 아무것도 할 수 없는 지극히 소외된 소수자로 구휼과 자비의 대상이었다. 더구나 맹인들이 주업으로 하는 점술은 유학의 경계 대상이었다. 그럼에도 국왕들이 맹인 점술가들을 가까이한 이유는 무엇일까?

조선의 건국으로 음사철폐의 정책을 중시하는 유교 사회가 열리면서 무당과 승려 등 유교에 반하는 종교 사제同祭들은 강력한 제재를 받았다. 반면, 맹인 점술가들은 비록 점은 치지만 굿이나 다른 종교 의식을 거행하지 않았고 사제와 같이 특정 종교나 공동체를 대표하지 않는 개인이었기 때문에 상대적으로 자유로울 수 있었다. 또한 유학이 지극히 현실적이면서도 합리적이고 논리적인 학문이었기 때문에 가뭄과 같은 천재지변이나 불가항력적 사고, 삶과 죽음과 같은 심리적 고통과 불안을 동반하는 인간 내면의 문제에 해답을 제시하는 데 한계가 있었다. 이러한 사회 여건 때문에 맹인 점술가들은 상대적으로 자유롭게 활동할 수 있었다.

따라서 맹인 점술가들은 점을 기반으로 과거 무당이나 승려들이 했던 역할을 대신했다. 이 과정에서 왕실의 대소사를 챙기고 국가 차원의 일에도 관여하게 된다. 당시 맹인 점술가들은 『조선왕조실록』에도 이름이 등장할 정도로 국왕의 지근거리에서 활동했다. 정종 대의 유대원, 태종 대의 유담, 세종 대의 지화·김학루·김숙중, 그리고 세조가 즉위한 후 원종공신에 책봉된 이영선 등이 모두 당대에 이름을 떨친 점술가들이다.

맹인 점술가들은 국왕에게 공을 인정받아 융숭한 대접을 받았다. 유대원의 경우 조정 대신들이 관직을 회수하자고 건의한 적도 있지만 정종이 "유대원이 일찍이 자신(정종)에게 공이 있다"고 하여 거부하기도 했다. 당시 유대원의 공이 무엇인지에 대해서는 구체적인 기록이 없지만 정치적으로 어려운 입장에 있던 정종의 개인적인 운명이나 미래를 점치고 위안을 준 것으로 보인다. 세종 또한 지방의 맹인까지 궁궐로 불러들여 직접 만나기도 했고, 그중 능력을 인정받은 자에게는 상을 내리고 집을 하사할 정도로 맹인 점술가들을 가까이했다.

그러나 정치권력과 가까이 있었던 맹인 점술가들은 때때로 역모에 연루되어 정치적 희생양이 되기도 했다. 태조 즉위 초기 맹인 점술가 이홍무는 박위의 모반 사건에 연루되어 처형당했고, 금성대군 이유의 모반 사건이 일어났을 때에도 맹인 점술가 석경이 연루된 바 있다.

한편, 사대부들 역시 왕 못지않게 점술인을 가까이했다. 성현은 『용채총화』에 점술가에 대한 기록을 풍부하게 남겼는데 "자신의 집안도 맹인 점술가였던 김숙중을 후대하여 자식과 친척들의 길흉과 운명을 점쳤으며, 모두 다 맞혔다"며 세종이 신뢰한 김숙중의 일화를 소개하고 있다. 『묵재일기』*에도 사대부들의 일상 속에 점술가들이 등장한다. 사대부들이 점을 치는 이유는 운명과 팔자 같은 개인적 호기심에서부터 제사를 비롯한 집안 문제, 과거 합격이나 관직 이동과 같은 사회생활 문제까지 다양했다. 심지어 유교 의식을 치르기 위한 날을 잡기 위해 점을 치기도 했고, 왕의 운명이나 팔자를 알아보고 자신의 정치적 앞날을 예측하기도 했다. 때로는 왕과의 힘겨루기에서 점을 활용하는 등 사대부들 역시 점을 정치적 이유에서 가까이했다. 또한 국왕이 유명한 점술가에 대한 소문을 듣게 되는 경로가 이 사대부들을 통한 경우가 적지 않았다는 점도 흥미롭다.

이상촌에도 유형이 있다

이상촌을 꿈꾸는 마음

예로부터 사람은 누구나 근심 걱정 없고 차별받지 않는 평화로운 세상에서 사는 것을 꿈꾸었다. 이러한 인간의 심리는 불가항력에 의지하려는 부정적 요인이 없는 것은 아니지만, 공동체 생활을 기반으로 현실 사회에서 평화를 사랑하고 지키려는 깨끗한 마음이 담겨 있다는 점에서 긍정적인 면도 있었다. 이러한 인간의 심리가 실현된 공간이 바로 '이상촌'이다. 이상촌은 사람들의 마음속에 있을 뿐 현실에서 찾아보기 힘든 곳이지만, 사람들은 이상촌을 찾기 위해 오래전부터 다양한 방식으로 관심을 기울여왔다. 헤아릴 수 없을 정도로 수많은 풍수지리 서적이 나왔고 명당에 관한 이야기와 설화도 무수히 많다. 그만큼 이상촌은 결코 포기할 수 없는 인간의 희망이었다.

풍수지리의 대가, 남사고가 어느 날 말을 타고 소백산 지역을 지나다가 말에서 내려 "이 산은 활인산活人山으로 피난처로 제일이다"라고 말했다는

이야기가 있다. 수壽·부富·강녕康寧·유호덕攸好德·고종명考終命의 오복五福
을 고루 갖춘 이상촌을 의미하는 '오복동 전설'에는 다음과 같은 이야기가
있다.

옛날 한 남자가 산에 나무를 하러 갔는데 사슴 한 마리가 나타났다. 나무
꾼은 사슴을 잡으려고 작대기를 들고 쫓아갔지만 달아나는 사슴을 잡을 수
없었다. 도망가던 사슴은 해가 지기 시작하자 어느 굴 속으로 들어가 버렸
고 나무꾼도 사슴을 쫓아 굴 속으로 들어가자 그곳에 별천지가 나타났다.
나무꾼은 그곳에 살고 있던 사람에게 이곳이 어디냐고 물었다. 한 노인이
나서서 옛날에 난을 피해 들어와 살았는데, 지금까지 죽지 않고 행복하게
살고 있다고 대답했다. 나무꾼은 그곳에서 융숭한 대접을 받고 집으로 돌아
왔다. 그 후 다시 그곳을 찾으려고 했지만 찾을 수 없었다.

예로부터 도인들의 이상향으로 알려진 전라북도 남원 지방과 경상남도
하동 지방의 지리산 '청학동 전설'도 대표적인 이상촌 이야기이다. 이상촌
에 관한 이야기에는 대부분 풍수지리와 같은 도가의 이론에 밝은 옛 선인

윤도_국립민속박물관 소장　지관들이 풍수를 보거나
방향을 확인할 때 사용한 나침반.

들이 등장한다. 신라 말의 도선, 고려 말의 무학, 조선 중엽의 남사고, 이지함 등이 그들이다. 그리고 『정감록』*『징비록』『남사고비결』*『도선비결』*『토종가장결』* 등은 이상촌에 관한 대표적 문헌이다.

현전하는 이야기들을 종합하면 이상촌에는 다음과 같은 공통점이 있다. 중국 '도원설화'에서 영향을 받은 것으로 알려진 이상촌에 한번쯤 다녀온 사람은 있지만 다시는 그곳을 찾지 못했다. 하나같이 이상촌의 입구는 한 사람이 겨우 들어갈 수 있을 정도로 좁았지만 그 통로를 지나면 광활한 평야와 마을이 나오고, 그곳에 사는 사람들은 모두 난리를 피해 들어왔다가 세상과 인연을 끊고 평화를 누리며 부족함 없이 살고 있다.

십승지지와 이상촌

우리나라에 전해 내려오는 이상촌 이야기에는 십승지지도 자주 거론된다. 십승지지는 전쟁이나 천재지변이 일어나도 안전하게 살 수 있는 장소로, 대표적으로 남사고가 선정한 열 곳이 있다. 풍기의 금계촌, 안동의 내성, 보은의 속리산 산록 증항 부근, 두류산 산록의 동점촌, 예천의 금당동 동북쪽, 공주의 유구천과 마곡천 사이, 영월의 정동 쪽 상류, 부안의 호암, 가야산의 만수동, 덕유산이 이에 해당한다. 십승지지의 특징은 다음과 같다.

첫째, 교통이 대단히 불편하여 외부에서 접근하기 힘든 오지이지만 내부는 사람들이 편안하게 생활할 수 있는 공간과 기후를 갖추고 있으며 먹을 것이 풍부하다.

둘째, 전국적으로 분포 지역의 편차가 크다. 즉 경상도 네 개 지역, 전라도 세 개 지역, 충청도 두 개 지역, 강원도 한 개 지역이 십승지지에 해당한다. 이 지역들은 고려의 개경이나 조선의 한양 등 수도와 멀리 떨어져 있으며 한강을 기준으로 남쪽에 위치하고 있다. 반면 설악산·금강산·백두산·묘향산 등 사람들이 접근하기 어렵고 지형이 험한 산을 포함한 한강 이북 지역에는 한 곳도 없다. 이러한 특징은 역사적 경험과도 무관하지 않은 듯하다. 주로 한강 이북 지역에서 발생한 전쟁의 규모가 크고 피해가 참혹했기 때문이다. 물론 남쪽 지역도 신라 문무왕이 죽어서 호국대룡이 되어 왜병을 진압하겠다는 유언을 남길 정도로 왜구 침략이 빈번했지만, 주로 연안의 미곡을 노략질하는 수준으로 경상도와 남해안 일대에 한정되었다. 남해안을 중심으로 왜구의 침입이 대규모로 확대되기 시작한 시기는 고려 말기부터였다. 따라서 고려 말기 이전까지 전쟁과 같은 커다란 난리는 주로 중부 이북 지역에서 일어났다. 이러한 역사적 경험이 십승지지 선정에도 영향을 미쳤을 것이다.

셋째, 십승지지는 근대 이후의 사회에서도 여전히 관심을 끌고 있다. 특히 조선 후기와 일제강점기, 현대에 들어와서는 6·25전쟁을 거치면서 혼란 속에서도 피해를 거의 받지 않은 장소가 주목받았다. 오늘날에도 십승지지를 포함해 이상촌에 대한 관심은 끊이지 않는데,『정감록』을 신봉하는 사람들이 특정 지역으로 대거 몰려 촌락을 형성한 곳도 있다. 십승지지 중 금계촌의 경우 1970년대까지도 외부와 단절된 공동체 생활을 하며 독특한 생활 양식을 영위했다.

십승지지와 이상촌에 대한 관심은 사회가 불안할 때 더욱 고조되었다. 게다가 단순히 피난과 보신을 추구하는 소극적 의미를 넘어 새로운 이상 세계에 대한 적극적 열망도 담겨 있었다. 따라서 이상촌에 대한 관심은 앞으로도 쉽게 가라앉지 않을 것으로 보인다.

십승지지의 지역적 특징을 구체적으로 살펴보면 다음과 같다.

풍기의 금계촌은 현재 영주군 풍기읍의 금계동·욕금동·삼가동 일대로, 소백산 아래 위치해 있다. 예로부터 태백산과 소백산 아래는 인재가 많이 배출되는 복지福地였다. 특히 소백산 남쪽에 위치한 금계촌은 지금의 금계천인 북천과 남천이 남류하여 서로 합치는 지역이며, 풍수지리적으로 부산대수負山帶水를 이루는 전형적인 명당으로 꼽힌다.

경북 안동 지방의 내성은 예전에 안동도호부의 속현이었다. 부치에서 북쪽으로 90리쯤 떨어진 곳에 위치하며 현재 봉화군 내성면을 말한다. 조선 시대 지리학자 이중환은 『택리지』에 "태백산 아래 자리 잡은 내성은 춘성·소천·재산 지역과 함께 질병이나 재난을 피할 수 있는 땅이다"라고 기록하고 있다. 이 지역은 남사고가 남긴 기록에도 전한다. 그러나 남사고는 "이 지역은 대를 이어 재난을 피할 곳은 못 된다"고 부연했다.

충북 보은의 속리산 아래에 위치한 증항 부근은 보은읍에서 상주와 합창 방면으로 뻗은 길을 40리쯤 지나 충북과 경북의 경계인 시주봉 아래 위치한 안부 지역을 말한다. 『택리지』에도 사람 살기에 가장 적당한 곳으로 꼽고 있으며, 실제로 전쟁 때 단 한 명도 피해본 사람이 없었다고 한다. 또한 증항에서 서쪽의 관기리까지 군내에서 가장 기름진 평지를 확보하고 있으며, 최근까지 주민들은 농사 외에도 대추를 많이 심어 수익을 올렸다고 한다. 붉은색의 대추는 공간적으로 태양을 상징하며 시간적으로는 조상에 대한 향수를 상징한다. 따라서 이 지역에서 대추 농사가 잘된다는 것은 현대 사회에서도 이상촌으로서 충분한 조건을 지니고 있음을 의미한다.

동점촌은 현재 지리산 운봉과 두류산 아래 위치한 산천군·함양·진주 등 10여 개 군으로 둘러싸인 지역을 말하나 정확한 위치는 알 수 없다. 『정감록』에는 십승지지 가운데 운봉 지역에 향촌이 있다고 되어 있으나 현재 지리산 지역에는 동점촌이라는 지역명이 없다. 다만 『택리지』에 남사고가 지리산 북쪽의 함양에서 염원동·군자동·유점촌을 복지로 꼽았다는 기록이 있고, 『대동지지』에는 벽암·추동·유점촌을 남사고가 복지로 꼽았다고 전한다. 때문에 기록에 나타난 지역들이 대부분 지리산 북쪽의 임천 유역에 있고, 두 문헌이 공통적으로 지적하는 유점촌鍮店村의 '유鍮' 자가 동점촌銅店村의 '동銅' 자와 혼동되었을 것이라 추측하기도 한다.

예천의 금당동은 지금의 예천군 용문면 죽림동 금당실 지역일 것으로 추정한다. 이 지역은 동쪽의 옥녀봉, 서쪽의 국사봉, 남쪽의 백마산, 북쪽의 매봉에 둘러싸인 분지로, 동남쪽의 벽암성 부근의 골짜기가 관문이다. 남사고는 이곳을 "창과 칼이 미치지 않아 오래 살 수 있는 곳"이라고 평했다.

공주의 마곡천과 유구천 사이는 지금의 유구천과 사곡면을 흐르는 마곡천 사이의 100리쯤에 위치한 곳이다. 이 지역은 살육을 면할 수 있는 피난처로, 차령산맥이 서남으로 뻗어 있고 그 남부와 거의 병행하여 지맥이 광덕산·금계산 등과 연이어 뻗어 있어 사이가 좁고 긴 'ㄷ' 모양의 계곡이다. 이 지역에서 유일하게 트인 곳이 금강으로, 전술적으로도 가장 안전한 지역이다. 실제로 6·25전쟁 당시 많은 피난민들이 이 계곡에 모여들어 한때 대성황을 이루었다고 한다.

강원도에서 유일하게 꼽힌 영월의 정동 쪽 상류는 동부에 만경대산 줄기가 동서로 뻗은 한강 지류에 위치한다. 오늘날 영월군 상동읍 연하리 일대로, 북쪽의 함백천과 남쪽 옥동천의 분수령이 되는 지역이기도 하다.

부안 지방의 호암은 원문에 따르면 "부안 변산의 동쪽은 장신藏身의 최기最奇"라고만 적혀 있어 구체적인 지역은 알 수 없다. 다만 통설에 따르면 "변산반도는 수목이 울창하고 인적이 없어 호랑이도 사람을 피하지 않을 정도이며, 고려와 조선의 궁실에 소용이 있는 재목은 이곳에서 공급될 정도였다"고 한다. 또한 남사고 역시 이곳을 "몸을 감추기가 가장 좋은 곳"이라고 말한 것으로 보아 변산반도를 총칭하는 것으로 추정할 뿐이다. 그러나 남사고는 이 지역에 대해서 "만약 제주도에서 재난이 일어나면 장기간 피난처로는 적합하지 않다"고 부연하고 있다.

가야산 만수동 역시 정확한 위치를 알 수 없다. 우리나라에서 가야산은 성주의 가야산과 함께 덕산군과 해미군의 경계에 있는 가야산이 유명하다. 하지만 두 곳 모두 만수동이라는 지명이 있었다는 기록은 남아 있지 않다. 다만 『택리지』에서 지리산의 만수동과 청학동을 거론하는 것으로 보아 가야산 만수동은 지리산에 있는 구품대를 잘못 표기한 것으로 추정할 뿐이다.

마지막으로 덕유산 지역의 복지는 현재 행정구역상 무주군 무풍면을 말한다. 그러나 남사고가 말한 무풍면 북쪽 역시 현재 정확한 위치가 불분명하다. 자료에 따라서는 남원의 운봉, 지금의 단양군 영춘면 남천리 부근 등이 십승지지라고도 한다.

임금의 묘호와 역사 읽기

묘호에 담긴 역사적 의미

왕조 사회에서 시호諡號는 사망한 군주와 신하 모두에게 붙일 수 있었다. 한 예로 외왕내제外王內帝를 지향하여 안으로는 황제를 자칭하고 대외적으로는 왕조 사회를 내세웠던 베트남에서도 리 왕조의 군주에게 묘호를 붙인 것을 시작으로 마지막 왕조인 응우옌 왕조까지 묘호 제도를 유지했다.

시호를 올리는 것과 관련해 '추존追尊'이라는 용어가 있다. 왕조 사회에서 특정 인물이 사망한 후 그를 높여 특별한 호칭을 올린다는 뜻인데 추존 대상은 대부분 왕족이나 황족·제후 등이었다. 죽은 승려의 불덕을 높이 기려 국사 또는 왕사 등도 포함되었는데 불교를 숭앙한 고려의 경우 여러 고승들이 왕명으로 추존되었다. 반면, 왕이 아닌 아랫사람이나 신하에게 높여 부르는 특별한 호칭이나 제후직을 사후에 내리는 것과, 왕족에게 군·부원군·대원군 등의 작위를 사후에 내리는 일은 '추봉追封'이라고 한다. 민간에서는 조상 가운데 쇠퇴한 가문을 일으켜 세운 인물을 추봉하고 이들을 가문의 중시조로 삼기도 했다. 이 밖에도 왕 또는 황제로 추존하는 일을 '추숭追崇'이라고 한다.

묘호는 임금이 죽은 후 종묘에 신위를 모실 때 결정한다. 따라서 오로지 종묘에 위패를 모시는 군주만이 묘호를 받을 수 있다. 일반적으로 두 글자인 묘호의 앞 글자는 왕의 치세 기간 동안의 업적에 따라 선택하고, 두 번째 글자는 종宗과 조祖 가운데 하나를 선택했다. 그러나 묘호가 처음 만들어진 초기에는 단지 왕으로 재위하여 나라를 다스렸다고 모두 받는 것이 아니었다. 국가에 특별한 공덕을 남겨 만백성이 모두 그 공을 치하하고 우러러볼 때 비로소 태묘에 봉안하고 묘호를 올렸다. 따라서 초기에는 나라를 다스린 군주 가운데 소수만이 묘호를 받았다는 점에서 대단히 영예로운 일이었다.

중국의 경우 후대로 가면서 재위한 모든 황제를 태묘에 봉안하면서 묘호도 함께 올렸는데 '조'는 대개 개국 군주에게만 올렸다. 따라서 창업 군주는 모두 새로운 세상을 열었다는 의미를 담아 태조라 하였다. 그 뒤를 이어 재위한 군주에게 조의 칭호를 올린 사례는 주변국을 통일하거나 제2의 건국에 해당하는 업적을 남긴 경우에 해당한다. 전한前漢의 고제高帝에 이어 새롭게 한나라를 창건한 후한後漢의 광무제光武帝가 세조의 묘호를 받은 것이 대표적 예다. 중국의 마지막 봉건 왕조인 청나라의 경우 건국 군주인 태조 천명제를 제외하고 조의 묘호를 받은 군주는 순치제인 세조와 강희제인 성조 단 두 명뿐이었다.

우리나라의 경우 삼국시대에는 신라 무열왕이 유일하게 태종이라는 묘호를 받았다. 고려 시대에는 왕건만이 태조라는 조의 칭호를 받았고, 뒤를 이어 즉위한 임금들은 모두 종의 칭호를 받았다. 그러나 고려는 묘호를 24대 원종까지만 사용했다. 이후 충렬왕부터 충정왕까지 6대는 왕 시호만 올렸다. 여기에는 고려가 몽골에 내정까지 간섭당한 가슴 아픈 사연이 있다.

고려 후기 원나라 간섭기에는 고려가 원의 부마국이 되고 고려의 왕들이 원의 황제에게 충성을 다한다는 뜻으로 충忠을 쓰게 했다. 심지어 선대의 고종과 원종은 이미 올린 묘호를 삭제하고 충헌왕과 충경왕으로 다시 추증되기까지 했다. 왕과 관련된 용어인 짐·조·폐하·태자 등도 사용하지 못했고, 관리를 지칭하는 관호까지도 모두 고치게 했다. 고려 왕실은 물론 조정의 권위까지 위축시켜 원 황실 밑에 복속시키려는 의도였다.

이와 관련해서 조선 개국 후 정도전은 『고려국사』를 편찬하면서 당시

기록에 나타난 고려 왕실을 격하하는 용어를 모두 종전대로 복원시켰다. 그러나 세종은 모든 역사 기록은 있는 그대로 기록함이 옳다는 직서주의, 즉 비록 불합리한 것이라고 해도 과거의 역사적 사실을 있는 그대로 기술해야 한다는 점을 내세워 당시 조정에서 사용한 용어대로 환원시켰다.

묘호와 정치적 의미

조선 시대에 들어오면서 모든 왕에게 묘호를 올리게 되지만, 조와 종을 결정하는 과정에서 논란이 일어났다. 물론 묘호에서 조와 종을 선택할 때 반드시 지켜야 할 원칙이 있는 것은 아니지만, 일반적으로 나라를 세운 왕에게는 조, 선왕들의 뜻을 계승하여 나라를 잘 다스린 왕에게는 종을 붙였

종묘 조선 시대 역대 임금과 왕비의 위패를 모시던 왕실의 사당. 사진 ⓒ Getty Images Bank

다. 따라서 종이라는 칭호는 일반적으로 왕위를 정통으로 이어받은 경우에 올렸다면, 개국 군주 태조 이외에는 혼란한 정국을 바로잡고 위기에 처한 나라를 다시 일으키거나 이에 준하여 나라를 부흥시킨 왕에게는 조라는 칭호를 사용했다. 그러나 조선은 역사적으로 격변기를 겪을 때마다 조와 종에 대한 정치적 해석을 달리했다. 때문에 묘호 선정 과정에서 논란을 불러일으키는 경우가 적지 않았다.

조선의 경우 개국을 한 왕은 아니지만 세조·선조·인조·영조·정조·순조 등의 묘호에 조를 올렸다. 여기에 태조 이성계의 4대조 조상까지 묘호를 추증하여 목조·익조·환조·도조라 했고, 장조로 추증한 사도세자를 비롯한 열세 명의 묘호에 조를 사용할 정도로 조를 선호하는 경향이 있었다. 정치적 상황에 따라 조의 칭호는 격조를 높이는 의미였던 셈이다. 심지어 처음에 종을 올렸다가 후에 조로 바뀐 경우도 있었다.

세조의 묘호는 처음에는 신종이었으나 뒤이어 즉위한 예종이 "부왕의 공덕이 가히 세종을 뛰어넘는다"고 하여 세조로 할 것을 주장하여 변경했다. 선조 역시 처음에는 묘호가 선종이었으나 광해군 8년에 선조로 바뀌었다. 때문에 묘호를 다시 선종으로 바꿔야 한다는 논쟁이 벌어지기도 했다. 당시 윤근수는 다음과 같은 이유를 내세워 선종으로 묘호를 바꿀 것을 주장했다.

창업의 공을 세운 임금은 조라 칭하고 왕의 정통성을 이어받은 임금을 종이라 칭하는 것이 정도이다.

이러한 주장에는 조와 종에 대한 당시의 객관적 역사관이 담겨 있었다.

그러나 그의 의견은 받아들여지지 않았고 인조 9년, 정경세가 다시 이 문제를 거론하고 나섰다.

> 조는 공功으로써 일컫는 것으로 하등 좋고 나쁜 차이가 없는 것이니 본래대로 선종으로 복귀함이 옳다.

물론 정경세의 의견은 수용되지 않았고 이후에도 이러한 논란이 이어졌다. 영조·정조·순조 역시 처음에는 영종·정종·순종의 묘호를 각각 올렸지만 영종과 정종은 고종 때 각각 영조와 정조로, 순종은 철종 때 순조로 개정되었다. 이와 같이 국운이 기울던 조선 후기에 들어서면서 묘호에 조를 선호하는 경향이 더욱 확대된 것은 왕실의 존엄성을 높이고 국가의 자존심을 다시 세운다는 의도가 담겨 있었다.

묘호와 정통성

조와 종의 묘호는 반정을 통해 왕위에 오른 정치적 행위를 정당화하려는 의도로도 활용되었다. 단종을 폐위하고 왕위에 오른 세조는 재위 기간 동안 반정이나 국란을 겪지 않았음에도 조의 칭호를 받는데, 이는 왕권의 정당성을 강조하기 위함이었다. 세조가 왕위에 오르는 과정을 왕실의 위기로 보았으며, 즉위 후 사육신 사건이나 이시애의 난 등을 평정하고 왕권을 견고하게 다진 공을 내세워 조의 묘호를 올린 것이다. 반면, 반정을 통해 왕위에 오른 중종이 조가 아닌 종의 묘호를 받은 예도 있는데 이는 세조와 반대의 경우에 해당했다. 즉, 선왕을 내쫓고 즉위한 것이 아니라 자신이 왕권을 이어받을 적통자임을 강조하기 위한 것이었다. 기록에 따르면 처음에 인종은 중종 사후 교서를 통해 다음과 같이 의견을 밝혔다고 한다.

> 선왕(중종)은 어려운 정국을 바로잡기 위해 반정을 통해 나라를 위기에서 구한 공이 있으므로 조라 칭함이 옳다.

그러나 인종의 의견에 예관이 반대하고 나섰다.

> 선왕은 비록 (반정을 통해) 나라를 중흥시킨 공이 있으나, 성종의 직계로 왕위를 계승하였으므로 종으로 함이 마땅합니다.

결국 이 의견이 받아들여져 묘호가 중종으로 결정되었다. 한편, 조선의 국왕 중에는 조와 종의 묘호를 사용하지 않은 경우도 있다. 조선 2대 왕인 정종은 공정왕으로 기록되기도 했는데 이는 조선 왕조가 고려를 잇는다는 의미에서 전 왕조의 관례에 따라 묘호를 사용하지 않은 것으로 해석된다. 즉, 고려 말기에 공민왕이나 공양왕 등으로 칭했던 관례에 따른 것이다. 비슷한 예로 조선 초기에는 짐·조·주·폐하·태자 등 왕과 관련된 자주적 용어를 쓰지 않고 고려 후기에 사용한 과인·교·정·전하·세자 등의 용어를 답습했다. 그러나 공정왕이라는 묘호에는 왕권을 놓고 벌인 정치적 역학 관계가 담겨 있었다. 정종의 정치적 결단을 문제 삼은 것이다. 정종은 조선 초기 두 차례의 왕자의 난을 통해 실권자로 부상한 동생 방원에게 왕위를 자의로 선양하는 결단을 내리지 못했다. 때문에 공정왕은 태종의 친형임에도 300여 년 가까이 묘호를 받지 못하다가 숙종 7년(1681년)이 되어서야 비로소 정종이라는 묘호를 받게 된다. 그리고 그 기간 동안 태종의 후손들이 대대로 조선의 왕위를 이어받은 것도 영향을 미쳤을 것이다.

조선의 왕 중에는 '군君'이라는 묘호도 있다. 이는 왕으로 인정하지 않았음을 의미한다. 즉, 치세 기간을 인정하지 않을 정도로 폭군이었거나 이에 상응할 정도의 무능한 임금에 해당하는데, 조선에서 군에 봉한 경우는 노산군·연산군·광해군이 있다. 그러나 이들의 묘호에 모두 동일한 의미를 적용할 수는 없다. 즉위한 후 국왕의 자리에서 물러나기까지 정치적 여건의 차이가 컸기 때문이다.

노산군은 숙부 수양대군의 손에 쫓겨나 귀양지에서 죽음을 당한 비운의 왕이다. 뒤를 이어 즉위한 수양대군, 즉 세조로 인해 국왕으로서 정통성을 인정받을 수 없었던 노산군은 이후 숙종 때 정통 군주로 복위되어 단종이라는 묘호를 받게 된다. 반면, 연산군의 폭정에 대해서는 이미 잘 알려져 있다. 그리고 광해군은 특별한 경우에 해당한다. 광해군은 세자 시절부터 왕위에서 폐위될 때까지 성실하고 과단성 있게 정사를 처리했고 특히 인재를 공평하게 등용했다는 평가를 받는다. 하지만 광해군의 이와 같은 통치 행위는 반대파의 질시와 보복심을 자극했고, 임금을 둘러싸고 대북파의 장막에 가려져서 비롯된 정치적 알력으로 광해군의 업적이 폄하되었다. 여기에 광해군을 폐위한 인조반정을 정당화하기 위한 정치적 명분도 묘호 선정에 결정적 영향을 미쳤다.

■ 『금오신화』 200쪽

김시습이 조선 세조 대에 지은 우리나라 최초의 한문
소설. 귀신이 자주 등장하며, 인간이 귀신과 맺어지기
도 하는 등 불교와 도교적 사상관이 강하게 반영되어
있다. 이 작품의 특징은 첫째 주인공 모두가 재주 있는
젊은 남자와 아름다운 여인이며, 둘째 사물을 아주 아
름답게 표현하고 있고, 셋째 현실과는 거리가 먼 신비
한 이야기이다.

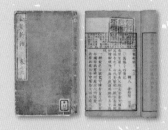

■ 『역어류해』 203쪽

1690년에 간행한 중국어 어휘사전으로 17세기 말엽의 중국어와 조선어의 어음, 어휘 연구에
귀중한 자료이다. 천문·지리·기후 등 약 5000여 개의 어휘가 수록되어 있으며, 중국어와 그
에 해당하는 조선어 어휘, 단어 결합 및 일부 간단한 문장의 대역 구조로 엮여 있다.

■ 『해동잡록』 206쪽

1670년(현종 11년)경 권오의 저서로 단군 이래 역대의 사적을 여러 책에서 뽑아 각 왕
조별로 분류한 일종의 인물사적 문헌설화집이다. 『대동야승大東野乘』에 일부 수록
되어 있으며 최초의 인물사전이기도 하다. 특히 오늘날 전하지 않는 책이 많이 인용
되어 있어 우리 고대사 연구에도 중요한 자료이다.

■ 『포박자』 206쪽

4세기경 동진의 갈홍이 신선에 관한 이론을 집대성하여 완성한 도교 철학서. 제목인 포
박자는 '박朴을 안은 사람'이라는 뜻으로, 박은 노자 철학에서 인간이 손대지 않은 자연
의 순수성을 대표한다. 또한 저자로 알려진 갈홍의 도호이기도 하다.

■ 『조선불교통사』 210쪽

고구려 소수림왕 때 순도의 입국부터 1917년까지 한국 불교사를 시대별로 기록한 책.
사서는 물론 각종 문집·족보·금석문 그리고 중국과 일본의 자료까지 광범위하게 담고
있다. 천태종·법상종·화엄종·정토종·지론종·선종 등 13개 종파와 보우·나옹·무학·
휴정으로 이어지는 한국 선종의 계보, 그리고 한국의 고대 사상과 유교·이슬람교·그리
스도교 관련 기록 등이 담겨 있다. 또한 우리나라 불교의 대표 설화와 일화를 수록하면
서 정사는 물론 각종 야담집을 방대하게 참고하였다. 현재까지 출간된 한국 불교에 관
한 종합 사서로서는 가장 치밀하고 방대하다는 평가를 받을 정도로 우리 불교사 연구
에 중요한 자료이다.

■ 『묵재일기』 234쪽

조선 중기의 정치가 이귀의 생애를 적은 책. 17세기 임진왜란 이후 중앙 정치세력의 대립·갈등을 기록하여 정치사 연구에 중요한 자료이다. 이귀는 선조 연간부터 서인의 입장에 서서 동인의 공격을 받는 이이와 성혼을 적극적으로 두둔하고 옹호한 인물이다. 또한 광해군과 대북 세력에 대항해 인조반정을 성공시키고 그 뒤의 정국을 주도하는 등 당대 정치사에서 매우 중요한 역할을 담당했다. 또한 반란을 일으킨 이괄과 반대파 처리 문제, 정묘호란 때 화이론을 주장하며 척화론과 대립했던 사건, 그리고 인조와의 개인적 관계와 조정에서의 일화 등이 실려 있다.

■ 『정감록』 237쪽

조선 중기 이후 민간에 널리 유포된 우리나라 대표 예언서로 저자와 작성 시기는 미상이다. 『송하비결』『격암유록』과 함께 조선 3대 예언서로, 난세에 풍수설에 따라 복정된 곳에서만 지복을 누릴 수 있으며, 정씨 성의 진인이 나타나 이씨 왕조가 멸망하고 새로운 세계가 온다는 예언이 담겨 있다. 때문에 정도전이 조선 왕조의 역성혁명을 합리화하고 민심을 조작하기 위해 저술했다는 설도 있다. 신비한 요소가 강한 예언서로 직설적인 표현을 피하고 은어·우의·시구·파자를 사용하여 애매한 표현이 많으며, 전쟁을 피하는 소극적이고 은둔적인 사상에 관심을 기울였다. 조선 후기로 내려올수록 반 왕조적 색깔이 짙어져서 반란이나 민란을 비롯해 동학과 신흥 종교의 성립 등 조선 후기 사상계와 서민의식의 변화에 큰 영향을 미쳤다. 조정에서는 금서로 취급했으나 새로운 사회 변혁을 갈망하는 사회 심리가 반영되어 민간에서 은밀히 전승되었다.

■ 『남사고비결』 237쪽

『남사고예언서』 또는 『격암유록格庵遺錄』이라고도 한다. 천기에 관한 책이라 하여 간행되지 않고 비밀리에 자손들이 보관해온 것으로 알려졌으나 8·15광복 후에 남사고가 예언한 말세가 왔다고 생각한 자손들이 세상에 공개했다. 이 책은 미래의 특정 시기나 중요한 사건에 대해 예언하면서 은어나 파자, 속어, 변칙어를 사용해 해석에 논란이 일어나기도 했다. 남북 통일에 대한 예언과 우리나라가 동양에서 제일 가는 강국이 된다는 예언도 있다.

■ 『도선비결』 237쪽

후삼국시대 도선국사의 정치 예언서. 한문 271자로 되어 있으며 위작 시비도 많다. 조선 왕조가 망한다는 예언이 담겨 있어 『정감록』과 함께 조선에서는 금서였다.

■ 『토종가장결』 237쪽

토정 이지함이 후손들에게 전하기 위해 남긴 예언서다.

제 5 장

수용과 저항의 풍경,

일상 속
우리 문화
이야기

담배는 어른 앞에서 피워도 된다?

담배는 호랑이와 권위가 동등했다?

'호랑이 담배 피던 시절에……'로 시작하는 옛날 이야기에서 호랑이가 담배 피던 시절은 시간적으로 아주 오래된 옛날을 의미한다. 담배를 피우고 있는 호랑이 그림이나 도깨비가 담뱃대를 들고 있는 그림도 마찬가지 의도를 담고 있는데, 이처럼 담배는 어떤 장면이나 이야기가 시간적으로 아주 오래되었음을 강조하기 위한 수단으로 자주 등장했다.

담배는 역사적으로 아주 오래된 인물이나 사건에도 중요한 소재였다. 예를 들면 김해 김씨 집안 사람들은 몸의 중요 부위에 검은 점이 있는데 이는 시조 김수로왕이 담배를 피우다 담뱃불이 그곳에 떨어져 생긴 점이라는 이야기가 전한다. 또한 다음과 같은 역사적 인물의 탄생을 알리는 태몽에도 담배가 등장한다.

어느 날 사랑채에서 한 남자가 낮잠을 자고 있었다. 그런데 꿈에서 자신

연초합_국립중앙박물관 소장   조선 시대에는 담뱃잎을 잘게 썰어 담뱃
대에 넣어 피웠기 때문에 썬 담배를 담는 그릇이 필요했다.

이 뿜어낸 담배 연기가 용의 형상으로 변했다. 잠에서 깨어난 남자는 뛰어
난 아들을 얻을 것이라는 기대감에 내실로 들어가 부인과 동침하려고 했다.
그러나 부인이 거절하자 침모와 동침하여 아들을 낳았는데 이 아이가 바로
간신의 표본 유자광으로 훗날 무오사화를 일으킨 장본인이다.

이와 같이 담배는 호랑이와 함께 등장하여 호랑이와 동등한 위상을 보
여주기도 하고, 고대 국가의 인물 설화에 등장할 정도로 유구한 역사를 자
랑하기도 한다. 이렇듯 시기적으로 2천여 년 전의 이야기에 등장하는 담
배가 사실 우리나라에 들어온 것은 길게 잡아도 400년밖에 되지 않는다.
그럼에도 담배에 오랜 역사를 부여한 이유는 무엇일까? 그 답을 찾기 위
해서는 서민들의 일상에 주목할 필요가 있다.

서민들에게 담배 연기는 일상의 시름을 날려 보내는 수단이었다. 오늘
날 빈민국과 개발도상국의 어린이 흡연율이 높은 이유 역시 가난한 사람
들의 삶과 연관이 있다. 오지에서 일하는 아이들은 벌레를 쫓기 위해 어쩔

수 없이 담배를 피우기도 하는데, 이 또한 경제적으로 궁핍한 서민의 애환을 잘 말해준다.

남아메리카 중앙부 고원 지역이 원산지인 담배는 1558년 스페인 왕 펠리페 2세가 관상용과 약용으로 재배하면서 유럽에 전파했다. 우리나라는 임진왜란 후인 광해군 10년(1618년)에 일본과 중국의 북경을 왕래하던 상인들이 도입했는데, 이와 관련하여 『인조실록』에는 다음과 같이 기록하고 있다.

> 담배는 1616~1617년에 바다를 건너 들어와 이를 복용하는 자가 간혹 있었으나 그다지 성행하지 않더니, 1621~1622년에 이르러서는 복용하지 않는 사람이 거의 없었다.

이 기록에서처럼 담배가 우리나라에 소개된 역사는 길지 않다. 또한 도입 초기에는 주목받지 못하다가 시간이 지나면서 기호품으로 확산되었음을 알 수 있다. 담배는 수입 지역에 따라 이름을 달리했다. 왜초倭草는 일본에서 수입한 담배이고, 서초西草는 서양의 담배가 예수교를 통해 북경에서 수입되었다고 해서 붙은 이름이다. 그리고 유입 과정에서 다양한 용도로 활용했으며 병을 치료하는 약용으로 사용하기도 했다.

담배를 피운 연령대도 다양했다. 아주 어린 아이들도 담배를 피웠다는 기록이 있는데 『하멜 표류기』에 따르면 "조선의 어린아이들은 4, 5세만 되면 담배를 피운다"고 되어 있다. 그러나 이는 당시 아이들이 몸속 회충을 없애기 위해 약으로 사용한 것을 하멜이 오해하여 그렇게 기록한 것이라는 이야기도 있다. 담배 도입 초기에 용도나 사용자에 대한 혼돈이 있었음

『단원풍속도첩』속 「담배썰기」_국립중앙박물관 소장 김홍도가 그린 18세기 조선의 풍속도로 넓은 담뱃잎의 주맥(잎 한가운데 있는 가장 굵은 잎맥)을 추려낸 다음 작두판에 눌러 썰어내고 있는 광경 이다.

을 보여주는 사례이다. 그러나 시간이 지나면서 담배는 우리 사회에서 어 른들의 기호품으로 자리 잡게 된다.

담배는 어른 앞에서 피워도 된다?

우리 사회에 담배가 정착하면서 담배는 개인의 사회적 지위와 함께 성인으로서의 자격을 상징하는 수단이 되기도 했다. 성인이 된 남자나 혼례를 올린 남자들만이 피울 수 있는 사회적 관례가 만들어진 것이다. 또한 담배와 함께 담뱃대의 길이도 신분과 권위를 상징하여 양반은 장죽이라는 긴 담뱃대를 사용했고 평민은 허리춤에 꽂을 정도의 짧은 곰방대를 사용했다. 장죽의 재료인 대나무 역시 사군자의 하나로 곧고 굳은 선비의 강직함을, 마디는 절개를, 빈 속은 겸허함을 상징해 정신적 영역으로까지 확장되었다. 또한 남존여비 사상이 지배하는 사회상과 맞물려 남성의 상징으로 정착하기도 했다. 때문에 여성은 담배를 피울 수가 없었다. 다만 할머니와 과부의 경우는 예외로, 할머니는 여성으로서가 아니라 집안 어른으로, 과부는 여성으로서의 위치를 상실한 존재로 보았기 때문에 가능했다.

이러한 사회 분위기는 담배를 어른 앞에서 피워서는 안 된다는 예절을 만들어냈다. 봉건사회에서 또 하나의 권위와 규범이 형성된 것이다. 예를 들면 조관들이 거리에 나갈 때 길에 있는 사람들은 담배를 피울 수 없었다. 만약 재상이나 시종관이 지나가는데 담배를 피우는 자가 있으면, 먼저 길가의 집에 구금시켜 놓았다가 용무를 마친 후 잡아다가 치죄했다고 한다. 또한 정조 대의 학자 이덕무는 흡연 예절을 거론하면서 "임금이나 관원, 어른 앞에서 담배를 금하라"는 문장을 첫머리에 두었다.

이와 같이 담배 피우는 행위에 관한 법과 사회 규범이 엄격했던 이유와 관련하여 민가에서는 다음과 같은 재미있는 이야기가 전한다.

담배가 우리 사회에 정착되면서 조정의 고위 관료들 사이에서도 흡연 문화가 유행처럼 번졌다. 이들은 임금과의 회의 시간에도 담배를 피웠는데 국사를 의논하면서 신하들이 담배를 피우면 연기가 높은 곳에 있는 용상으로 몰렸다고 한다. 때문에 이를 참지 못한 임금(광해군이라고도 전한다)이 하루는 대신들에게 담배를 삼가도록 명했고, 이 이야기가 지역에 따라 다양하게 변형되었다.

지역에 따라서 다음과 같은 이야기도 전한다.

하루는 조정회의 중에 어느 대신이 피우던 담뱃재를 떨었다. 그런데 담배 불씨가 임금의 곤룡포에 날아가 커다란 구멍이 나고 말았다. 당시 사회에서 임금의 몸에 손을 댄다는 것은 이유 여하를 불문하고 최고의 불경죄였다. 임금의 곤룡포 역시 예외는 아니었으니, 세상에서 단 한 사람만 입을 수 있는 옷을 손상했다는 것은 임금의 권위에 대한 도발이었다. 담배 때문에 임금의 안전을 위협했다는 이유로 당사자는 물론 함께 담배를 피운 대신들까지도 책임을 물을 수 있는 문제였다.

민가에서 전하는 이 이야기는 담배 불씨 해프닝으로 시작하지만 이야기의 뒷부분이 어떻게 전개될지 상상해보는 것은 어렵지 않다. 아마도 사건의 당사자인 대신은 죽었다 살아난 기분이었을 것이다. 그가 어전을 물러나면서 어떤 다짐을 했을지 충분히 상상할 수 있다. 또한 집으로 돌아간 대신들 역시 가족을 모아놓고 윗사람 앞에서 담배를 절대 금하라는 당부를 반복했을 것이다. 어른 앞에서 담배를 피우지 말라는 사회적 규범의 배경에는 목숨이 달려 있을 정도로 심각한 이유가 있었던 셈이다.

담배는 왜 입으로만 피웠나

담배를 피우는 행위를 '흡연한다'라고 한다. 즉, 연기를 입으로 빨아들인다는 뜻이다. 담배의 특성상 즐길 수 있는 방법이 한 가지만은 아니지만 그럼에도 담배를 입으로 피우게 된 내력에 대해 우리나라와 중국에서는 각각 다른 이야기가 전해 내려온다.

한때 중국에 콧병이 유행했는데 이 병을 치료하기 위해 담뱃잎으로 코를 막았다. 하지만 겨울에는 담뱃잎을 구할 수 없어 겨울이 오기 전에 잎을 말려 두었다가 말린 담뱃잎을 태워 그 연기를 코로 들이마셨다. 그 후 입으로 연기를 들이마셨다가 코로 연기를 내뿜으며 콧병을 치료하는 민간 요법이 유행했고, 담배가 기호품이 되었을 때도 이 방식이 그대로 적용되어 흡연문화가 생겨났다.

우리나라 역시 담배가 들어온 초기에는 민간요법으로 사용했다. 『지봉 유설』에 "담배 잎이 거담제祛痰劑로 쓰인다"는 기록이 있다. 잎을 따서 바짝 말렸다가 태운 것을 "환자가 대롱을 통해 연기를 입으로 빨았다가 코로 내뿜으면 몸 안에 있는 담과 습기가 제거되고 기가 내리며, 술을 깨는 효과도 있다"고 한다. 담배를 입으로 피우는 관습은 여기서 생겨났다.

담배의 기원과 입으로 피우게 된 유래담 중에는 다음과 같은 로맨틱하면서도 애틋한 이야기가 있다.

옛날 어느 고을에 절세미인으로 소문난 기생이 살았다. 그녀는 같은 마을에 사는 젊은 선비를 짝사랑했지만 젊은 선비는 글공부에만 전념하며 기생에게 눈길 한번 주지 않았다. 기생은 선비와 입이라도 한 번 맞추기를 염원했지만 선비는 기생의 마음을 알 리 없었다. 결국 소원을 이룰 수 없었던 기생은 심한 상사병을 앓다가 죽고 말았다. 그 후 기생의 무덤가에 이름 모를 풀이 돋아났다. 사람들은 그녀의 넋이 자란 것이라고 입을 모았는데 이것이 바로 담배 잎이다. 그런데 어느 날 기생의 무덤가를 지나가던 선비가 젊은 나이에 요절한 기생을 측은하게 여겨 무덤가에 핀 담배 잎을 뜯어 입에 물었다. 이때부터 담배를 입에 무는 것이 유행처럼 번져 담배를 입으로 피우게 되었다.

당대 최고의 실학자였던 다산 정약용의 담배 이야기도 흥미롭다. 1801년 신유옥사에 연루되어 경상도 포항시 인근 장기라는 곳에서 초봄부터 귀양살이를 하고 있을 때였다. 대부분의 사람들이 그렇듯 다산 역시 유배 초기의 생활에 몸과 마음이 적응하기가 쉽지 않았던 듯하다. 당시 그가 남긴 「담배」라는 제목의 짧막한 시에서도 이러한 마음이 느껴진다.

육우陸羽가 지은 다경茶經도 좋고
유령劉伶의 주덕송도 기이한 글이지
담바고(담배)가 요즘 새로 나왔으니
유배객에게는 가장 잘 어울리지
살짝 빨아들이면 향기 그윽하고
슬그머니 내뿜으면 실처럼 간들간들
객지의 잠자리 언제나 편치 못한데
봄날은 왜 이리도 길기만 할까

당시 정약용의 심정을 생각하면, 자신의 혼란한 마음을 담배로 위로하기라도 하듯 애잔함이 느껴진다.

    이와 같이 담배는 외부로부터 유입된 기간은 그리 길지 않지만, 담배 연기 속에 서민들의 희로애락을 담아 날려 보낸 삶의 시간만큼이나 사람들과 친숙한 존재로 정착했다.

우산, 근대와 전근대가 만나다

우산, 권력을 상징하다

우리나라에서 일반인들이 우산을 쓰기 시작한 역사는 그리 오래되지 않았다. 기록에 따르면 삼국시대 고분벽화에 최초로 우산과 비슷한 형태의 그림이 등장하지만 이것은 햇볕을 가리는 것이 주목적인 일산日傘으로 보는 것이 타당하다. 당시 일산은 왕의 권위와 위엄의 상징이었으며 상류 사회에서도 계급에 따라 모양이나 색상을 달리할 정도로 정치 권력과 밀접한 관련이 있었다. 이후 고려 시대에 들어오면 우산이나 일산에 관한 기록이 보이지 않아 더 이상 자세한 내용은 알 수 없다. 그렇지만 확실한 것은 왕을 비롯한 소수의 상류층만이 일산을 겸해 의례용으로 우산을 썼다는 점이다. 특히 벼슬아치들은 외출할 때 볕을 가리거나 비를 피하기 위해 일산과 우산을 겸한 장량산이라는 도구를 주로 사용했다.

서민들의 경우 조선 후기까지 비오는 날에 우산을 쓰지 않았다. 민가에서는 오히려 의도적으로 비를 가리는 행동을 금하는 풍습도 있었는데 이는 농경 사회 문화와 밀접한 관련이 있다. 근대 이전의 농경 사회에서 기후는 농사에 결정적 영향을 미쳤다. 과학 기술이 발달하지 못한 당시 사회에서 농민들은 하늘에 의존하며 살 수밖에 없었기 때문에 하늘의 뜻에 순종하고 거스르지 않으려고 늘 조심했다. 당시 사람들은 비가 내릴 때 도구를 써서 의도적으로 비를 가리는 행위는 하늘의 뜻을 거역하는 부도덕한 행위로 반드시 재앙이 따른다고 믿었다.

농경문화의 관점에서 보면 비는 세상을 비옥하게 하는 생명과 풍요를 상징했다. 반면, 하늘이 노하면 홍수가 나거나 가뭄이 드는 등 재난이 발생한다. 따라서 비는 하늘이 주는 최대의 축복인 동시에 재앙이 될 수도 있었다. 옛날부터 비가 오지 않으면 왕이 옷과 음식을 가려 취하고 몸과 마음을 근신하면서 직접 기우제를 올렸고, 서민들 역시 하늘의 노여움을 풀기 위해 다양한 풍습을 실행에 옮겼다. 사람이 많이 모이는 시장을 옮기기도 하고 인위적으로 바람을 일으키는 부채질이나 햇볕을 가리는 일산은 물론 머리에 관도 쓰지 않았다.

우산으로 사람의 성품을 평가하다

물론 비를 신성하게 여겼다고 해서 모든 비를 그대로 고스란히 맞고 다닌 것은 아니었다. 민가에서는 나름대로 몇 가지 도구를 이용해 최소한으로 비를 피했다. 조선 후기까지 일반인들은 짚으로 만든 도롱을 어깨에 걸치기도 했고, 삿갓을 쓰거나 갈모나 기름먹인 종이로 삿갓 모양의 원추형 주름 모자를 만들어 갓 위에 쓰기도 했다. 이러한 도구는 모양과 크기에 따라서 비를 가리는 정도에 차이가 있었다. 조선 후기 전까지 갓 위에 썼

우산과 갈모(오른쪽)_국립민속박물관소장 우산은 도입 초기에 모양이 박쥐처럼 생겼다고 해서 편복산이 라고 불렸다. 갈모는 비가 올 때 갓 위에 덮어쓰던 도구로 펼치면 고깔 모양, 접으면 부채 모양이다.

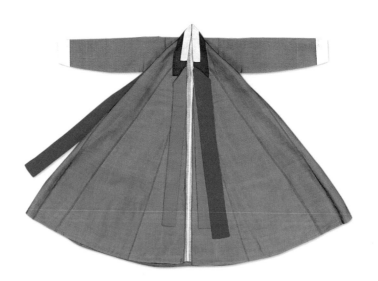

덕온공주 장옷_단국대학교 석주선기념박물관 소장, 문화재청 제공 조선 23대 왕 순조의 셋째 딸 덕온공주 가 나들이할 때 머리에 쓰던 옷. 현재 남아 있는 덕온공주의 당의, 원삼, 저고리 등은 조선 말 왕실 의 의생활 면모를 짐작해볼 수 있는 귀중한 자료이다.

던 갈모의 경우 크기가 커서 몸을 모두 가릴 수 있었다. 그러나 말기에는 갓이 작아지고 갈모도 좁아져 몸 전체를 가리지 못하고 머리만 가리는 정도였다. 여자들의 경우 상류층 부인들은 외출 때 가마를 탔고 일반 부녀자들은 장옷이나 쓰개치마 또는 삿갓을 쓰기도 했다. 쓰개치마는 보통 치마와 폭이 같고 길이는 머리에 쓰면 발목까지 올 만큼 길었다. 장의長衣는 원래 남자의 평상복이었으나 세조 때부터 여자들이 착용하다가 내외법이 강화된 조선 후기에는 여자들이 얼굴을 가리는 용도로 머리에 썼다. 문헌의 기록과 덕온공주의 유물 중 장옷이 있는 것으로 보아 장옷은 조선 말기에도 보편적으로 착용한 것으로 보고 있다.

조선 시대의 선비들은 외출할 때 비가 오면 길거리에서 비를 맞는 사람들을 위한 배려로 비를 가리는 도구를 하나 더 지참했다. 이러한 배려는 수혜를 받은 사람의 신뢰도를 가늠하는 척도가 되기도 했다.

이와 관련하여 다음과 같은 일화가 있다.

조선 시대 어느 정승이 비오는 날 외출을 했다가 길거리에서 비를 맞고 있는 선비와 마주쳤다. 정승은 선비에게 미리 준비한 여분의 갈모를 빌려주었다. 당시 빌려준 갈모는 비가 그치면 주인을 찾아 돌려주는 것이 예의였다. 그러나 선비는 갈모를 다시 돌려주지 않았다. 훗날 그 선비가 과거에 급제하여 상시관上試官을 대면하였는데, 그가 바로 갈모를 빌려준 주인이었다. 상시관이었던 정승은 사람이 호의를 베풀어 빌려준 갈모를 쓰고 나서 돌려줄 줄 모르는 선비는 관리로서의 자격이 없다는 이유를 들어 선비를 불합격시켰다.

또한 우산은 청렴한 관리의 가난한 집안 형편을 보여주는 이야기에 주요 소재로도 등장했다.

고려 말기에서 조선 초기에 걸쳐 55년이라는 긴 시간 동안 관직에 있으면서도 청렴하기로 소문난 유관이라는 인물이 있었다. 그는 비가 오는 날이면 집 안에도 비가 새어 방에서도 우산(정확히 말하면 비를 막는 도구)을 펴고 지내야 할 정도로 가난했다. 그러나 그는 집안 형편에 전혀 신경 쓰지 않았다. 오히려 비가 오는 날이면 우리는 비를 피할 도구라도 있지만 그것조차 없는 집에서는 어떻게 비를 피할지 걱정이라며 자신보다 못한 처지에 있는 백성을 먼저 생각했다.

이와 같이 우산은 가난한 살림은 물론 사람의 성품을 가늠하는 척도로 사람들의 일상에 깊숙이 들어와 있었다.

우산을 썼다가 집단 폭행을 당하다

현재 우리가 쓰는 우산은 근대 서구에서 비롯되었다. 그리고 서구에서 우산이 일반화된 것은 산업혁명을 통한 근대화와 밀접한 연관이 있다. 경제적으로 일정한 수입이 생기고 근로시간과 휴일이 제도적으로 정착되면서 여행이나 스포츠 관람을 비롯한 야외활동을 즐기는 인구가 늘어나면서 비가 올 때를 대비하여 우산이 필요했기 때문이다.

우리나라에 우산이 들어온 시기는 18세기 중반으로 선교사들을 통해서였다. 당시 우산은 박쥐 모양에 비닐이나 기름종이 또는 방수 처리한 형겊을 나무나 쇠로 만든 우산살에 덮어 씌워 만들었다. 그러나 우산이 도입된 후에도 민가에서는 비를 가리는 행위를 금하는 풍습이 여전했기 때문에 일반인들이 비를 가리는 용도로 우산을 사용하기까지는 적지 않은 우여곡절이 있었다.

기록에 따르면 우산이 도입된 초기에는 우리나라 사람들은 물론 외국인들도 비오는 날에 우산 사용을 꺼려했다. 당시 〈독립신문〉에 오랜 가뭄 끝에 비가 내렸을 때 외국인이 우산을 쓰고 거리에 나갔다가 집단 폭행을 당했다는 기사가 실려 있다. 외국인 선교사들도 선교활동에 지장을 받을까 봐 우산 쓰고 다니는 것을 자제했다고 하니 우산에 대한 사회적 거부 반응이 어느 정도였는지 짐작할 수 있는 대목이다. 하지만 시간이 흐르면서 우산의 사용은 점차 확산된다.

우산이 사회에 정착되면서 또 다른 금기 사항이 등장하기도 했다. 예를 들면 민가에서는 방 안에서 우산을 펴는 행위를 금했다. 방 안에서 우산을 펴면 죄를 지어 감옥에 간다는 속설 때문이었다. 방에서 우산을 펴는 것은 스스로 빛을 가리는 행위로, 햇빛을 보기 힘든 감옥에 들어가는 것과 같았다. 우산을 거꾸로 들면 벼락을 맞는다는 속설도 있었는데, 거꾸로 든 우산은 하늘에 대한 거역으로, 하늘을 노하게 해 벼락을 맞는다고 생각했다.

서구에서는 우산이 권력이나 힘 있는 남성의 상징이었다. 둥근 우산은 태양의 원반, 즉 둥근 태양 자체를 상징했고, 방사형 우산살은 햇빛을, 손잡이는 우주의 축을 의미했다. 이러한 정서가 우산이 우리나라에 들어오면서 남녀차별이라는 봉건적 정서와 결합하여 사회활동을 하는 남성들의 상징물이 되기도 했다.

이와 같이 우산은 근대 서구에서 들어왔지만, 의미와 용도에 대한 해석은 근대성과 전근대성을 모두 지니게 된다. 그리고 우산이 단순히 비를 막아주는 본연의 용도를 찾기까지 때때로 사회적 논란을 일으키며 다양한 일화를 만들어냈다.

여학생들 사이에서 유행하다

개화기에는 선교사 부인과 함께 선교 활동에 나선 여인들이 사회적 비판을 받기도 했다. 황현은 『매천야록』에서 매국노였던 이지용의 부인이 장옷을 벗은 채 아무것도 쓰지 않고 인력거를 탄다고 심하게 꾸짖었는데, 이는 전근대적 전통을 지키라는 충고의 의도도 있었지만, 한편으로는 얼굴을 비롯하여 맨살을 지나치게 드러내고 다니는 일본인들의 천박한 행동에 대한 반감도 작용했다.

개화기에 들어서면서 여성도 신학문을 배울 수 있는 여학교가 설립되었다. 다만 얼굴을 드러내놓고 외출하는 것을 꺼리는 사회 분위기 때문에 여학생들은 쓰개치마를 쓰고 등하교를 했다. 그런데 1911년 배화학당에서 쓰개치마를 교칙으로 금한 일이 있었다. 학생들과 가족들은 얼굴을 내놓고 거리를 다닐 수 없다며 반발했고 이 때문에 학생들 상당수가 자퇴할 정도로 파장이 컸다. 결국 배화학당은 쓰개치마의 대안으로 얼굴을 가리고 다닐 수 있도록 검정 우산을 나누어주었다. 이후 우산은 여학생들은 물론 일반 여인들 사이에서도 널리 유행했고, 얼굴을 가리는 용도와 더불어 햇빛을 가리는 양산으로까지 확대되어 멋을 내는 도구가 되었다. 이유야 어떻든 우산이 외출을 꺼리던 여인들이 집을 나와 거리를 자유롭게 활보할 수 있도록 도움을 준 셈이다.

양산을 쓴 회령 기생_국립민속박물관소장 우리나라에서 양산은 외교관 부
인들이 처음 사용했다. 당시 양장을 입은 서양 여자 손에 반드시 양산이
들려 있는 것으로 보아 개화기 때 양장과 함께 들어온 것으로 추정한다.

    또한 우산은 민간신앙과 접목되어 새로운 풍습을 만들어내기도 했다.
우산을 박쥐 '복蝠' 자를 써 '편복산'이라고 한 것은 모양이 박쥐와 비슷하
기 때문이기도 했지만 또 다른 의미도 있었다. 서양에서는 박쥐가 마녀를
의미하며 악마·죽음·공포·불운 등 부정적 이미지의 대명사였다. 하지만
우리나라에서는 오복의 상징으로 경사와 행운을 부르는 존재였다.
    박쥐가 이와 같이 긍정적인 이미지를 지니게 된 이유는 박쥐의 한자음

때문이다. 박쥐를 뜻하는 '복'이 행운의 '복福'과 발음이 같았던 것이다. 또한 박쥐는 덕을 많이 쌓은 사람의 행복을 방해하는 귀신을 쫓아주며, 산의 형상이 박쥐 모양인 곳에 못자리를 쓰면 후손들이 벼슬길에 오르고 부귀영화를 누린다고 했다. 한마디로 박쥐 지형은 명당 자리였다. 박쥐 '복' 자와 박쥐 모양은 일상에서 쓰는 공예품과 가구 장식, 회화에도 자주 등장했다. 자개장이나 경대에 새겨넣은 문양이나 손잡이에 날개를 펼친 박쥐가 많은 것도 그런 이유이다.

이와 같이 우산은 근대 서구에서 들어왔지만 수용 과정에서 전근대적인 우리 풍습과 민간신앙이 접목된 도구이다. 따라서 서양에서 들어온 우산이 우리 사회에 정착하는 과정은 우리 고유의 풍속과 서양 문물이 혼합되어 대중문화로 자리 잡는 과정을 잘 보여주는 사례이다.

기생의 변신은 무죄?

기생은 언제부터 생겨났나

기생의 유래는 고대 사회로까지 거슬러 올라간다. 당시 외모가 고운 전쟁 포로 가운데 노래와 춤에 재능 있는 여자들을 뽑아 기녀로 삼았다. 이익의 『성호사설』에 따르면 현재 우리에게 알려진 기생은 '양수척楊水尺'에서 비롯되었다고 한다. 양수척은 본래 버드나무로 키나 소쿠리를 만들어 팔아 생계를 유지하며 떠돌이 생활을 하는 고리장으로, 고려가 후백제를 칠 때 가장 다스리기 힘든 집단이었다. 이들은 일정한 소속이 없었고 국가의 부역에 종사하지도 않았다. 이들이 후에 노비의 적에 오르면서 용모가 빼어난 여자를 골라 춤과 노래를 익혀 기생이 되었다고 한다.

이능화는 『조선해어화사』*에서 원화源花[11] 제도가 기생의 본류라고 기

---

11 화랑 제도 이전에 인재 양성을 목적으로 여성 두 명을 대표로 뽑았던 제도. 첫 번째 대표였던 남모와 준정이 서로 시기하여 준정이 남모를 죽이는 사건이 발생한 이후 폐지되고 남성인 풍월주를 대표로 하는 화랑도로 대체되었다.

록하고 있다. 신라 24대 진흥왕 때 화랑의 전신인 원화에서 유래했다는 것이다. 나름 설득력이 있지만 구체적인 근거는 찾을 수 없다.

고구려와 백제의 고분벽화에도 기생으로 연상되는 여성을 발견할 수 있다. 고구려 고분벽화『무용도』에 등장하는 유녀遊女와 노래와 연기를 하는 창우倡優가 그 예다. 그러나 고구려는 노비제도가 확립되지 않았기 때문에 유녀와 창기의 구분이 명확하지 않았다.

중국의『주서』• 『수서』• 등에도 일정한 남편이 없는 고구려 유녀들에 대한 기록이 있다. 고구려가 다른 부족을 정벌하면서 왕국으로서의 체제가 잡히고 치자治者와 피치자被治者 관계가 명확히 구분됨에 따라 피정복 마을의 부녀자가 유녀로 전락했을 것으로 보고 있다. 이후 유녀는 끈질긴 생명력을 보이면서 조선 시대에도 존재했는데 여전히 소속이나 거주지가 일정하지 않은 떠돌이 생활을 했다. 따라서 사회적으로 기반을 구축해가던 기생과는 더욱 확연히 구별되었다. 특히 매춘은 주로 극소수의 특수 신분 계층만 했으며 나름대로 엄격한 법도가 있었다.

기생의 기원을 고대 사회 해체 과정에서 타락한 무녀로 보는 견해도 있다. 고대 제정일치 사회에서 사제로 군림하던 무녀가 정치 권력과 종교가 분화되는 과정에서 존재 의미가 쇠퇴하면서 왕이나 권력가 주변에 머무는, 이른바 '노는계집'으로 전락했다는 것이다. 당시 이들은 무속 의식에 썼던 가무를 왕이나 권력가들이 음주를 즐기는 술자리에서 발휘하며 이들과 자연스럽게 동석하게 된 것으로 보고 있다.

고려 초기에는 삼국 통일 과정에서 발생한 포로를 관리하기 위해 남자 포로를 '노', 여자 포로를 '비'로 관리했다. '비' 중에서 가무와 예악에 뛰어난 여성들은 따로 선별하여 국가가 직접 관리했는데 이때부터 관기와 유녀를 구분하기 시작한 것으로 보인다.

『고려도경』에 따르면 몸을 파는 여자와 취흥을 돋우는 여자, 천민 출신으로 양반의 첩이 된 여인 등을 사민유녀士民遊女, 작악여창作樂女倡, 치관비置官婢, 비첩婢妾, 잡역지비雜役之婢 등으로 구분했다. 또한 고려 시대에는 근친상간을 범한 이수의 조카며느리를 유녀遊女의 적에 올렸다는 기록이 있으며, 역신逆臣이나 죄인의 가족 등 정치적 이유로 기생이 되는 경우도 있었다.

고려 시대는 행사에 필요한 여성을 공급하기 위해 여악女樂을 제정했다. 특히 고려 광종 대는 노비안검법을 제정하고 기녀를 관아에 소속시켜 악가무樂歌舞를 담당하게 했다. 다시 말해, 궁중 또는 지방 관아에 속한 관기官妓들의 가무와 풍류를 별도로 구분한 것이다. 악가무를 전문적으로 익힌 기녀는 고려 초기에 왕실의 주요 행사인 팔관회와 연등회에도 참여했다. 이와 관련해서 『고려사』에는 다음과 같은 기록도 보인다.

고려조 충렬왕 대에 관기 중에 자색과 기예技藝를 갖춘 자들을 뽑고 성중의 관비나 여무 중에서 노래 잘하는 자를 선발하여 궁중에 잔치하고 별도의 한 무리에게 신라 비단 옷을 입히고 말총을 씌워 '남장男粧'이라고 칭하고 「쌍화점」 같은 노래를 가르쳤다.

일본의 기생 연구가들은 이들을 우리나라 기생의 원조로 보고 있다.

한번 기생은 영원한 기생?

조선 시대에는 장악원에서 일정 기간 동안 교육과 훈련을 받아야만 정식으로 기생이 될 수 있었다. 일반적으로 기생이 되려면 어린 소녀 시절부터 교육을 받았고, 15세가 되면 성년식을 치르고 본격적인 기생의 업무에 종사했다. 기생의 정년은 보통 50세였지만, 현장에서는 20대 중반만 되어도 이미 '노기老妓'로 취급받았기 때문에 기생의 생명은 길지 않았다. 현장에서 물러난 기생, 즉 나이가 들었거나 출산 등의 이유로 은퇴한 퇴기들은 예비 기생의 교육을 담당하기도 했다.

예비 기생의 교육에 관한 정확한 기록은 남아 있지 않지만, 가무는 물론 양반이나 고관대작 등 상대하는 손님의 격에 맞게 시와 회화 그리고 예의범절 등을 가르쳤다. 따라서 기생들은 가무·시·서·화의 재능과 지조·지략·의협의 덕목을 두루 갖춘 교양인이기도 했다. 또한 나이 든 기생이 어린 기생에게 성교육을 하는 장면을 묘사한 춘화가 있는 것으로 보아 성교육도 배운 것으로 보인다. 상대적으로 동시대의 여성보다 기생이 성적으로 자유로웠음을 의미한다.

하지만 기생은 몸을 팔아 생계를 유지하는 매춘과는 거리가 있었다. 19세기까지도 매음으로 생계를 이어가는 여성인 '갈보'가 존재한 것도 그 예다. 갈보의 사전적 의미는 '자신의 몸을 밑천으로 교태와 색정으로 남성을 유혹하여 금품을 흡취하는 여자'이다. 여기서 '갈'은 벌레가 '사람의 피를 빨아먹고 끝내는 사람을 망치게 한다'는 의미였고, '보'는 '째보' '울보' '떼보' '쫌보'와 같이 주로 천하게 여기는 사람의 외모나 행동에 붙는 우리말 어미였다. 따라서 갈보는 '갈과 같은 특성을 지닌 사람'이라는 뜻이다.

기생은 직업적 특성에 따라 왕족이나 고관대작과 어울렸고, 양반 집안의 부녀자들이 부럽지 않을 정도로 화려한 고급 비단옷으로 치장하고 노리개도 찰 수 있었다. 중상층 이상의 생활 수준을 향유할 정도로 경제적 여유가 있는 기생도 적지 않았다. 특히 고관대작의 첩이 되면 평생 친정을 보살필 수가 있었고, 양반가의 소실이 될 경우 많은 재물을 지불하고 천한 신분에서 벗어날 수도 있었다. 하지만 흔한 일은 아니었다. 오히려 종사하는 분야의 특성과 신분적 제약 때문에 이별과 배신을 되풀이하는 경우가 많았다.

조선 시대에는 관노에 속한 기생은 천민이었지만 일반적으로 기생의 법적 신분은 양민이었다. 하지만 본인은 물론 자녀들도 천한 취급을 받았다. 기생과 양반 사이에서 태어난 아이는 양반이 될 수 없었다. 고려와 조선 시대에는 '천자수모법賤者隨母法'이라 해서 천한 신분인 모계의 혈통을 따르는 것이 원칙이었기 때문이다. 특히 딸이 태어나면 어머니의 뒤를 이어 기생이 되는 것이 일반적이었다.

조선 시대에는 기생제도가 사회적으로 정착되었기 때문에 평민들은 물론, 몰락한 양반가의 딸까지도 집안의 빚을 갚거나 생계를 유지하기 위해 기생이 되기도 했다. 그러나 기생은 노비와 마찬가지로 한번 기적에 오르면 기생 신분에서 벗어날 수 없었다.

기생의 거처와 관련해서도 규범이 있었다. 예를 들면 기생이 머무는 기방에는 원칙적으로 양반의 출입이 금지되었다. 다만 풍류를 즐기기 위해 기생을 양반이 노는 곳에 불러올 수는 있었다. 그러나 일부 양반과 왕족은 기생집을 자유자재로 출입하여 풍류를 즐기며 많은 일화를 남기기도 했다. 이와 관련해서 이능화의 『조선해어화사』에는 군왕과 종친, 사신, 조정의 관리, 지방의 수령, 선비, 문장가, 장군, 승려, 서민 등 모든 계층의 남

「**쌍검대무**」_간송미술관 소장 세도가의 양반이 악공과 기생을 불러 가무를 즐기는 장면. 여악을 전문
으로 익힌 기생은 잔치나 술자리의 풍류를 돋우는 것을 업으로 삼았다.

자들이 기생과 만나고 이별하는 과정에서 사랑·미움·질투·간계 등을 나
눈 이야기는 물론 서로 주고받은 시작품까지 소개하고 있다.

조선 후기에 들어서면 중인과 평민 상인들도 기방에 출입했다. 이처럼
기생을 찾는 문호가 넓어지면서 불상사가 일어나기도 했다. 때문에 기방
에서 술을 먹던 남자들의 패싸움을 막기 위해 기방은 물론 주변에 장작이

나 부지깽이 등 싸움에 이용될 만한 도구를 두지 않았다는 이야기도 있다. 그뿐만 아니라 기생과 손님 사이에서 다음과 같은 재미있는 일이 일어나기도 했다.

옛날 한 남자가 경주 지역의 기생과 사랑에 빠졌다. 그러나 남자는 한양으로 발령이 나서 이별하게 되었다. 기생이 정표로 몸의 일부를 요구하자 남자는 자신의 이를 뽑아주고 헤어졌다. 그러던 어느 날 남자는 기생이 그리워 다시 그녀를 찾아갔다. 그러나 기생은 이미 다른 남자의 품에 안겨 있었다. 배신감을 느낀 남자는 자신의 치아를 돌려달라고 요구했다. 기생은 남자를 비웃으며 자루 속에 가득 담겨 있는 치아를 쏟아내며 찾아가라고 했다. 치아를 정표로 빼줄 정도로 그녀를 사랑한 남자가 무수히 많았던 것이다.

당시 치아는 맹세의 징표 또는 강한 집념의 상징이었고, "이를 악문다"는 말도 같은 맥락이다. 특히 치아를 빼는 행위는 여자가 정조를 바치는 것처럼 남자의 정조를 상징했다. 그러나 조선 시대에 기생들 사이에는 치아와 관련해서 그녀들만의 속설이 있었다. 기생의 마음을 빼앗은 남자의 이를 뽑아 경대 왼쪽 서랍에 넣어두면 남자가 변심하지 않는다는 것이었다. 모아놓은 치아의 개수로 기생의 명성을 가늠하기도 했다. 그런 점에서 사랑을 맹세하는 최고의 징표였던 치아 앞에서도 기생의 변심은 무죄였던 것이다.

『배비장전』에서도 기생에게 '이를 뽑아주었다'는 이야기가 등장한다. 그러나 여기서는 사랑의 징표로 치아를 뽑는 행위를 사회 규범의 위반으로 보고 조롱한다. 즉 '신체는 부모님이 물려준 것으로 털끝 하나라도 함부로 해서는 안 된다'는 유교적 사회 규범에 위배된 행동으로, 『배비장전』에 등장하는 치아에는 불효는 물론 여색에 빠져 패가망신한다는 메시지가 담겨 있었다. 이유야 어떻든 이쯤 되면 전문 치과가 없었던 시절에 기생이 치과 의사 역할(?)도 한 셈이다.

기녀의 출현으로 기생의 품격을 높이다

조선 시대에는 기생과 별개로 기녀가 존재했다. 국어사전에 따르면, 기녀와 기생에 대한 정의는 기녀가 관비의 총칭이라는 점만 빼면 모두 '술자리와 관련된 일을 하는 여자'로 되어 있다. 현대 사회에서 기녀와 기생은 거의 동일한 개념이지만 기녀의 기원을 살펴보면 뚜렷한 차이점이 있다.

기녀는 본래 의약이나 침술 기술이 있었으며, 노래와 춤을 익혀 나라에서 필요할 때 소집되어 봉사했다. 기녀와 기생을 동일하게 여긴 이유가 여기 있는데, 그럼에도 기녀와 기생의 가장 큰 차이점은 기녀가 의약이나 침술 등 의료 활동을 했다는 점이다. 명확히 말하면 기녀는 조선 초기에는 여성 의료인이었다.

기녀들이 의료 활동을 시작한 시기는 조선 초기 태종 때였다. 태종 6년(1406년) 부인들의 질병을 치료하거나 진료하기 위해 의녀 제도를 두었는데 이는 남녀를 차별하는 조선의 유교 풍습과 연관이 있었다. 7세가 되면 남자와 여자가 같은 자리에 합석할 수 없을 정도로 모든 것에서 남녀의 구별이 명확했던 조선 사회에서 여자들이 자신의 맨살을 드러내며 남자 의원에게 진찰받는 것을 꺼렸기 때문이다. 간단하게 치료할 수 있는 병도 이 때문에 중병으로 악화되는 경우가 적지 않았다. 이러한 부작용을 없애기 위해 태종 6년에 당시 의료 기관인 제생원에서 의료업에 종사할 여인을 선발했는데 이들이 바로 의녀였다. 의녀들은 주로 맥 짚는 법, 침술, 산파역 등 간단한 의료 기술을 배웠고, 의료 교육을 수료한 의녀 중 일부는 궁궐에 배치되어 간단한 의료 행위와 조산원 역할을 담당했다.

그러나 당시에는 여성의 사회 활동이 제한되었고 의술 교육은 모두 남자가 담당했기 때문에 양반가는 물론 일반인들이 의녀를 지원하는 경우는 극소수였다. 이는 의녀 제도가 시행 초기부터 원활하지 못했음을 의미하는데 태종 6년에 의녀를 처음 양성한 후 10년도 더 지난 태종 18년(1418년)까지도 제생원 의녀가 다섯 명뿐일 정도였다. 이에 부족한 인원을 충원하기 위해 창고나 궁사 소속의 관비나 지방 군현의 관비 중에서 비교적 나이가 어린 소녀를 뽑아 약 짓는 법과 의료술을 가르쳤지만 이러한 대책도 한계가 있었다. 대부분 가난하고 신분이 낮은 집안의 자녀였던 탓에 자기 이름도 제대로 쓰지 못하는 무지한 소녀들이 많았고, 당연히 교육이 제대로 이루어지지 않아 중도 탈락자도 많았다. 어렵게 교육을 이수했다 해도 극소수를 제외하고는 대부분 의료 활동을 제대로 수행하지 못할 정도로 교육 효과는 미미했다.

이러한 현실적 여건 때문에 이들에게 의서 외에도 음악을 가르치게 된다. 한양 조관들의 잔치가 있을 때 화장을 시켜 공공연하게 참석시키기 위해서였다. 의녀들은 궁궐 내의원의 별칭인 약방 소속이었지만, 궁중의 크고 작은 잔치가 있을 때 흥을 돋우는 기생 역할도 담당했던 것이다. 이때부터 의녀들을 '약방기생'이라고 불렀다.

한편, 기생들은 '말을 할 줄 아는 꽃'이라는 뜻으로 '해어화解語花' 또는 '화류계 여자'라고 불렸다. 그리고 화류계에도 엄연한 계층이 있었다. 기생의 역할에 따라 호칭이 다양했는데, 예를 들면 당시 기생을 '운평運平'이라고도 불렀으며, 궁중 기생을 위상과 역할에 따라 흥청·가흥청·속흥 등으로 구분했다. 특히 왕을 가까이 모시는 기생을 지과흥청, 왕과 동침한 기생을 천과흥청이라 불렀다.

기생의 수는 양적으로도 증가하여 한때 1000명에 달했으며, 궁에 거주하는 기생만도 300명이었다. 때문에 기생의 수요를 충당하기 위해 지방으로 자주 사절을 파견하기도 했다. 당시 기생 제도를 유지한 공식적인 이유는 첫째 잔치에 흥을 돕고, 둘째 변방의 군인들을 위로하고, 셋째 지방 관청에서 사신들을 접대하는 역할을 하기 위해서였다.

역사상 기생이 가장 호황을 누린 시기는 조선 연산군 때였다. 달리 말하면 사치와 향락으로 사회 문제가 가장 심각하게 대두된 시대였다. 의녀들도 의료 행위라는 본업보다 기생으로 나가는 경우가 더 많았다. 연산군 8년(1502년)에는 이러한 분위기를 자제하기 위해 의녀가 연회에 나가는 것을 금하기도 했다. 하지만 이 법규는 연산군 때문에 무의미해졌다. 연산군은 연회에 의녀를 80명이나 참석시키기도 했다. 또한 연산군 10년(1504년)에는 대비전의 연회에 나이 어린 의녀 50인을 화장시켜 시중드는 것을 상식으로 삼았다. 이듬해에는 나이 21세에서 30세까지 자색이 있고 의술에 정통하며 병이 없으면서 남의 첩이 아닌 의녀 50인을 예조와 전의감, 혜민서 제조 및 내의원 당상이 뽑아 올리도록 명하기도 했다. 심지어 연산군은 간택한 의녀가 문자를 해독할 수 있어도 음악과 가무를 모르면 내쫓았다. 때문에 의녀가 본연의 업무인 의료 행위에 종사하는 기회조차 사라질 지경이었다.

이러한 사회 풍조는 양식 있는 지식인들로부터 비판을 받았고, 상류층

궁중무용 복식을 입은 기생 국립민속박물관 소장 궁중에서 흥을 돋우던 기생들이 나이가
들어 궁궐을 나와 생계유지를 위해 일을 하면서 궁중무용이 일반인들에게 전파되었다.

의 사치 풍조를 통제하기 위한 제도가 만들어졌다. 그러나 이러한 조치는
약방기생들이 의녀보다 기녀로서의 역할을 굳히는 계기가 되기도 했다.

당시 부잣집의 혼수 장만 역시 사치가 극에 달했다. 때문에 조정에서
는 이들을 단속하기 위해 혼례가 있는 양반집에 함이 들어가는 날에 단속
원을 파견했다. 그러나 파견할 인원이 부족하기도 했지만, 혼수품 자체가
여인들의 물품이었기 때문에 남자들이 검사하기에는 무리가 따랐다. 때
문에 조정에서는 의녀를 파견해 물품 검사 임무를 부여했다. 당시 물품 검
사를 마친 의녀는 집안에서 벌어진 잔치에 자연스럽게 참여하기도 했고,
궁궐에서 잔치가 있을 때에도 기생과 함께 어전의 섬돌 위에 앉게 되었다.

이후 중종 5년부터 의녀를 연희에 참가하지 못하도록 수차례에 걸쳐 엄

하게 법률로 금했고 의료의 본업으로 돌아가도록 단속했다. 그러나 한번 타락한 분위기는 바로잡기 힘들었다. 오히려 혜민서의 의녀들은 흑단과 족두리를 쓰고 화려하게 치장하며 사치를 부렸고, 여전히 연희에서 흥을 돋우는 기생과 다를 바 없는 역할을 함으로써 남성과 같은 의관으로서의 사회적 위상을 구축하지 못했다.

한편, 의녀는 연회에 파견되어 기생 노릇을 하는 과정에서 민가에 고급 기생 문화를 전파하는 역할도 담당했다. 특히 궁궐에 거주했던 약방기생들은 나이가 들거나 병이 들면 궁궐에서 물러나 고향으로 돌아가야 했다. 때문에 생계유지를 위해 민간인의 연회 장소에서 취흥을 돋우는 일을 했고 이를 통해 궁중예술이 지역의 일반인들에게 전파되었다. 민가에서도 기생 중에서 전문 지식이 있고 품위 있는 궁 생활을 했던 약방기생에 대한 선호도가 대단히 높았다.

순기능과 역기능을 남기다

의녀 제도가 시작된 태종 이후부터 국가에서는 의녀 교육에 많은 관심을 기울였다. 하지만 기본적으로 교육받을 시간이 부족했고 의녀의 수가 적은 데 비해 업무량이 많았다. 여기에 국가에서 의녀 충원을 위해 천민들 사이에서 대상자를 선발했기 때문에 기본 소양이 모자라는 자들이 많아 교육 효과도 기대하기 힘들었다. 의녀는 연산군이 물러난 뒤에도 선조 대까지 기녀와 함께 주연에 참여했으며, 의료 행위와 관련이 없는 공무 수행에도 참여했다. 죽은 궁인의 제문을 한글로 번역하여 읽기도 했고, 광해군 12년 (1620년)에는 친잠례에 의장을 받들 의녀가 필요했는데 재신과 명관들이 거의 모두 기생을 거느리고 굳게 막아서 나오지 못하게 하여 각 사의 관비들로 부족한 인원을 채웠다. 광해군 15년(1623년)에는 내전의 상수연上壽宴에 대오기생이 부족하여 의녀 44명을 동원했다는 기록도 있다.

당시 사회 분위기도 의녀 제도의 정착에 장애가 되었다. 국가에서 기생의 업무까지 부여하며 천박하게 취급했던 탓에 의녀를 지원하기를 꺼렸던 것이다. 또한 의녀를 첩으로 삼으려는 남성들로 인해 사회 문제가 되기도 했다. 조선 성종 때는 의학교수 조평이 가르치던 의녀와 간통하여 파직된 일도 있었다. 중종 때는 이세영이 의녀를 창기와 같이 취급하여 사회적 물의를 일으키기도 했다. 때문에 의녀의 실력에 대해 사회적으로 불신하는 풍조마저 일어났고 궁중에서도 의녀에게 내전의 진찰을 맡기지 말 것을 건의할 정도였다.

그러나 한편으로는 뛰어난 활약상을 남긴 의녀도 있었다. 비록 본의 아니게 본업 이외의 업무를 수행해야 하는 외도를 하게 되었지만 의녀에게 부여된 임무는 막중했다. 궁궐에서 의녀는 국왕을 비롯해 왕비와 빈, 그리고 왕족의 부인들을 진찰하고 어의에게 전달하여 처방하도록 의관을 보좌했고, 고위 관리들과 그 가족 중 여인의 질병을 진맥을 통해 진찰하는 역할도 수행했다. 인조 대에는 국가의 명에 따라 세자빈이나 공주를 수행하여 외국에 파견되기도 했다.

특기를 살려 각종 범죄 사건에도 활약했다. 여인에게 내리는 사약을 운반한 것도 의녀였다. 죄인의 죽음을 확인하기 위한 조치였을 것이다. 또한 여성 범인의 체포, 범죄자의 성별 감식, 양가부녀에 대한 심문, 구타당한 부인이나 부인의 투기로 매를 맞고 다친 여종의 상처 조사 등 여성을 대상으로 하는 수사 활동에도 참여했다. 이러한 업무를 수행하는 과정에서 역사에 이름을 남길 정도로 유능한 의녀가 배출되기도 했다. 세종 대에 안질과 치질 치료를 잘한다고 알려진 제주 출신 효덕과 성종 대에 치아 치료로 이름을 날린 제주 의녀 장덕, 그리고 중종 대에는 드라마로 잘 알려진 대장금, 숙종 대에는 의녀 환옥이 있으며 영조 대에는 송월이 대비와 비빈 등의 종기나 눈을 침으로 치료하여 상을 받기도 했다.

조선 후기에 들어서면서 의녀의 규모가 감소하여 내의녀 22명과 혜민서 의녀 70명 등 궁중과 경내에 92명에 불과했다. 이후 조선 말기 고종 대에도 80여 명을 유지하였으나 궁중에 양의사가 들어오면서 의녀 제도는 폐지된다.

명기에서 의기까지

조선 시대에는 지역의 문학이나 예술 등 지방의 특색 있는 문화가 기생을 통해 전수되기도 했다. 경상도 안동 지방의 기생들은 『대학』을 잘 읊었고, 강원도 관동 지방에서는 정철의 「관동별곡」을 능숙하게 소화했다. 이성계가 태어난 함경도 영흥 기생들은 조선 왕조의 창업을 노래한 「용비어천가」에 능했고, 함흥 기생은 『삼국지』에 나오는 「출사표」를 잘 읊었다. 또한 평안도 의주와 함경도 북청, 제주도 기생은 말을 달리며 재주를 보이는 기예가 뛰어났다.

기생 중에는 단순히 재주만 뛰어난 것이 아니라 학식과 절개로 역사에 이름을 남긴 사람도 있다. 특히 황진이는 대표적 명기名妓로 꼽힌다. 신분 특성상 황진이라는 이름이 정사에 등장하지는 않지만, 그녀와 관련해서 다양한 이야기가 야사로 전해지고 있으며, 근대에 들어서도 관련 일화를 문학 작품으로 다룰 정도로 황진이는 주목받는 인물이었다.

황진이는 16세기 초·중반 중종과 명종 대의 기생이었다. 조선 중기 시인·기녀·작가·서예가·음악가·무희로 평가받을 정도로 재능이 출중했던 그녀는, 진랑眞娘이라고도 부르며 기생명은 명월明月이었다. 중종 때 개성의 황씨 성을 가진 진사의 서녀庶女로 태어났다고만 전할 뿐, 그녀의 아버지에 대해서는 구체적인 기록이 없다. 황진이는 사서육경을 비롯한 성리학적 지식에 뛰어났으며 사대부에서부터 은일거사에 이르기까지 당대 최고의 인물들과 어울리며 숱한 일화를 남길 정도로 한 시대를 풍미한 여인이었다. 당시 살아 있는 부처로 불리던 지족선사를 10년 동안의 면벽 수도에서 파계시켰는가 하면, 호기로 이름을 떨치던 벽계수라는 왕족의 콧대를 꺾어놓기도 했고, 당대 최고의 은둔학자 서경덕을 유혹하였다가 실패하였으나 평생 교분을 나누었다는 일화도 전한다.

진주 목의 관기官妓 논개는 신안新安 주씨로 알려졌다. 조선 선조 때 일어난 임진왜란 중 제2차 진주성 전투에서 논개는 왜장을 꾀어 끌어안고 남강에 투신해 절개와 지조를 실천한 의기義妓의 표본으로 알려져 있다. 그녀가 논개라고 불린 이유는 임진왜란 당시 일본군이 '말을 잘하는 사람'이라는 뜻으로 붙였다고 한다. 그러나 그녀가 세상에 알려진 것은 임진왜란 이후였다.

1594년 유몽인이 삼도순안어사가 되어 하삼도(충청도·전라도·경상도)의 피해 상황을 살필 때였다. 그는 진주에 머물면서 진주성 전투의 희생자 명단을 정리하는 과정에서 논개의 이야기를 듣게 되었고, 논개가 관기라는 이유로 광해군 9년 편찬된 『동국신속삼강행실도』에 순국 사실이 기록되지 않았다는 사실도 알게 되었다. 이를 안타깝게 여긴 유몽인은 1621년 자신이 편찬한 『어우야담於于野談』*에 논개가 관기였다는 사실과 함께 왜장을 끌어안고 강물에 뛰어들어 죽었다는 순국 기록을 남기게 된다. 이후 진주에서는 논개를 추모하기 위해 대규모 제례 의식을 거행하고 있다. '의암별제'라고 하는 이 추모제는 매년 음력 6월에 길일을 택하여 악공을 제외하고 제관을 포함한 모든 의식을 여자(기생)가 주관하는 독특한 제전이다. 선비의 음악인 정악正樂을 사용한다는 점도 특징이지만, 조선 시대 종묘에서 역대 임금을 제사 지낸 종묘대제나 문묘에서 공자를 비롯한 중국의 성인과 한국의 유학자를 위해 제사 지내는 석전대제를 제외하고 이처럼 음악과 노래, 춤이 어우러진 제사의식을 치른 경우는 전례가 없다.

이 밖에도 부안 지방의 기생 이매창은 허균, 이귀 등과 두터운 교분을 나누는 등 당대의 문인·관료들과 많은 일화를 남길 정도로 이름을 떨쳤다. 이매창이 사망한 후에 선비들이 그녀의 학식과 기품을 기려 시비를 세워줄 정도였다.

계층 분화가 이루어지다

조선 사회에서 기생은 비록 그들만의 문화를 갖고 있었으나 화류계라는 이미지에서 완전히 벗어나지는 못했다. 학문과 재능이 아무리 뛰어나도 기생의 삶에 대한 사람들의 관심은 술과 남자가 있는 밤의 문화에 있었기 때문이다. 특히 기생 문화는 조선 말기에 들어오면서 상당히 변질되기 시작했다. 이 시기에 화류계에 몸담고 있는 기생의 유형을 크게 일패·이패·삼패로 구분했다.

일패는 관기의 총칭으로, 남편이 있는 경우도 적지 않았기 때문에 남성에게 몸을 주는 것을 수치스럽게 여겼다. 이들은 예의범절에 밝고 침술이나 의술은 물론 시서에도 조예가 깊었다. 때문에 전통 가무의 보존과 전승자 역할을 담당할 정도로 뛰어난 예술적 기능을 보유한 일종의 전문직 여성에 속했다.

이패에 속하는 부류는 전직 기생 출신과 몰락한 사족士族의 부녀나 과부가 섞여 있었다. 이들은 직업적이지는 않았으나 허가 없이 몰래 정조를 팔기도 했고 매음을 중개하는 뚜쟁이와 연계하여 조직적으로 일하는 부류도 있었다. 때문에 일패보다는 수준이 떨어졌으며 남몰래 몸을 판다는 뜻을 담아 '은근殷勤짜' '은군자隱君子'로 불리기도 했다. 이들의 호칭에 군자라는 단어를 사용한 이유는 당시 사회가 도둑을 '양상군자'라고 역설적으로 표현한 것과 같은 맥락이다. 사회에서 보내는 일종의 경고 메시지였던 셈이다.

삼패는 '더벅머리'라고도 하며 직업적으로 몸을 파는 매춘부에 속했다. 이 부류는 기생처럼 가무를 할 수 없었으며, 예술적 소양과 최소한의 양식은 물론 지조와도 무관했다. 따라서 정확히 말하면 이들은 기생이라고 하기 어려웠다.

기생 사회에서는 신분을 구체적으로 구분하기도 했다. 일패에 속한 기생은 붉은 우산인 홍산을 사용했고 삼패에 속한 부류는 푸른 우산인 청산을 사용했다. 그러나 한말에 와서 전통적인 신분 질서가 사라지기 시작했고, 특히 일제강점기에 들어서면서 몸을 파는 일부 여성들이 정계 유력자의 후원을 받아 신창조합을 만들고 스스로 기생을 자처하면서 삼패라는 이름은 사라지게 되었다. 때문에 남성을 상대로 유흥업에 종사하며 손님을 접대하는 여성을 모두 기생으로 불렀다.

또한 이 시기에는 기생의 충원과 유지를 목적으로 기생 학교와 기생 조합이 만들어졌다. 이곳에서는 교양·예기·일본어 등을 가르쳐서 서울·부산·대구·평양 등 대도시의 요릿집에 진출시켰다. 당시 서울에 있던 명월관은 대표적인 요릿집으로, 1905년 을사늑약으로 나라가 기울고 혼란스러워지자 궁중의 온갖 음식과 연회를 지휘하던 안순환이 퇴직하여 궁궐 요리를 일반인들에게 소개하면서 큰 인기를 끌었다. 특히 개점 초기에는 대한제국의 고관과 친일파 인물들이 주로 출입했고, 후기에 들어서면서 문인과 언론인 그리고 해외에서 국내로 잠입한 애국지사들의 밀담 장소로 이용되기도 했다. 그러나 명월관은 이완용·송병준·이지용 등 친일파 중에서도 상징적인 인물들이 단골손님이 되면서 친일파가 나라를 일본에 팔아먹은 돈으로 방탕하게 노는 곳으로 인식되기도 했다. 동시에 명월관은 1908년 관기 제도의 폐지 이후 일자리가 없어진 궁중과 지방 기녀들까지 요릿집으로 모여드는 과정에서 세간의 주목을 받을 만한 기생들이 명월관으로 유입되어 일반인들에게 사교의 장으로 유명세를 떨치기도 했다.

1918년 화재로 명월관이 문을 닫게 되자, 안순환은 명월관의 별관에 태화관을 열었다. 태화관은 기생과 양악대가 춤과 노래를 공연하여 인기를 누리며 세간의 주목을 받았다. 또한 3·1독립만세운동을 일으킨 민족 대표들이 「독립선언서」를 낭독한 곳으로 역사에 이름을 남기게 된다.

근대적 로맨티스트에서 페미니스트까지

기생의 삶은 결코 평범하지 않아 일반인들의 주목을 받았다. 기생들은 화려한 겉모습에 비해 가슴 속에는 세상이 주는 갖가지 편견과 오해 그리고 차별로 인한 회한도 쌓여 있었다. 또한 기생의 삶은 조선의 엄격한 유교 질서 속에서 대부분 여성들의 삶이 일상 속에 파묻혀 버린 것과 명확한 대조를 이루었다. 때문에 각종 문학 작품 속에 주인공으로 등장하여 비운의 삶을 구체적으로 담아내기도 했다.

또한 일제강점기를 통해 기생 제도는 전통적 요소가 사라지고 근대식으로 변모하게 된다. 당시 기생업은 경성에만 '4대 권번'이 있을 정도로 번성했고, 기생의 수입은 일본의 유녀인 게이샤의 3분의 1 수준에 불과했지만 조선인 여성 평균 임금보다 단연 많았고, 남성의 평균 임금에도 상회했다. 그녀들은 근대 개화기를 맞아 신식 연애를 통한 로맨스의 주인공이 되기도 하고, 절개와 지조 그리고 나라를 빼앗긴 설움을 일깨우는 의기를 보여주며 수많은 일화를 남기기도 한다.

이 시기에 일본식 유곽 제도가 등장했고 조선이 관기 제도를 통해 기생을 통제한 것처럼, 일본 정부 역시 허가받은 권번을 통해 기생을 통제했다. 당시 기생의 교육은 예전처럼 구전이 아닌 기생 학교에서 체계적으로 이루어졌다. 기생 학교에서는 3년간 기생에게 필요한 조선과 일본의 전통 춤·노래·시조·예절 등을 교육하여 졸업과 동시에 기생 자격을 부여했으며, 취업을 하게 되면 지역의 권번에 소속되었다. 특히 권번은 일본인 여성들이 일했던 유곽과는 엄격히 구별되었는데 당시 조선의 기생들은 스스로 일본인과 차별화를 시도할 정도로 자존심을 지켰다. 이들은 일제강점기에 부당한 화대 착취에 대항하여 업주를 상대로 동맹파업을 일으킬 만큼 단결력을 행사했다. 명월관의 진주 출신 기생 산홍은 돈 많은 중년 신사가 거금을 들여 몸값을 치르고 소실로 삼으려 하자 "기생 몸값으로 거금을 들일 돈이 있다면 나라를 위해 피 흘리는 젊은이들에게 쓰시오"라는

景全舍校 【校學生妓壌平】

평양기생학교 교사校舍_국립민속박물관 소장 일제강점기에는 기생을 양성하고 유지하기 위해 기생 학교와 기생 조합도 만들어졌다.

따끔한 충고와 함께 단호하게 거절했다는 일화도 있다.

일제강점기에 들어서면서 기생에 대한 관심은 대중문화 차원으로 확장되었으며, 동시에 기생은 대중문화의 주요 소비계층으로 영향력을 행사했다. 당시 공연업계는 이들의 눈물을 짜내기 위해 화류계에 몸담은 비련의 여인을 주인공으로 하는 작품이 대부분이었으며 이는 신파극의 모체가 되었다. 종로와 한성 권번의 기생 500여 명은 단순한 영화·연극 애호가 이상의 영향력을 발휘해서 그녀들의 관극평이 시중 여론을 좌우했고 연극과 영화의 흥행에 결정적 영향을 미쳤다. 때문에 제작자들은 이들의 반응에 민감하게 반응할 수밖에 없었다고 한다.

1919년 3·1운동이 전국적으로 전파되자 기생 조합 소속 기생들도 전국 각지에서 독립만세 시위 운동을 벌였다. 3월 19일 진주에서는 기생들이 독립적으로 태극기를 앞세우고 독립만세를 부르며 촉석루를 향해 시위 행진을 벌였다. 당시 기생 한금화는 손가락을 깨물어 흰 명주자락에 혈서를 쓰기도 했다. 3월 29일에는 수원기생조합 소속의 기생 일동이 정기 검진을 받기 위해 자혜병원으로 가던 중 경찰서 앞에서 독립만세를 불렀고, 병원에서 돌아오는 길에도 경찰서 앞에서 다시 만세를 부르고 헤어졌다고 한다. 4월 1일에는 황해도 해주에서 읍내 기생 일동이 손가락을 깨물어 피로 태극기를 그려 독립만세 운동을 벌였는데 일반인들까지 합세해 그 규모가 3000명이나 되었다고 한다. 4월 2일에는 경남 통영에서 예기조합 기생들이 금비녀와 금반지 등을 판 돈으로 광목을 구입해 만든 소복을 입고 허리에는 수건을 둘러맨 33인이 만세 운동을 벌였다. 당시 주동자들은 6개월에서 1년의 옥고를 치른 후 다시 기생으로 돌아오기도 했지만 일부는 적극적인 사회 활동을 벌이기도 했다.

3·1운동에 기녀의 몸으로 적극 참여했던 정칠성의 이력도 특이하다. 3·1운동 이후 사회주의 계열에서 항일 독립운동가로 활동했던 그녀는 요릿집 손님에게 독립사상을 설파할 정도로 강단이 있었다고 한다. 기녀로서 기량이 뛰어나 일본 유학까지 다녀온 정칠성은 귀국 후 페미니즘 활동을 비롯해서 언론인·정치인으로도 활동했다. 해방 후 조선인민주주의공화국의 주요 멤버가 된 정칠성은 1948년 4월 남북협상에 참가한 뒤, 같은 해 8월 미군정의 좌익 탄압을 피해 월북해 조선민주주의인민공화국 정부 수립에 적극 참여했다. 그 후 1957년 8월 제2기 최고인민회의 대의원에 재선되었으나, 이듬해 국내파 공산주의자 및 사회주의자를 제거할 때 숙청되었다.

한편, 해방 후에도 기생은 혼란한 사회에서 명맥을 유지했다. 그러나 규모가 축소되고 예전의 전통적 멋과 의기를 잃어갔다. 특히 1970년대에는 일본인을 대상으로 성을 상품화하는 이른바 '기생 관광' 또는 '기생 파티'라는 관광 상품까지 등장하게 되고, 이 때문에 기생의 이미지가 매춘의 상징으로 실추되면서 사회 문제가 되기도 했다. 이후 사회가 개방되고 다양한 대중문화의 유입과 확장으로 기생의 활동 공간은 더욱 위축되었다. 결국 역사에 족적을 남길 정도로 존재의 의미를 새롭게 썼던 기생 문화는 과거의 유물로 전락하게 된다.

결혼 풍습은 귀신도 시기했다

신랑도 시험을 보았다

어느 사회든 아주 오랜 옛날부터 혼례 의식이 존재했으며 혼인에 관한 절차와 의식은 시대와 지역에 따라 다양했다. 일반적으로 우리의 혼례 의식은 중국의 영향을 받기는 했지만 우리만의 고유한 전통도 있었다. 예를 들어 『가례』 에 따르면 중국은 혼례를 신랑의 집에서 치르지만 우리나라는 신부 집에서 혼례를 치르는 것이 전통이었다. 때문에 조선 초기에 정도전은 우리 혼인 풍습이 유가의 법도에 맞지 않는다고 비판하기도 했다.

중국 문헌자료인 『삼국지위지동이전』 에 우리 혼례에 관한 기록이 있다. 삼국시대 이전부터 혼인 제도는 일부일처제가 원칙이었으며 결혼한 부부는 남편의 집인 시댁은 물론 친정에서도 거주할 정도로 남녀 구별이 엄격하지 않았다. 이런 풍습은 삼국시대까지 계승되었는데 그 이후 사회가 점차 계층화되면서 관습적인 일부다처제로 변하게 된다.

우리나라의 혼례 의식은 단순히 예식만으로 끝나지 않았다. 예식 후에도 여러 의식이 이어졌는데 특히 고대 혼례에는 공동체의 축제를 위한 의식과 함께 주술적이고 종교적인 의식이 뒤따랐다. 현재의 전통 혼례 제도는 조선 중기 이후에 성립되었으며, 여기에 일제강점기를 거치면서 다시 한 번 커다란 변화를 겪게 되는데 이 과정에서 잔치 분위기를 고조시키는 축제의 연장으로 자리 잡게 되었다. 예식이 끝난 후 '신랑 다루기'와 '신방 엿보기'를 하는 풍습이 대표적인 예다.

'신랑 다루기' 풍습은 중국 진나라 시대의 명필로 이름을 떨친 왕희지가 장가들 때 장인이 될 어른이 왕희지의 사람됨을 알아보기 위해 집에 머물게 하며 여러 가지 시험을 해본 뒤 딸을 내준 데서 시작되었다고 한다. 우리나라에서도 신랑 다루기 풍습은 이미 오래전부터 존재했지만 지역에 따라 형식에 많은 차이가 있었다. 함경도와 평안도 등 북부 지방에서는 신부 측 하객 중에서 신랑과 동년배 남자들이 주로 참여해 신랑에게 한시를 짓게 하고 갖가지 트집을 잡아 곤욕을 치르게 했다. 신부 측 청년들이 '장가턱 단자'라 하여 술과 음식, 또는 적당한 술값이 적힌 종이 쪽지를 신랑에게 건네며 처가 식구들에게 받아오라고 강요하면, 신부 집에서 청년들에게 음식과 술을 대접하고 때로는 돈까지 주어 신랑을 곤경에서 구출하기도 했다. 때문에 평안도 지방에서는 신랑이 장가들기 위해 처가에 갈 때 시문에 능한 친구나 친척 남자가 동행해 신랑을 지원했다.

반면, 경기도를 포함한 남쪽 삼남 지방에서는 신랑의 발목을 묶어 발바닥을 때리면서 취조하듯 다루는 풍습이 있었다. 신부 측 남자들은 "무엇 하러 이곳에 왔느냐?" "귀한 집 처녀를 도둑질하러 온 놈을 그냥 둘 수 없다"며 신랑 신부의 첫날밤을 빗댄 질문을 던졌다. 그리고 신랑이 대답을 못하면 못한다고 때리고 대답을 하면 거짓말이라고 때리면서 신랑을 곤혹스럽게 했는데, 이때 신부 집에서 술상을 차려 내오면 모두가 모여 향응을 즐기며 결혼을 축하했다. 그렇다고 남부 지방의 풍습에 신랑을 골탕 먹이려는 목적만 있는 것은 아니었다. 경사를 역설적으로 축하하는 동시에 첫날밤이라 긴장하기 쉬운 신랑이 여유를 갖게 하려는 의도도 있었다. 신랑의 발바닥을 때리는 풍습 역시 긴장한 신랑의 근육을 풀어주기 위한 배려였다. 한편, 혼례에 참석한 축하객의 수와 면모는 신부의 집안을 평가하는 척도가 되기도 했다. 신부 측 하객의 수에 따라 평소 이웃에게 얼마나 인심을 얻으며 살았는지 짐작했고 하객의 됨됨이를 통해 신부 집의 인품까지 가늠했다.

악귀와의 싸움을 지원하다

혼례 의식에는 신부를 보호하려는 의미가 담겨 있었다. 신부의 볼과 입술에 치장하는 연지와 신부의 이마에 동그랗게 치레하는 곤지가 붉은색 계통인 것은 시집가는 여인을 질투하는 음귀陰鬼의 접근을 차단하기 위해서였다. 신부가 시댁으로 들어갈 때 가마에 호랑이 가죽이나 호피무늬 담요를 덮은 것 역시 신부를 시기한 요귀의 침범을 막기 위한 주술적 의미가 담겨 있었다. 특히 '신방 엿보기'는 인류학적 관점에서 보면 신부의 처녀성을 신성하게 여겼기에 생겨난 풍습이다. 처녀성을 파괴하는 사람은 마령魔靈의 손에 죽는다는 속설은 원시사회 때부터 대부분의 부족에서 전해 내려왔다. 따라서 혼인 첫날밤 마령의 접근을 차단하기 위해 여러 사람이 신방을 지켰고 이 풍습이 '신방 엿보기'로 변형되었다. 연회가 끝나고 술상을 치우면 신랑과 신부가 비로소 첫날밤을 보내기 위해 합방을 하게 된다. 합

297

『**단원풍속화첩**』 중 「**신행길**」＿국립중앙박물관 소장 결혼을 하기 위해 신부 집으로 가는 신랑 행렬을
그림에 담았다.

방하기 전까지 혼례 의식을 남자가 주도했다면, 합방이 시작되는 시간부터는 여자가 주도했다. 신방 엿보기는 조선 시대까지 유지되었는데 특히 조선 시대 당시의 조혼 풍습과도 연관이 있었다.

조선 시대에는 남자는 열 살, 여자는 열넷에서 열다섯 살 정도만 되면 혼인했기 때문에 나이가 어리고 성 지식이 부족한 신랑 신부가 첫날밤에 제대로 대처하지 못하고 실수를 범하기도 했다. 첫날밤의 경험을 부끄럽고 무서운 일로 여겨 신방을 뛰쳐나와 파경을 맞은 신부 이야기나 첫날밤에 '신부를 벗긴다'는 말을 제대로 이해하지 못하고 신부의 피부를 칼로 벗겨 죽였다는 일화도 있었으니, 조선 시대의 신방 엿보기는 이러한 사고에 대비한 풍습이기도 했다.

연지·곤지와 신부 화장

동양에서 화장의 역사는 대단히 길다. 기원전 1500년경 은나라 주왕 때 연지 화장을 했다는 기록이 있는 것으로 보아 역사가 3500년이 넘는다. 특히 동양에서는 오랫동안 화장 풍습이 전해 내려오면서 복합적인 의미를 내포하게 되었다.

연지통_국립민속박물관 소장 입술에 바르는 화장품을 담는 용기.

우리나라도 예외는 아니다. 화장은 단순히 아름다움을 추구하는 수단을 넘어 종교 의식에 필요한 치장이면서 동시에 의료 행위까지 포함하고 있었다. 또한 시체를 보존하기 위한 수단이기도 했는데 여기에는 사후 세계에 대한 주술적 의미도 담겨 있었다. 이러한 화장 풍습이 언제부터 시작되었는지 확실하지 않다. 다만 '신라의 여인들이 연지 화장을 했다'는 기록이나 5~6세기경 고구려 고분벽화에 볼과 입술에 색을 칠한 여인이 등장하는 것으로 보아 1500~2000년 전으로 추측할 뿐이다. 화장이라는 용어는 고려 시대에도 있었지만 '화장化粧'이 아닌 '화장化裝'이었다. 현대적 의미의 '화장'은 우리 고유어가 아닌 개화기 이후 일본에서 도입된 말이다.

신부가 하는 연지·곤지 화장에는 복합적인 의미가 담겨 있었다. 연지 화장은 순결한 여성의 처녀성을 해체하는 하나의 의식이었다. 때문에 재혼하는 여성은 연지 화장을 금했다. 연지 화장의 유래는 시대와 지역에 따라 해석이 다양한데, 주술적 의미를 포함해 문화적으로 해석하는 견해와 단순히 아름다움을 추구하는 미학적 행위로 해석하는 견해로 크게 구분된다.

일반적으로 전자의 견해에 좀 더 무게를 두는데, 고대 사회에서 붉은 연지 화장은 귀신을 쫓는 주술적 행위였기 때문이다. 여자뿐만 아니라 사냥하는 남자도 용맹을 과시하기 위해 입가에 묻은 붉은 피를 닦지 않고 다녔고, 단오에 여인들은 비녀 끝에 연지를 발라 재액을 물리쳤으며, 일부 산간 지방에서는 전염병을 막기 위해 이마에 연지를 칠하거나 붉은 색종이를 오려 붙이기도 했다. 또한 농촌에서는 밭일을 나가기 전에 발톱에 봉선화 꽃물을 들여 악귀를 막기도 했다. 반면, 화장의 유래를 후자로 보는 근거는 중국 역사에서 찾아볼 수 있다. 중국에서는 후궁이 생리중일 때 임금을 모시지 못한다는 표시로 연지 화장을 했다. 오나라 때 천하절색으로 소문난 손화의 부인이 뺨에 난 상처를 치료하기 위해 흰 수달피 분말에 옥가루와 호박가루를 섞어 발랐는데, 이를 본 부인들이 아름답게 보이기 위해 붉은색으로 치장한 줄 알고 모방한 것이 화장의 시초가 되었다고도 한다.

그럼에도 여성의 아름다움이란 건강미까지 포함하는 개념이며 이 건강미의 기본은 젊음이다. 여성이 성년기에 접어들면 양 볼이 저절로 홍조를 띠게 된다. 때문에 여성들이 혼인 연령이 높아지면서 더 건강하고 젊게 보이기 위해 붉은 볼을 강조하기도 한다. 또한 건강미에는 육체적 건강만이 아닌 정신적 건강까지도 포함한다. 과학과 의료 기술이 발달하지 못한 근대 이전까지 잡귀와 싸워 접근을 막는 것은 이러한 건강을 위한 방편이었다. 따라서 화장이 주술적 의미가 아닌 단순히 아름다움을 추구하는 수단이 된 것은 근대 이후로 보는 것이 타당하다.

칠거지악과 삼불거 논쟁

보쌈이 등장하다

보쌈은 당사자는 물론 가족들의 의사와 상관없이 벌어지는 일종의 강제적 약탈 행위에 해당했다. 일반적으로 양반가에서 시작되었다는 견해가 우세한데, 두 번 결혼할 운명을 타고났거나 평생 과부로 살아갈 팔자의 양반가의 규수가 결혼 전에 이러한 팔자를 면하기 위해 액땜용으로 시작된 풍습이었다는 설이다. 시집가기 전 처녀의 집에서 외간 남자를 밤에 몰래 보자기에 싸와 강제로 처녀와 동침시켰고, 잡혀온 남자는 일정한 대가를 받고 평생 입을 다물고 살겠다는 다짐을 받아야 풀려났다. 때로는 비밀 유지를 위해 살해되기도 했는데, 어쨌든 이러한 풍습이 변형되어 이후 남자들이 과부를 강제로 데려와 혼인하는 보쌈이 된 것으로 보인다. 특히 평민층으로까지 확대된 보쌈은 유교 이념에 얽매인 양반층의 재혼 금지에 대한 일종의 사회적 반발이기도 했다. 보쌈이 비정상적인 행위였음에도 법적 문제로 비화되거나 처벌을 받았다는 기록은 찾아보기 힘든데, 이에 따

「월하정인」 간송미술관 소장 야밤에 선비 차림의 남자와 쓰개치마를 쓴 여인이 모퉁이에서 남의 눈을 피해 은밀하게 만나고 있다.

라 당시 보쌈이 사회적으로 묵인되었을 것으로 추정한다. 다음과 같은 사회적 분위기도 이러한 추론을 뒷받침해준다.

첫째, 체면을 중시하는 조선 사회에서는 주변의 이목을 의식하여 보쌈이 일어나도 관가에 신고하기를 꺼렸다. 둘째, 당시는 노총각과 노처녀 발생을 심각한 사회 문제로 받아들였다. 조정에서는 지역을 관할하는 관리들에게 노처녀와 노총각이 생기지 않도록 주기적으로 관심을 기울였으며 상황에 따라서는 관리들에게 책임을 묻기도 했다. 가족의 구성은 당시 사회에서 사회 질서 유지의 근간이었다. 농경 사회에서 가족 구성원의 확대는 노동력 재생산을 비롯한 국력의 문제였기 때문이다. 또한 민가에서는 노총각이 죽어서 몽달귀신이 되거나 노처녀나 과부가 죽어서 원귀가 되면 사람들에게 해를 입히고 홍수나 가뭄 등 재난을 불러와 농사에도 지장을 준다고 믿었기 때문에 노총각과 노처녀 발생이 개인적 문제를 넘어 마을 공동체의 문제이기도 했다. 그리고 셋째, 당시 하층민들의 현실적 여건에 관한 영향으로 보쌈은 신분 제약이나 경제 여건 때문에 결혼하기 어려운 평민이나 하층민이 가족 구성원을 보완할 수 있는 수단이었다.

보쌈의 유형도 다양했다. 과부와 은밀히 정을 통해 오다가 주변의 이목을 의식해서 보쌈 형식으로 일종의 혼인 절차를 밟는 경우가 있는가 하면,

홍살문_문화재청 제공 나라에서는 남편이 죽은 이후로 모진 세월을 겪으며 수절을 끝까지 지켜낸 여인의 집 앞에 홍살문을 세워 칭송하며 다른 사람들의 귀감으로 삼았다.

과부의 부모나 가족과 사전에 약속을 하고 보쌈을 하는 경우도 있었다. 물론 전형적인 약탈 형식으로 사전에 아무런 합의 없이 강제로 과부를 보쌈하여 과부의 가족과 침입한 남자 사이에 난투극이 벌어지기도 했다. 이렇듯 뜻하지 않게 당한 보쌈은 치욕이었기 때문에 과부가 된 여인들은 보쌈이라는 험한 꼴을 당하지 않고 끝까지 지조를 지키기 위해 남편의 장례식이 끝나고 자살하는 경우도 있었다. 국가에서는 이러한 경우 홍살문을 내려 여인의 수절을 장려하기도 했다.

법률상 과부의 재가는 1894년 6월 28일, 이른바 갑오개혁법으로 보장했다. 그러나 이러한 혁명적 조치는 선언적 의미 이상의 성과를 거두기에는 한계가 있었다. 사회 규범으로서 과부의 재가에 대한 제약이 여전히 당시 사회를 지배했기 때문이다.

이혼에도 증명 서류가 있어야 했다

보쌈의 대상에는 남편과 사별한 과부 외에도 남편이나 시댁에서 소박맞은 여인, 즉 이혼녀도 포함되어 있었다. 보쌈에도 나름의 규범과 절차가 있었으니, 여자가 귀했던 함경도 지방에서는 이런 이야기가 전해 내려온다. 이 지역에서는 소박맞은 여인이 친정으로 돌아갈 수 없는 처지일 때 이른 새벽 마을 입구에 있는 서낭당에서 스스로 보쌈을 기다렸다. 이때 여인은 남편이 자신의 옷고름이나 윗저고리 앞섶을 세모꼴로 찢은 나비 모양의 헝겊을 손에 쥐고 등에는 이불보를 지고 있었다. 여인은 처음 마주친 남자에게 그 헝겊 조각을 내보여야 했는데, 이것은 곧 '이혼 증빙 서류'에 해당했다. 이때 남자는 지위고하를 막론하고 여인의 등에 진 이불보로 보쌈해 집으로 데리고 와서 살아야 한다는 관습적 의무가 있었다.

당시 부부가 헤어질 경우 남편은 이혼장에 해당하는 법적 효력이 있는 이혼 증서인 '할급휴서割給休書'를 반드시 써주어야 했다. 그러나 한문을 배우지 못한 평민이나 천민은 문서로 된 이혼 증서를 작성할 수 없었기 때문에 남자가 자신의 옷고름이나 윗저고리 앞섶을 나비 모양의 삼각형으로 떼어 여자에게 주었다. 이 조각을 문자로 된 이혼 서류와 구분하여 '휴서' 또는 '수세'라고 했다. 이러한 풍습은 남자가 여자에게 하는 것이며, 여자가 먼저 남자에게 이혼장을 주는 것은 불가능했다. 하지만 남자가 일방적으로 남용할 수는 없었다. 여자가 당시의 사회 규범에 어긋나는 행동이나 그에 해당하는 사연이 있을 때만 가능했다. 이러한 풍습은 조선 말기까지 이어졌다.

그렇다면 우리나라에서 이혼은 언제부터 제도적으로 시행되었을까?

일반적으로 이혼의 형태는 고대국가가 성립되기 전에도 존재했다. 그러나 남편이 아내를 가정에서 추방하는 형태가 일반적이었다. 고대국가 성립 이후 각 국가별로 문서화된 성문법이 등장하면서 이혼에 대한 조항과 사유가 구체적으로 명시되기 시작했고 이러한 법률이 수정·보완을 거쳐 20세기 초까지 이어졌다. 하지만 현실 사회에서는 법적 절차보다는 관습법이나 풍속에 근거하여 남편이 아내를 가정에서 추방하는 형태의 이혼이 여전히 이루어졌다. 때문에 조선 시대까지 죄 없는 여인이 일방적으로 이혼당하는 경우도 적지 않았다.

특히 조선 시대에는 죄가 없어도 부인을 강제로 내쫓는 행위가 사회적으로 용인되었는데 역적 집안의 여인이 대표적이다. 아무리 출가한 여성이라도 친정이 반역죄에 연루되면 이혼을 당했다. 이러한 현상은 중종 대에 나타나기 시작해서 17세기 이후로 눈에 띄게 늘어났는데 이혼을 철저하게 금한 조선 후기에 기록으로 남아 있는 이혼 사례 대부분이 처가의 반역 때문이었을 정도이다. 심지어 이미 죽은 아내와 이혼한 사람도 있었다. 『인조실록』에 따르면 인조 6년(1628년) 다음과 같은 전교를 내리기도 했다.

의지하여 돌아갈 곳이 없는데 이제 내치는 것은 불쌍하다. 강등시켜 첩으로 삼게 하여 인정과 의리가 아울러 행해지도록 하라.

그럼에도 조선 사회에서 이미 결혼한 역적 집안의 딸에 대한 처분에 강경한 입장에는 큰 변화가 없었다. 국가적으로 역적을 엄히 다스려 통치 질서의 안정을 꾀한다는 점에서 조정이나 양반 관료의 이해관계가 일치했기 때문이다. 특히 남자 가문의 입장에서는 역적의 딸에게 제사를 맡길 수 없다는 명분을 내세웠는데, 현실적으로는 역적의 형벌이 집안에 미칠 영향을 크게 우려한 것이다. 그러나 이미 결혼한 역적 집안의 손녀에 대한 이혼은 법적으로 정하지 않았다.

한편, 우리나라에서는 옛날부터 부인을 보호하는 최소한의 안전 장치가 있었다. 바로 삼국시대나 고려 시대의 경우 조강지처를 함부로 버려서는 안 된다는 도덕관념이었다. 정당한 사유 없이 아내는 물론 첩을 버리거나 함부로 개가하는 것을 금했다. 조선 시대에 들어서면서 유교 예법에 따른 혼인제도가 전면적으로 정비되었고 이에 따라 칠거지악七去之惡과 삼불거三不去가 이혼의 근간이 되었다.

칠거지악과 삼불거 논쟁

조선 사회에서 칠거지악은 이혼의 정당성을 부여하는 제도였다. 칠거
지악은 중국 고대에서부터 발전한 유학의 예교로 부인의 행실을 문제 삼
는 일곱 가지 조항을 말한다. 첫째 아내가 시부모를 제대로 섬기지 못했을
때, 둘째 아들을 낳지 못했을 때, 셋째 부정을 저질렀을 때, 넷째 질투가
심할 때, 다섯째 나병이나 질병 등 불치의 유전병이 있을 때, 여섯째 말이
많을 때, 일곱째 도벽이 있을 때 남편은 아내를 정당하게 내쫓을 수 있었
다. 조선 초기의 법제 『대명률』에는 칠거지악에 관한 처벌 규정을 구체적
으로 명시하고 있다. 칠거지악에 해당하지 않는데도 부인을 쫓아낼 경우
장杖 80대에 처했고, 칠거지악을 저지른 부인과 이별하지 않는 자도 장 80대
에 처했다. 하지만 부부가 화합하여 이혼을 원하지 않는 자는 처벌하지 않
았다. 칠거지악은 일곱 개 사항이 모두 동일한 효력을 지닌 것이 아니라
사안에 따라 경중을 달리했다. 즉, 어떤 사항은 직접적인 이혼 사유에 해
당했고 이를 수행하지 않을 경우 국가가 개입했지만 반드시 이혼하지 않
아도 무방한 조항도 있었다. 국가에서는 칠거지악의 남용은 물론, 부인을
내쫓는 절차에 대해서도 각별하게 신경을 썼다.

이와 관련해서 『세종실록』에는 다음과 같은 기록이 보인다.

아내가 시부모 앞에서 개를 꾸짖었다고 남편이 아내를 내쫓고 사람들이
이를 효자라고 한 효자도의 기술은 비록 부모의 마음에 순종한 것이지만
세속에서 아내를 버리고자 하는 사람이 인용하여 말을 만들까 염려한다.

이는 칠거지악의 남용을 경계하는 내용으로 남편이 아내를 내쫓기[기별

棄別] 위해서는 최소한의 절차가 필요함을 알 수 있다.

조선 성종 때 이윤검이 아내의 음행을 이유로 이혼했을 때, 사헌부에서 이윤검이 아내의 추행을 듣고 기별한 것은 마땅하나 사전에 어머니에게 고하지 않았다고 탄핵을 받은 것도 같은 이유였다. 당시 사회는 부모가 배필을 택해 결혼했기 때문에 이혼할 때도 반드시 부모에게 먼저 알려야 했다. 따라서 비록 이윤검의 아내가 부정한 짓을 저질렀지만 부모에게 알리는 절차를 밟지 않은 것은 그의 죄였다.

한편, 『대명률』에 따르면 칠거지악을 범했더라도 아내가 삼불거에 해당하면 아내와 이혼한 자를 처벌하고 다시 결합하도록 했다. 삼불거란 부인을 함부로 내쫓을 수 없는 세 가지 조건으로, 첫째 아내가 돌아가신 시부모의 삼년상을 치른 경우, 둘째 혼인 당시 남편이 가난하고 천한 지위였으나 결혼 후 부귀를 얻은 경우, 셋째 아내가 이혼한 뒤 돌아갈 친정이 없는 경우가 이에 해당했다. 이 법규는 부인을 내쫓는 행위가 남발되는 것을 방지하기 위한 최소한의 보호 장치로, 국가 차원에서 여인의 삶에 관심을 기울인 셈이다. 이와 관련해서 『세종실록』에는 다음과 같은 기록이 있다.

좌찬성 이맹균李孟畇의 처 이씨는 나이가 거의 일흔이 되었다. 그녀는 남편이 계집종을 총애하자 이를 질투하여 계집종을 움 속에 가두고 학대하여 결국 죽게 만들었다. 왕은 사간원에서 이 사건으로 이맹균을 탄핵하는 상소를 하자 그를 귀양 보냈지만 부인은 벌하지 않았다. 이에 사헌부에서 부인 이씨가 자식이 없고 질투도 심하니 칠거지악의 두 가지에 해당한다는 이유를 내세워 그녀를 내쫓아야 한다고 주장했다. 그러나 왕은 삼불거를 내세워 부인을 이혼시킬 수 없다며 반대했다.

당시 일부 유학자들은 칠거지악에 해당할 정도로 부인의 행실에 문제가 있음에도 삼불거를 내세워 이혼을 금하는 법을 지나치게 적용하면 이를 의도적으로 남용하여 사회 질서를 혼란스럽게 한다는 이유를 들어 삼불거의 남발을 우려했다. 하지만 칠거지악과 함께 삼불거는 숱한 논란 속에서도 조선 후기까지 유지되었다. 다만 조선의 마지막 법전인 『형법대전』에는 칠거지악에서 아들을 낳지 못한 경우와 질투가 심한 경우를 제외하고, 삼불거에 자녀가 있는 경우를 추가했다. 결국 칠거지악과 삼불거는 '오출사불거'가 되었고 이 법은 1908년 『형법대전』의 개정으로 폐지될 때까지 유지되었다.

국가가 이혼에 관여하다

『조선왕조실록』에는 이혼이라는 용어가 보이지 않는다. 다만 '이이離異'라는 표현을 사용하여 부부관계의 소멸을 명시하고 있다. 이는 당시 사회에서 혼인 무효와 이혼이라는 개념을 명확하게 구별하지 않았음을 의미하는데, 그럼에도 혼인관계의 파탄을 의미하는 용어를 출처出妻·출처黜妻·기별·기처·휴기·소박·소기 등 다양하게 사용했다. 모두가 아내를 내친다는 의미이지만, 혼인관계가 어떤 방식으로 파탄났는지, 아내를 어떤 방식으로 내쳤는지를 구별하여 사용할 정도로 국가가 적극적인 관심을 기울였음을 의미한다.

조선 시대에 공식적으로 혼인관계를 해소하려면 국가의 승인과 엄격한 심사를 거쳐야 했다. 이처럼 국가가 혼인관계의 파탄에 적극적으로 관여한 이유는 다음과 같다.

첫째, 유학에서는 남녀의 결합을 모든 인간관계의 근본으로 여겼기 때문에 이혼은 개인의 문제가 아니라 사회적·국가적 문제였다. 둘째, 신분제 사회에서 혈통에 대한 명확한 계보를 유지하고 파악할 필요가 있었는데 중혼을 금지하고 일부일처제를 옹호한 것도 이러한 혈통 문제와 연관이 있었다. 셋째, 국가적으로 치국治國의 기초가 되는 제가齊家를 위해 사회 구성의 근간이 되는 가정을 보호해야 했다. 여기에는 사회 질서 유지와 사회 문제 발생을 미연에 방지하려는 의도도 있었다. 즉, 이혼을 허용할 경우 이를 남발하여 가정의 질서가 파괴되고 가정에서 이탈한 여성들로 인해 발생할 사회 문제를 우려한 것이다. 특히 전근대 사회에서 돌아갈 본가가 없는 이혼 여성들이 정상적으로 생계를 이어갈 방법은 극히 제한적이었다. 때문에 미풍양속의 유지 차원에서도 국가가 나서서 각별한 신경을 써야 했다.

유학의 교리와 명분이 점점 더 중요해진 조선 후기에는 이혼과 관련하여 『대명률』이 자주 거론되었다. 『대명률』은 조선의 형률에 근간이 되는 법전이다. 각종 범죄를 처벌하는 조문 이외에도 국가에서 정책적으로 권장하는 사회 윤리나 규약을 강제하는 조문이 수록되어 있는데 여기에 부부의 이혼 사유에 대한 구체적인 언급도 있다. 남편이 아내의 구타나 간음 등을 이유로 이혼을 제기했을 때는 이를 허용한다. 그러나 전체적으로는 사회 윤리와 질서를 건강하게 유지하기 위해 국가에서 국법에 위배되는 역적의 집안이나 정조를 잃은 경우를 제외하고 이혼하는 법은 없다고 명시할 정도로 이혼을 통제하는 경향이 있었다.

물론 조선 후기에 이혼법으로 『대명률』을 적극 활용한 것은 아니었다. 국가에서 이혼 여부를 논하면서 조선의 법에 이혼법이 있느냐 없느냐를 놓고 치열한 논쟁이 벌어진 것이 그 예다. 이러한 사회 분위기에서 칠거지 악이 유지된 것은 이혼 문제가 단순히 부부 간의 사적인 문제가 아니라 부모·가족·가문 그리고 사회 질서 유지 등이 관련된 초개인적인 문제였기 때문이다.

과부의 재혼을 허하라

조선 초기까지 관대했던 과부의 재혼

일반적으로 조선 시대는 여성의 재혼에 대해 규제가 심했던 것으로 알려져 있다. 하지만 우리나라 역사 전반에 걸쳐 살펴보면 처음부터 법으로 재혼을 강력하게 금했던 것은 아니며, 조선 시대 이전에도 결혼한 여인의 재혼 문제에 국가적·사회적 제약이 그리 심하지 않았다. 오히려 삼국시대에는 여성의 재혼을 당연하게 받아들였다. 신라의 요석공주는 과부가 된 후 원효를 궁궐로 맞아들여 인연을 맺어 아들을 낳았는데 그 아들이 이두 문자를 개발한 설총이었다. 왕실도 여인들의 재혼에 관대했다는 의미인데 이러한 사회 분위기는 고려 시대까지 이어졌다. 『고려사』와 『고려사절요』에 따르면 인종의 비 공예태후는 인종에게 시집오기 전에 이미 한 차례 파혼한 전력이 있었다. 공예태후와 관련해 다음과 같은 이야기가 전한다.

공예태후가 태어날 때 그녀의 외할아버지 이위는 황색 깃발이 궁궐의 대

「이부탐춘」_간송미술관 소장 이부는 과부의 다른 말로 이부탐춘은 과부가 봄을 탐한다는 뜻이다. 하얀 소복을 입은 과부가 짝짓기하는 개와 새를 바라보자 옆에 있는 젊은 여인이 허벅지를 꼬집어 나무란다.

들보 위 기와에 걸려 나부끼는 태몽을 꾸었다. 그 후 곱게 성장한 공예태후는 15세가 되던 해 평장사 김인규의 아들 지효에게 시집을 가게 되었다. 그런데 그녀가 시집가던 날 남편이 될 지효가 병이 나 갑자기 사망하고 말았다. 뜻하지 않은 불운으로 공예태후의 거취가 문제가 되자 시댁이 될 집안에서는 고민 끝에 공예태후를 파혼시키고 친정으로 돌려보냈다. 그 후 그녀의 부모는 점술가를 찾아갔는데 뜻밖에도 딸이 국모가 될 운명이라고 예언해주었다. 이 말을 들은 부모는 외할아버지의 태몽을 상기했지만 반신반의했다. 그런데 얼마 후 이자겸의 난이 일어났고 이 사건으로 왕비였던 이자겸의 두 딸이 역적으로 몰려 궁궐에서 쫓겨나게 되었다. 새 왕비를 맞아야 했던 인조는 1129년 마침내 공예태후를 왕비로 책봉했다. 공예태후는 왕비가 된 후 왕자 다섯 명과 공주 네 명을 낳았다. 후에 의종으로 즉위한 이가 공예태후의 장남이다.

고려 말기까지 과부의 재혼은 귀족 사회에서도 법으로까지 금하지는 않았다. 오히려 과부의 재혼을 일반적이고 자연스러운 현상으로 받아들이기까지 했다. 이 때문에 조정에서는 사회 질서의 문란을 우려하여 대책을 내놓기도 했다. 6품 이상 가문의 과부가 수절할 것을 자청하면 왕이 기특하게 여겨 상을 주고 장려한 것이다. 이러한 대책이 어느 정도 효과가 있었는지는 알 수 없다. 다만 지배층인 당시 6품 이상의 집안에서도 과부의 재혼이 이루어지고 있었음을 알 수 있다.

한편, 과부의 재가는 생계유지 문제와도 연관이 있었다. 경제활동이 남성을 중심으로 이루어지는 사회에서 과부가 된다는 것은 곧 생계 기반의 상실을 의미했다. 당시 사회에서는 과부가 경제활동에 나선다고 해도 대부분 비윤리적이고 불법적인 일을 할 수밖에 없었다. 따라서 과부의 숫자가 늘어나면 사회 질서가 문란해질 수 있다는 우려 때문에 나라에서는 생활이 어려운 과부에게 각별한 관심을 기울였다. 고구려 고국천왕(194년)은 백성들의 구제책을 발표하면서 빈궁민과 독자적인 생활 능력이 없는 과부를 포함시켰고, 신라의 태종 무열왕(692년)은 충신 강수의 아내가 과부가 되어 생활이 궁핍하다는 사실을 알고 곡식을 하사하기도 했다. 강수의 아내는 천한 몸으로 이미 은혜를 받았다는 이유로 무열왕의 배려를 사양했다.

이 밖에도 역사적 사건이 때로는 과부의 재가 문제에 직접적인 영향을 미치기도 했다. 고려 원종 14년(1273년) 원나라가 공녀를 요구하자 고려 조정은 결혼도감을 설치하고 처녀뿐 아니라 과부들까지 원나라에 공녀로 보내야 했다. 국가적 비애였던 이 공녀 문제는 당시 과부들의 재가에 큰 영향을 미쳤다.

조정에서도 논란이 이어지다

조선 전기의 명문가에서는 딸이 재가·삼가를 했어도 딸의 이름과 더불어 사위와 그 자손의 이름까지 족보에 올렸다. 재가와 삼가를 강력하게 금하지 않았음은 물론, 양반가에서도 과부가 세 번 결혼하는 것이 사회적으로 용납되는 분위기였음을 보여준다.

조선 초기에는 과부가 세 번째 재혼하는 것만을 법으로 규제했다는 기록이 보인다. 태종 6년(1406년)의 기록에 따르면 양반의 본처로 세 번째 혼인하는 여성은 자녀안恣女案에 기록했다. 자녀안이란 품행이 방종한 여자를 기록하여 국가가 보관하는 문서를 말한다. 당시 양반가의 규수가 부정한 행위를 하여 여기에 기록되면 그 자손은 관직에 오르는 데 불이익이 있었는데, 세 번 결혼한 과부의 이름을 자녀안에 올린다는 것은 삼혼을 부정하게 보았다는 의미다.

과부의 재가 문제를 놓고 왕이 직접 관리들과 회의를 반복하기도 했다. 하지만 과부들이 처한 상황과 여건이 동일하지 않아 일괄적으로 강력하

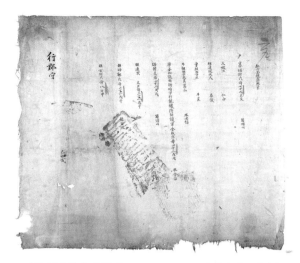

과부 허씨의 호적 문서_국립민속박물관 소장 조선 시대 과부 허씨의
77세 당시 호적 문서. 조선에서는 과부가 세 번째 결혼할 경우 자녀
안에 기록해 그 자손이 관직에 오르는 데 불이익을 주었다.

게 규제하기에는 무리가 있었다. 따라서 과부가 의지할 자식이나 봉양해
야 할 부모 없이 혼자 가난에 찌들어 수절할 수 없는 경우, 젊은 여인이 과
부가 되어 자식이 없고 부득이한 사연이 있는 경우, 그리고 이에 상응하는
특별한 이유가 있는 경우에는 부모의 허락을 받아 재가할 수 있는 길을 열
어두었다.

　과부의 재가에 대한 입장은 조선 전기를 넘어서면서 바뀌기 시작했는데
가정의 질서와 예법을 중시하는 주자학의 영향을 크게 받았다. 성종이 관
제를 개혁하기 위해 처음 이 문제를 논의에 부쳤을 때 대신들 대부분은 과
부의 재가를 허락하되 세 번 결혼은 금해야 한다는 입장이었다. 하지만 임
원준을 비롯한 소장학자들이 유교의 기틀을 세우고 미풍양속을 바로잡아
야 한다는 이유를 강력하게 내세우자 결국 성종 8년(1477년) 7월에 과부 재

가 금지법이 입법화되었다. 이후 성종 16년(1485년)에 간행한 『경국대전』 「제과조」에 따르면 재혼한 여인으로 행실이 부정한 이의 자손이나 서얼 출신, 범죄자 등은 문과 진사시에 응시할 수 없었다. 행실이 부정한 여인이라는 단서가 붙기는 했지만 재가한 여인의 자손을 범죄나 서얼과 같은 반열로 규제했으니 재가녀의 자손에 대한 사회적 시각을 엿볼 수 있는 대목이다. 이러한 사회 분위기는 양반층은 물론 일반인들에게도 영향을 미쳤다. 따라서 재가한 과부와 자식들은 법적으로 뿐만 아니라 사회적으로도 곱지 않은 시선을 받으며 심적 고통을 감내해야 했다. 이러한 사회 분위기는 재가한 여인을 계모라는 명칭으로 차별하기도 했다.

계모는 이방인

불행하게도 계모에 대한 사회 인식은 시대를 막론하고 대단히 부정적이다. 현재까지 전해 내려오는 대부분의 계모 이야기에는 자신이 데려온 자식만 극진히 보살피고 본처 자식은 심하게 구박하는 악독한 계모가 등장한다. 그러나 현실에서는 오히려 계모와 그 자식들이 차별당하는 경우가 더 많았다.

일반적으로 재혼하는 남성은 집안 여건에 따라 초혼의 아내를 맞이하는 경우도 적지 않았지만, 여성이 재가하면서 초혼인 남편을 맞는 일은 거의 없었다. 더구나 과부에게 자식이 딸린 경우는 더 말할 나위 없었다. 또한 남편에게 전처 자식이 있다면 그들의 계모가 되어 키워야 했지만 자신이 데려온 자식들은 전처 자식과 정상적인 형제자매 관계를 유지하기가 힘들었다. 전처 자식에게 아무리 잘해준다고 해도 혈연적으로 아무런 관계가 없었기 때문에 생모와 같은 법적 대접을 기대할 수 없었다. 설사 전처에게 자식이 없다 해도 재혼한 여인이 낳은 아이는 정통성을 인정받지 못했고, 집안에서는 또 다른 양자를 들여 상속과 제사를 물려주기도 했다.

계모는 죽어서도 차별을 받았다. 『경제육전』˙과 『경국대전』에 따르면 생모와 마찬가지로 삼년상을 치르도록 했지만 제대로 시행되지 않았다. 또한 계모의 삼년상을 치르지 않는다고 해서 사회적으로 지탄받거나 법적 제재를 받지도 않았다. 생모가 부정을 저질러 이혼당하는 경우를 제외하고 친가, 즉 아이들의 외가 어른이 돌아가시면 자식들이 상을 치렀지만, 계모는 친정에서 상을 당해도 전처의 자손들이 그 의무를 다해야 할 법규가 없었다. 세종 때 예조에서 계모가 사망할 경우에도 부모상의 관례에 따라 삼년상을 제대로 치르도록 하자고 건의한 적이 있었다. 하지만 유산 상속을 둘러싼 계모와 친모의 자식 사이에 분쟁이 심하다는 이유로 세종이 수용하지 않았다. 계모의 문제를 부모 자식 사이의 윤리적 관계보다 사회 갈등을 유발하는 사회적 문제 차원에서 접근하고 있음을 잘 보여주는 사례이다.

또한 계모가 재산을 남기고 사망할 경우 계모의 유산은 법적으로 기존 가족의 재산과 분명하게 구분했다. 전처 자식은 원칙적으로 계모의 유산을 물려받을 자격이 없었다. 『경국대전』에는 계모의 유산 상속과 관련하여, 친자식 없이 재산을 남기고 사망하면 전처 자식에게 유산의 5분의 1만 상속하고, 자식 중 제사를 지내는 장남에게 3푼(100분의 3)을 더 주며, 나머지 재산은 모두 계모의 친정 근친에게 상속하도록 규정하고 있다. 사망한 계모에게 친자식이 있으면 법적으로 제사를 모시는 장남에게 유산의 9분의 1을 물려줄 뿐 나머지는 모두 계모의 친자식에게 상속했다. 때문에 계모가 재산이 있을 때도 집안에 분쟁이 일어났다. 성종 때는 이런 일도 있었다.

1477년(성종 8년) 승정원 승지가 유자광과 결탁한 사건에 연루되었다. 이 사건은 의지할 곳 없던 과부 조씨가 중매로 김주와 재혼한 일이 발단이 되었는데, 과부 조씨에게 경제적으로 의존하던 친정오라비와 형부가 조씨의 재혼으로 재산이 김주에게 넘어갈 것을 염려해 조씨를 폭행하면서까지 둘을 갈라놓으려고 했고, 김주가 조씨를 강간했다고 소장까지 제기하였으나 무고임이 밝혀지면서 도리어 무고죄를 받기까지 했다.

과부의 재산 때문에 벌어진 이 사건은 상소와 탄핵을 주고받는 정치 분쟁으로까지 확대되었고 결국 성종이 직접 나서서 처리했다. 조선 시대에는 처나 첩이 이혼하여 본가로 돌아가면 그들의 재산도 같이 돌려보냈는데 성종 14년의 기록에 따르면, 최진이라는 자가 첩을 버리면서 그녀의 물건은 돌려주지 않자 첩이 사헌부를 찾아가 사정했고 보고를 받은 성종이 문제가 비루하다며 최진을 체직(벼슬에서 물러나게 함)했다는 기록이 있다.

계모가 돌아갈 친정도 재산도 없을 경우는 문제가 더 심각했다. 남편이 사망하면 계모는 집안에서 유명무실한 존재였기 때문이다. 계모가 평소 과욕을 부린 것도 이와 무관하지 않았다. 하지만 계모의 이러한 행동은 사회적 인식을 악화시키는 데 일조하게 된다. 물론 계모의 책임이 전혀 없는 것은 아니었지만 엄연히 한 가정을 넘어선 심각한 사회 문제에 해당했다.

계모설화와 남성의 존재

동서양을 막론하고 설화 속 계모는 항상 악행을 일삼는 존재로 등장한다. 우리나라의 「콩쥐팥쥐」나 서양의 「백설공주」「신데렐라」가 대표적인 사례인데, 모두 예외 없이 악독한 계모가 등장하여 전처의 딸을 구박하고 심지어 죽이려고까지 한다. 이러한 계모설화에는 몇 가지 공통적인 특징이 있는데, 첫째 가장으로서의 남편이자 아버지의 존재감과 역할이 희박하여 아버지가 거의 등장하지 않으며, 둘째 가족 사이의 갈등이 주로 여자들의 문제여서 아들과 계모 또는 아버지와 재혼한 여인의 자식 사이의 갈등은 찾아보기 힘들다. 셋째, 전처의 딸이 대부분 계모의 학대에 순응할 뿐 상황을 적극적으로 극복하기 위해 노력하는 흔적이 보이지 않는다.

남성 중심적이고 가부장적인 봉건 사회의 이야기이기 때문에 이러한 갈등은 집안 내 여자들의 문제로만 치부되기도 했다. 여성은 가족 울타리 안에서만 존재했고 욕망의 주체가 아닌 대상이며 가족 구성원의 재생산을 위해 필요한 존재였기 때문이다. 계모와 자식 간 갈등 구조에서 아들이 배제된 것도 같은 맥락이다. 아들은 계모와 갈등을 겪는다고 해도 이를 무시하거나 집을 나갈 수 있었다. 남자가 집을 나간다는 것은 단순한 반항이나 가출이 아닌, 세상에 자신의 뜻을 펼치기 위한 자아실현의 일환이었다. 따라서 집 나간 아들이 성공해서 돌아오면 금의환향이 되었고 실패하고 오더라도 그동안 겪은 시련을 성공을 위한 밑거름으로 인정했다. 반면 딸은 어떤 이유로도 가족의 울타리에서 벗어날 수 없었다. 딸이 집을 나간다는 것은 영원한 일탈을 의미했으며 한번 나간 딸들은 어떤 이유에서든 다시 집으로 돌아올 수 없었다. 만약 다시 받아들인다 해도 평생 죄인으로 죽은 듯 살아가야 했다. 전쟁 포로로 중국에 끌려갔다 돌아온 여인들을 '환향녀'라 하며 죄인 취급한 것도 같은 맥락이다. 여성이 가정을 벗어날 수 있는 방법은 결혼이나 죽음뿐이었다. 그러나 결혼하여 집을 나가려면 최소한 결혼 적령기까지 기다려야 했고, 또 적령기가 되어도 부모의 동의가 있어야만 가능했다. 결혼을 하지 못할 경우 죽는 방법밖에 없었는데 이 역시 스스로 선택하는 것은 사회적으로 용납되지 않았다. 자식이 부모를 두고 죽는 것 자체가 부모를 죄인으로 만드는 행위였기 때문이다.

여성에 대한 사회적 제약은 백설공주 이야기에서도 찾아볼 수 있다. 백설공주의 계모는 출중한 미모와 뛰어난 능력을 갖춘 마녀였다. 중세 시대에 마녀는 가부장적인 남성 권력에 맞설 수 있는 강력한 존재였다. 하지만 계모의 능력은 백설공주를 학대하고 죽이려는 데만 쓰일 뿐이었고 그 이유 또한 단지 백설공주가 자기보다 더 아름답기 때문이었다. 이는 여성을 보는 남성의 관점이 투영된 것으로, 여성에게 권력의 분점은 물론 사회적 역할조차 허용하지 않은 당시 사회상을 잘 반영한 것이다. 이렇게 보면 계모를 차별하고 과부의 재가를 금지한 것 역시 남편이 죽은 후에도 여성이 가족에서 이탈하지 못하게 하려는 하나의 규제 장치에 해당했다.

또 하나의 대안, 움딸을 들이다

계모의 악행은 조정에서 논의할 정도로 국가와 사회가 적극적인 관심을 기울였다. 가정은 물론 사회 질서에도 악영향을 미친다는 위기의식 때문이었는데 심지어 문학 작품을 통해 사회적 경종을 울리기도 했다. '첫날밤 신랑 모해 설화'의 형식을 띠고 있는 「사명당전」은 실존 인물인 사명당에 얽힌 설화를 소설화한 작품이다. 혼인한 첫날밤 목이 잘린 변사체로 발견된 주인공 임유정의 아들을 실제로 죽인 사람이 아들의 신부가 아닌 계모였다는 이야기인데, 이 때문에 생모가 사망한 아이들의 외가에서는 사위의 재혼, 즉 아이들의 계모를 들이는 일에 민감할 수밖에 없었다. 당시에는 시집간 딸이 사망하고 사위가 재혼할 경우 사망한 처의 친정과 아이들은 남남이 되었다. 즉 아이들과 외가의 관계는 법적으로는 물론 사회적으로도 보호받을 수 없었기 때문에 죽은 여인의 친가에서 외손자들과 계모 사이에 문제가 발생해도 해결할 방법이 없었다.

민가에서는 이런 우려를 사전에 차단하기 위해 '움딸들이기'라는 풍습이 있었다. 사망한 여인의 친가에서 사위의 후처를 구해 결혼시키기 전에 수양딸을 삼는 풍습인데, 계모 때문에 발생할 수 있는 문제를 미연에 방지하려는 하나의 대안이었다. 움딸은 지체가 낮거나 경제적으로 가난한 집에서 데려와, 그 집안의 간섭을 사전에 차단했다. 따라서 아이들의 외가와 관계가 대체로 원만했고 특히 사위와의 관계도 유지할 수 있었다.

그러나 이러한 풍습이 사회적으로 일반화되지는 않았을 것으로 추정된다. 이론적으로는 대안이 되기는 하지만 현실에서는 무리가 따랐기 때문이다. 무엇보다도 아이들이 딸린 집에 재취로 가는 자리에 딸을 내놓기가 쉽지 않고, 경제적으로 극빈층이나 사연이 있는 극히 일부 집안에서만 가능한 일이었다. 또한 움딸을 들이는 집안 역시 수양딸의 친가에 어떤 방식으로든 보상을 해야 했기 때문에 사회적 지위와 경제적 여건을 갖춘 집에서만 가능했다. 여기에 재혼하는 남자의 집안 여건도 고려해야 했다. 아무리 재혼이라도 결혼은 당사자만이 아닌 집안의 문제였기 때문이다. 따라서 현실에서 이러한 조건을 모두 충족하기 어려웠기 때문에 움딸들이기 풍습은 집안끼리 이루어졌을 것으로 보인다.

고수레와 나눔의 정신

고수레의 유래와 농경문화

우리 선조들은 오래전부터 야외에서 음식을 먹기 전에 '고수레'를 외쳤다. 고수레는 들이나 산에서 음식을 먹을 때 귀신에게 먼저 바치기 위해 음식을 조금 떼어 던지는 행위로, 이를 하지 않으면 반드시 체하거나 탈이 난다고 믿었다.

고수레는 '고시레' 또는 '고씨네'라고도 하며 지역에 따라 다양한 유래 담이 전해 내려오는데 그중에서도 가장 오래된 이야기는 역시 단군신화이다. 단군의 신하 중 농업을 관장하는 고시씨高矢氏가 사람들에게 농사짓는 법을 가르쳐주었는데 이 때문에 후세 사람들이 그의 은혜에 보답하기 위해 음식을 먹기 전에 조금 떼어 공덕을 기렸다고 한다. 일부 지역에서는 고씨 여인의 넋을 위로하기 위한 풍습이었다는 다음과 같은 설도 있다.

옛날에 고씨 성을 가진 한 노파가 살았다. 노파는 의지할 곳 없이 떠돌아

다니며 주변 사람들의 도움으로 끼니를 연명하다 세상을 떠나고 말았다. 이
후 들일을 하던 사람들은 죽은 노파의 넋을 위로하기 위해 음식을 먹기 전
에 첫 숟가락을 떠서 '고씨네' 하고 외치며 허공에 던졌다.

경기도에서는 이보다 더 구체적인 이야기가 전해 내려온다.

　옛날 고씨 성을 가진 어느 대감집 하녀가 살았다. 어느 날 그녀는 냇가에
빨래를 하러 갔다가 떠내려 오는 복숭아를 먹고 임신해 사내아이를 낳았다.
아이 이름은 복숭아를 먹고 낳았다고 해서 도손桃孫이라고 지었다. 도손은
어려서부터 매우 총명했으나 아버지 없이 태어난 천민이라는 이유로 주변
의 멸시를 받았다. 때문에 소년 도손은 주변의 냉대에서 벗어나고자 중국으
로 건너가서 풍수지리를 배웠다. 도손의 생모는 아들이 떠난 후 처녀가 아
이를 낳았다는 이유로 대감집에서 쫓겨났고 의지할 곳이 없이 들에서 일하
는 사람들의 음식을 얻어먹으며 떠돌아다녔다.
　세월이 흘러 장성한 도손은 스승에게서 어머니가 돌아가실 것이라는 예
언을 듣고 고국으로 돌아왔다. 하지만 어머니는 이미 세상을 떠난 후였다.
도손은 슬픔을 달래며 돌아가신 어머니 시신을 모실 못자리를 찾기 위해 전
국을 떠돌아다니다가 김제 지방 만경들에 있는 어느 논 옆에 주인 몰래 어
머니를 묻어 장사를 지내고 홀연히 사라져버렸다. 그 후 이 논에서 소작을
하던 농부는 주인 없는 무덤을 측은하게 여겨 시간이 날 때면 잡초도 뽑아
주며 잘 보살펴주었다.
　이듬해 이 지방 전체에 흉년이 들었지만 도손의 어머니 무덤이 있는 논만
은 농사가 잘되었고, 이 소식을 접한 주민들은 물론 주변 지역에서도 모두

고씨네 무덤 덕이라고 입을 모았다. 이후 사람들은 풍년을 기원하는 마음으로 고씨의 무덤을 보살펴주었고 시간이 흐를수록 소문은 널리 퍼졌다. 거리가 멀어 고씨의 무덤을 찾아올 수 없는 농민들은 자신이 경작하는 논 주위의 주인 없는 무덤을 보살펴주었고, 음식을 먹을 때 첫 숟가락을 떠서 '고씨네'라며 죽은 넋을 위로했다. 이후 고씨네는 농사가 잘되기를 기원하는 하나의 풍습으로 자리 잡게 되었다.

민간신앙과 나눔의 문화

고수레는 음식을 던지며 죽을 사람의 넋을 위로하는 풍습이었지만 여기에는 살아 있는 사람들을 위한 현세의 안녕과 복을 기원하는 의미도 담겨 있다. 이와 관련하여 이수광의 『지봉유설』에 다음과 같은 이야기가 있다.

옛날 변방을 지키던 어느 지역에서 성문을 닫으면서 '유아'라고 소리쳤다. 유아孺兒라는 장군의 넋을 기리는 풍습이었다. 유아는 적과 싸우다 대군이 밀려오자 말머리를 돌렸는데 성문에 이르지 못하고 안타깝게 적의 손에 죽은 장수로, 이후 사람들은 그의 죽음을 애도하기 위해 초혼의 의미를 담아 성문을 닫으면서 유아의 이름을 큰 소리로 외쳤다.

이 이야기는 마을이 적의 침입으로부터 안전하기를 기원하는 마음이 담겨 있다. 크고 작은 전쟁의 위협으로 늘 불안에 떨어야 했던 국경 지역 주민들의 삶이 투영된 이야기인데, 이와 같이 누군가의 이름을 부르는 풍습은 지역과 시대의 상황에 따라 다양하게 변주되었음을 잘 보여주고 있다.

　일본에서도 복신에 대한 풍습이 있어서 밥을 먹기 전에 아귀에게 음식 한 순가락을 떠주고 사바[散飯 또는 生飯]라고 말하는 문화가 있었다. 저 멀리 남아메리카 페루에서도 음식과 술을 입에 대기 전에 대지에 먼저 뿌리면서 "대지여, 어머님이시여! 우리에게 훌륭한 열매를 거두게 해주소서!"라는 축원을 외쳤다. 인류학적 관점에서 보면 우리나라의 고수레에 해당하는 이러한 풍습의 기원은 '첫 순가락의 음식', 즉 첫 수확의 곡식이나 과일을 신에게 바치는 농경 사회의 의식이다. 고수레의 대상은 이처럼 대지가 되기도 하고 산과 들에 사는 동물이 되기도 했다. 우리 선조들이 감나무에 감을 모두 따지 않고 까치밥이라 하여 남겨놓은 것도 고수레의 하나였다. 그리고 이러한 풍습에는 일상적으로 복을 나누어 공동체를 유지하고자 하는 마음이 담겨 있다.

구두쇠의 심판과 개나리

자린고비가 주는 교훈

민간에서 전해 내려오는 이야기 중에는 나눔과 베풂의 문화와는 반대되는 구두쇠 이야기도 있다. 특히 이런 이야기에 등장하는 구두쇠는 대개 이기적이고 인색하며 남에 대한 배려심이 전혀 없으며 행동이 지나치게 과장되어 해학적이기까지 하다. 예를 들면 삼복 더위에 어떤 구두쇠가 부채마저 아끼려고 부챗살을 두 개만 펴서 흔들어대자 옆에 있던 더 고약한 구두쇠는 부채를 편 채 자신의 고개만 세차게 흔들었다는 식이다. 심지어 다음과 같은 이야기도 있다.

옛날 어느 마을에 구두쇠 영감이 이웃집에 불이 나자 자기 집 불씨를 아끼려고 불이 난 집으로 달려갔다. 그러나 주변 사람들로부터 인정미 없다는 힐난을 받자 하는 수 없이 집으로 돌아오면서 혼자 중얼거렸다.

"에이, 인색한 사람들 같으니, 그까짓 불씨 좀 얻겠다는데……. 우리 집에 불이 났단 봐라, 병아리 눈물만큼도 못 가져가게 할 테다."

이 이야기에는 이웃의 불행을 보고도 자기 욕심만 채우려 하자 이를 본 마을 사람들이 나무라는 것을 오히려 온 마을 사람들이 인색하다고 타박할 정도로 철저하게 자기중심적인 구두쇠가 등장한다. 그런가 하면 다음 이야기의 구두쇠는 사리분별력마저 떨어진다.

구두쇠 영감이 어느 날 다리를 건너다 물에 빠지고 말았다. 때마침 지나가는 사람에게 구조를 요청하자 행인이 구두쇠 영감에게 구해주는 대가로 돈을 요구했다. 구두쇠 영감은 물에 빠져 죽을지도 모르는 위급한 상황에서 돈이 아까워 행인과 가격을 깎으려고 흥정했다.

이 이야기는 지역에 따라서 다음과 같이 달라지기도 한다.

하루는 구두쇠 영감이 아들과 사냥을 나갔다가 호랑이에게 물려가게 되었다. 아들이 아버지를 구하려고 호랑이에게 총을 겨누자 구두쇠 영감이 아들에게 호피를 쏘면 값이 떨어지니 다리나 꼬리를 쏘라고 당부했다.

반면, 남의 것에 욕심 부리거나 해를 끼치지 않지만 감히 일반인들은 흉내조차 내기 힘들 만큼 철저하게 절약하는 구두쇠 이야기도 있다. 잘 알려진 '자린고비' 이야기가 그 예이다.

옛날에 간장 종지 하나만 놓고 식사할 정도로 소문난 구두쇠 영감이 살았다. 어느 날 식사를 하는데 간장 종지 안에 파리가 앉았다 날아가자 구두쇠 영감은 밥그릇을 들고 파리를 끝까지 쫓아갔다. 마침내 파리를 잡은 자린고 비 영감은 그 자리에서 밥 한 술을 떠서 먹고 파리 뒷다리에 묻은 간장을 빨아먹은 다음 놓아주었다. 하루는 마을 사람들이 구두쇠 영감을 시험해보기 위해 자반 생선 한 마리를 집 안으로 던져넣었다. 마당을 쓸던 자린고비 영감은 "어이구, 밥 도둑놈"이라며 생선을 얼른 담 밖으로 던져버렸다.

공짜로 생긴 생선보다 그 때문에 축날 쌀이 더 아까웠던 것이다. 구두쇠 영감이 자린고비라는 별칭을 갖게 된 데는 다음과 같은 이유에서였다.

예로부터 제사를 지내고 나면 지방을 태우는 것이 제례 의식의 하나였다. 그러나 구두쇠 영감은 제사를 지내고 나서도 제문의 종이가 아까워 지방을 태우지 않고 기름에 발라 보관했다가 해마다 제사 때가 되면 다시 사용했 다. 때문에 제문 속 아비 '고考' 자와 어미 '비妣' 자가 때에 절었다고 해서 구 두쇠 영감을 기름때 절은 '저린고비'라고 불렀고, 이에 발음이 변해 '자린고 비'가 되었다.

일부 지방에서는 구두쇠 영감이 아껴 모은 재산을 말년에 가난한 사람 들을 위해 모두 썼다는 이야기도 있다. 때문에 영감이 죽은 후 마을 사람 들이 그의 덕을 기리기 위해 비석을 세우고 그 비석에 '어려운 사람을 위 해 덕을 베풀어준 구두쇠 영감의 인자한 마음을 기린다'는 뜻으로 '자인고 비慈仁古碑'라고 새겨놓았다. 이때부터 근검절약에 철저한 사람을 '자린고 비'라고 부르게 되었다고도 한다.

이와 같은 자린고비 유래담은 지독하게 인색한 사람을 과장해서 풍자한 면이 없지 않지만, 그럼에도 일을 손에서 놓지 않는 부지런함과 근검절약을 철저하게 실천하여 모은 재산을 어려운 사람들을 위해 기부하는 교훈적 메시지도 담고 있다. 때문에 사람들은 지속적으로 구두쇠 영감 이야기에 귀 기울였고, 자린고비 이야기는 꼬리에 꼬리를 물고 현재까지 전해 내려오고 있다.

장자못 전설, 물로 심판을 받다

전국적으로 현재 크고 작은 연못이 있는 지역이나 지금은 없어졌지만 예전에 있던 지역에서는 연못에 관한 다양한 유래담이 전해 내려온다. 구두쇠 영감의 인색함 때문에 연못이 생겼다는 '장자못 전설'이 대표적인데, 주로 구전되는 장자못 전설은 서울 아차산, 강원도 태백시의 황지, 춘천의 아침못, 강릉의 경포호 등 전국적으로 100여 곳이 넘는 지역에 광범위하게 퍼져 있다. 지역에 따라 약간씩 차이는 있지만 일반적으로 장자못 전설의 이야기 구조는 다음과 같다.

옛날 어느 마을에 부잣집 영감이 살았다. 구두쇠로 소문난 그는 어느 날 시주 온 스님을 인색하게 내쫓으며 쇠똥을 자루 속에 퍼주었다. 스님은 아무 말 없이 쇠똥을 받아 대문을 나섰다. 부엌에서 이를 지켜보던 마음씨 착한 며느리가 스님 뒤를 따라가 시아버지 몰래 쌀 한 되를 시주했다. 며느리의 착한 심성을 알게 된 스님은 다음 날 정오에 비가 내리기 시작하면 뒷산으로 올라가되 절대 뒤를 돌아보면 안 된다고 일러주고 사라졌다. 다음 날 정오가 되자 스님의 말대로 비가 오기 시작했다. 며느리는 스님이 시킨 대로 간단하게 보따리를 싸서 부지런히 뒷산에 올랐다. 그런데 갑자기 집 쪽에서 천둥소리가 났다. 며느리는 스님의 당부가 생각났지만 호기심과 걱정스러운 마음에 뒤돌아보고 말았다. 순간 며느리는 그 자리에서 굳어 바위가 되어버렸고, 구두쇠 영감의 집은 물속에 잠겨 그 자리에 연못이 생겨났다. 그 후 사람들은 며느리가 변한 바위를 미륵바위 또는 벼락바위라고 불렀고, 집터에 생긴 연못을 '장자못'이라고 했다. 여기서 장자는 큰 부자를 가리킨다.

지역에 따라서 착한 며느리 대신 딸이나 아내, 하인이 등장하기도 하고, 욕심 많은 주인이 구렁이가 되어 평생을 연못에서 살게 되었다는 이야기도 있지만 인색한 구두쇠 영감을 '물로 벌했다'는 공통점은 변하지 않는다.

앞서 언급했듯이 예로부터 사람들은 물에 사는 용이나 연못에 사는 구렁이가 시간이 지나면 하늘로 올라간다고 믿었다. 따라서 생명력과 정화력, 부정을 물리치는 힘이 있는 '물'에 잠기는 것은 죽음과 전멸을 의미하는 동시에 존재 이전으로의 회귀와 새로운 탄생을 의미했다. 그러므로 장자못 전설은 이기적이고 인색한 구두쇠의 품성을 물을 통해 완전히 정화함으로써 새롭게 소생한다는 의미로도 해석할 수 있다. 단순한 이야깃거리를 넘어선 사회·문화적 메시지가 담겨 있는 셈이다.

장자못 전설은 일반적인 권선징악의 구조에서도 약간 벗어나 있다. 인색한 구두쇠 영감 혼자만 징벌을 받지 않고 착한 며느리를 비롯한 가족까지 벌을 받았기 때문이다. 장자못 전설이 변형된 다음 이야기는 더욱 단순한 구조로 이를 확실하게 보여준다.

옛날에 인색한 부자가 살았다. 하루는 그가 시주하러 온 스님을 학대했더니 스님이 욕심 많은 부자에게 더 많은 재산을 갖는 방법을 알려주겠다며 집안 명당의 혈穴을 잘라버렸다.

이와 같이 인색한 영감 개인뿐만 아니라 그 집안까지 완전히 몰락시킨 것은 개인적 징벌을 넘어 세상 인심의 경고이기도 했다.

개똥과 개나리

구전에 따르면 모든 구두쇠가 물의 심판을 받은 것은 아니다. 직접적으로 징벌을 받기도 했지만 때에 따라서는 상징적 심판을 받기도 했다. 개나리에 얽힌 다음 이야기는 그런 점에서 흥미롭다.

옛날 어느 부잣집에 스님이 시주를 청하러 왔다. 그러나 욕심 많은 주인은 스님을 거들떠보지도 않고 문전박대했다. 그 집에서 쫓겨난 스님은 이웃에 있는 가난한 집에 들어가 시주를 청했다. 집주인 내외는 비록 먹을 것이 없어 근근이 생활하면서도 점심으로 먹으려고 준비해둔 보리쌀을 시주했다. 정성을 담은 집주인의 시주를 받은 스님은 말없이 멱둥구미를 하나 만들어주고 사라졌다. 멱둥구미는 농가에서 곡식을 담기 위해 짚으로 만든 그릇이다. 영문도 모르고 멱둥구미를 받아든 부부는 부엌 선반 위에 올려놓고 주린 배를 참으며 밭으로 일하러 나갔다. 어느덧 해가 저물어 집에 돌아온 부부는 부엌에 있던 멱둥구미 안에 하얀 쌀이 가득 담겨 있는 것을 발견했다. 부부는 필시 스님이 신통력을 부린 것이라고 생각하며 고마운 마음으로 저녁을 맛있게 지어 먹고 잠자리에 들었다. 그런데 다음 날 아침에도 멱둥구미 안에 하얀 쌀이 가득 담겨 있었다. 점심때도 저녁때도, 끼니때가 되면 멱둥구미 안에 한 끼 분량의 하얀 쌀이 가득 담겨 있었다. 덕분에 부부는 끼니 걱정을 하지 않고 살면서 더욱 열심히 일해서 많은 재산을 모아 부자가 되었다.

한편, 쌀이 나온다는 멱둥구미 이야기가 이웃에 사는 욕심 많은 영감의 귀에도 들어갔다. 분명 시주를 청했던 중의 신통력일 것이라고 생각한 그는 원통해서 잠을 이룰 수 없었다. 그러던 어느 날 스님이 다시 시주를 청하러 영감의 집을 방문했다. 영감은 다시 없는 기회라고 생각하여 창고에서 쌀을 한 광주리 퍼주었다. 시주를 많이 하면 쌀이 더 많이 나오는 멱둥구미를 만들어줄 것이라고 기대한 것이다.

시주를 받은 스님은 아무 말도 하지 않고 커다란 멱둥구미를 하나 만들어 주고는 사라졌다. 영감은 신이 나서 멱둥구미를 신주단지 모시듯 부엌에 잘 모셔놓고 저녁이 되기만 기다렸다. 마침내 해가 지자 서둘러 부엌으로 간 구두쇠 영감은 놀라서 벌어진 입을 다물 수 없었다. 멱둥구미 안에 기대했던 쌀은 보이지 않고 개똥만 가득 담겨 있었기 때문이다. 구두쇠 영감은 스님의 장난을 괘씸하게 여기면서 개똥이 담긴 멱둥구미를 울타리 밑에 묻어 버렸다. 그런데 다음 날 아침 멱둥구미를 묻은 울타리 밑에서 처음 보는 꽃이 피어났고, 사람들은 이 꽃을 개나리라고 불렀다.

이 이야기는 구두쇠 영감이 잘못을 하지만 직접적인 대가를 치르는 방식으로 전개되지 않는다. 마지막에 개나리가 등장한다는 점도 특이한데, 언뜻 개나리의 유래담 같기도 하지만 이야기의 초점이 분명 구두쇠 영감의 인색함에 맞춰져 있다는 점에서 개나리는 어떤 메시지를 주는 장치인 듯하다.

개나리에 담긴 일상의 의미 읽기

꽃은 색과 자태 그리고 그윽한 향기로 신비로움을 더하며 사람들의 일상에 윤택함을 선사한다. 특히 꽃을 통해 아름다움을 추구하는 것은 인간의 본능으로, 오래전부터 꽃을 보며 즐거워하는 마음을 중시했던 선인들은 꽃에 등급을 매겨 구체적으로 구분할 정도로 각별한 관심을 기울였다.

운치나 절개를 자랑하는 매화·국화·연꽃·대나무는 꽃 중에도 1등급으로 꼽았으며, 부귀의 상징인 모란·작약·파초 등은 2등급, 동백·만년송 등은 3등급, 포도·귤 등은 4등급, 석류·도화·해당화·장미·수양버들은 5등급, 감·오동은 6등급, 배·목련·앵두는 7등급, 무궁화·봉선화는 8등급, 해바라기·금잔화 등은 9등급으로 분류했다. 하지만 아홉 등급에 이르기까지 개나리는 포함되지 않는다. 그만큼 개나리는 지극히 평범한 꽃이며 향은 물론 색채나 자태도 그다지 뛰어나지 않은 꽃으로 취급받았다. 그런 개나리가 장자못 전설에 등장하는 이유는 무엇일까?

개나리의 노란색은 서민들의 삶을 연상시킨다. 농경 사회에서 노란색은 황금 들판의 풍요로움을 상징하여 민가에서는 노란 개나리를 담장 대신 울타리로 삼기도 했다. 또한 병충해와 내한성이 강해서 어디서나 잘 자라며, 꺾꽂이를 해도 질긴 생명력을 유지하고 한 가지에 꽃봉오리를 수십 개나 피워 풍요와 다산의 상징으로 통했다.

없는 살림에 궁색할 정도로 아끼는 사람을 '노랭이'라고 하고, 굶주림으로 몸이 좋지 않을 때 '누렇게 떴다'고 하며, 평안도와 함경도에서는 먹을 것이 귀한 이른 봄에 식용으로 캔 나무뿌리 중에 맛이 없는 것을 '개나리'라고 부르기도 했다. 그러나 다른 한편으로 보면 이른 봄, 먹을 것 없는 춘궁기에 매서운 추위까지 이겨내야 했던 서민들에게 개나리는 겨울이 끝났다는 반가운 소식을 가장 먼저 알려주는 희망의 꽃이었다. 산과 들은 물론 마을 어귀 초가집 울타리까지 노랗게 물들이는 개나리꽃을 통해 사람들은 추수철 황금 들판을 연상할 수 있었던 것이다.

한마디로 개나리는 서민들의 삶에 위안과 희망을 주는 꽃이었다. 이러한 관점에서 보면 인색한 구두쇠 영감 이야기에 등장하는 개나리는 가난한 삶에 대한 위안이자, 풍요로운 복을 기원하는 사람들에게 삶의 난관을 스스로 극복해보라는 긍정의 메시지를 담고 있는 듯하다.

언어와 문화의 존재 이유

언어와 왕실의 품격

우리나라 언어는 같은 뜻이라도 시간·장소·대상에 따라 쓰는 단어가 매우 다양했다. 특히 왕조 시대에는 궁중과 양반 사회 그리고 일반 백성까지, 계층에 따라 사용하는 언어와 대화 방식에 상당한 차이가 있었다. 위상에 따라 여러 가지 높임말을 썼던 밥을 예로 들면, 한자어로는 진지, 제사상에 올릴 때는 메, 궁중에서 왕에게 올릴 때는 수라라고 했다. 일상에서도 손위 어른을 부르는 말도 상황에 따라 가친·선친·자당·춘부장·악장 등으로 다양했다.

궁중 언어는 오늘날 우리가 보기에도 상당히 생경하다. 당시 서민들은 물론 양반가에서 쓰는 언어와도 차이가 컸는데 이처럼 궁중 언어가 차별성을 지니게 된 데는 몇 가지 이유가 있다.

첫째, 궁중 언어는 왕실에 대한 공경심과 권위의 발현이었다. 언어의 형식과 내용의 관계가 사람 간의 자의적 약속이 아닌 신분 관계를 필연적으로 규정한 것이다. 둘째, 왕과 왕실의 안녕을 위협하는 존재를 두려워하고 경계할 필요가 있었다. 존엄한 궁중에서 일반인이 쓰는 언어는 물론 더럽고 위험한 뜻이 담긴 말을 금지한 것은, 궁궐에서의 안전과 평안을 기원하고 불행을 사전에 예방하기 위해서였다. 셋째, 그들만의 은어를 사용함으로써 각종 사건 사고에 연루되지 않고, 혹시 있을지 모를 불상사를 차단하기 위해서였다. 넷째, 극존칭의 존대법을 쓰도록 해 왕권을 받드는 신하의 겸손·존경·충성심을 스스로 확인하는 의미도 있었다. 즉 누구나 함부로 입에 올리는 단어가 아니라는 문자적 권위를 확보함으로써 왕조 사회에서 자신의 위상을 확인할 수 있었다. 이러한 궁중 언어를 예로 들면 다음과 같다.

임금이 사용하는 이불과 요는 '기수'와 '프디'라 했다. 현대 사회에서 부인을 의미하는 '마누라'는 '마마', 즉 왕실의 존귀한 분을 가리키는 존칭이다. '자갸'는 출가한 공주와 옹주를 의미했고, 왕의 후궁 가운데 빈을 지칭하는 존칭으로도 사용했다. 신체에 관한 단어 역시 일상어와 많은 차이가 있었는데 마리는 머리, 액상은 이마, 구순은 입, 족부는 발, 매매는 여자의 하부를 뜻했다. 복식에 관한 용어도 다양해서 왕의 저고리는 동의대, 버선은 족건, 수건은 휘건이라 했다.

궁중어는 왕조에 따라서도 차이가 있었다. 고려 후기에는 숙위병의 몽골식 관직명인 조라치, 유모는 아지 또는 허우체, 방귀는 통기, 대변은 매화, 변기는 매우틀이라고 했다. 또한 궁중 언어에는 해당 왕조의 통치 이데올로기도 반영되었다. 즉 통치이념에 따른 왕실의 위상이 언어에 담겨 있었으며 이러한 언어의 사용은 대내외적 정국의 상황과도 관련되어 있었다. 그런 점에서 각 시기별 언어의 상징성은 국가의 품격이나 위상과도 밀접한 연관이 있었다.

마누라는 누구?

일반적으로 궁중 용어는 우리의 고유어와 한자 계통의 이원적 구조를 복합적으로 담고 있다. 여기에 중국과의 외교적 관계도 직접적 영향을 미쳐서 원 황실의 통제를 받던 고려 후기에는 몽골어 계통이 혼합되기도 했다. 즉 고려는 오랜 기간 몽골의 영향력 아래 있으면서 몽골어의 영향을 받았다. 몽골이 언어를 통해 고려 왕실의 권위를 하락시키고 지배를 공고히 했기 때문이다. 이 시기에 즉위한 고려 국왕 중에는 몽골 문화를 적극적으로 추종하는 인물도 있었다. 고려의 국왕들은 즉위하기 전에 원나라에서 생활을 했고, 왕을 보필하기 위해 원에 머물던 관리들은 자연스럽게 몽골의 언어와 문화를 익혔다. 당시 원의 수도 연경에 머물다가 고려의 왕으로 즉위한 임금 중에는 스스로를 고려 국왕이 아닌 원 황실의 신하로 여기며 적극적인 친몽골 행보를 보였다. 그뿐만 아니라 고려의 임금들은 원 황실의 공주와 혼인함으로써 고려 왕실에 원의 문화를 전파하기도 했다. 이러한 과정에서 고려의 궁중 언어도 적지 않은 변화를 겪게 된다. 존칭으로 사용하던 마누라, 수라는 물론 궁중의 객처소에서 주로 막일을 담당했던 무수리 역시 몽골 궁중에서 쓰던 언어이다. 또한 조라치는 원나라에 볼모로 머무는 고려 왕족을 가리키는 '숙위'를 몽골풍으로 고쳐 부른 것인데, 이에 '장사치' '양아치'와 같이 비하하는 의미가 담긴 '아치' 또는 '치'라는 어미를 붙이기도 했다.

궁중 언어가 궁 밖으로 벗어나기도 했는데 이 과정에서 의미 변형은 물론 의미가 격하되기도 했다. 오늘날 일상생활에서 사용하는 '마누라'가 대표적인 예다. 마누라는 궁중에서 '대비 마누라', '웃전 마누라' 등 왕실의 존귀한 분을 지칭했으며 여성뿐 아니라 남성에게도 쓰는 용어였다. 그러

나 현재 가정에서 쓰는 마누라는 단순히 부부 사이에서 아내를 지칭하는
용어이다. 이러한 변화는 일제강점기 이후 다시 한번 집중적으로 일어난
다. 당시 집안일을 돕던 가정부가 그 집 여주인을 존칭의 의미로 '마누라'
로 부르게 되었고, 이후 비공식적이기는 하지만 남편이 한 가정의 울타리
안에서는 아내가 최고라는 의미로 마누라를 사용했다. 아내를 존중하는
애칭이었겠지만 한편으로는 일제강점기라는 시대 상황에서 왕실의 존엄
성을 해체하려는 의도도 있었다. 즉 궁중 언어인 마누라가 권위와 존대의
의미를 상실하고 가정에서 결혼한 여성을 지칭하는 비공식적이면서 단순
한 쓰임새로 축소된 것이다.

복을 싸서 먹는 상추쌈?

고려와 원나라의 관계는 대등하지는 않았지만 인적·물적 교류가 빈번
했다. 양국의 공식 교류는 물론 비공식 교류도 활발했는데 이 과정에서 고
려의 문화가 원나라에 영향을 미치기도 했다. 비공식적 교류의 한 예로,
원나라 간섭기에 몽골에서 생활한 고려 여인들이 현지에서 고려 문화를
즐기기도 했는데 이는 결코 자랑스럽게 여길 수만은 없는 이야기이다.

당시 공녀라 해서 자신의 의지와 관계없이 원으로 끌려가 원의 궁녀로
생활하게 된 고려 여인들이 있었다. 이들은 낯선 곳에서 낯선 문화 때문에
적잖은 심적 고통을 겪어야 했다. 더구나 언제 고국으로 돌아갈 수 있을지
알 수 없었기에 스스로를 위로하고 실향의 아픔을 달래기 위해 기회가 있
을 때마다 고국의 풍습을 즐겼다. 봉선화 꽃잎으로 손톱을 물들이는 풍습
도 그 예다.

　몽골에서 고려 여인들이 즐기던 문화 가운데 몽골에 널리 퍼진 것도 있었다. 꿀을 넣어 만든 고려떡이나 과자, 그리고 고향을 생각하며 궁중 텃밭에서 키운 상추로 즐기던 상추쌈이었다.

　상추는 기원전 4500년경 이집트 벽화에 등장할 정도로 매우 오래전부터 재배한 식물이다. 우리나라에는 중국을 거쳐 들어왔으나 정확한 시기는 알 수 없다. 다만 토양과 기후 특성 때문에 우리나라 상추가 우량 품종으로 인정받아 중국으로 역수출되기도 했다.

　또한 신선한 상추를 재배할 수 있는 여건에서 '쌈 문화'라는 우리만의 독특한 먹거리 문화가 탄생했다. 들에서 밭에서 일하다가 캔 채소를 물에 씻어 날로 먹던 '들밥'에서 유래한 쌍추쌈은 『동의보감』에서 '와거'라 하여 근육과 뼈를 튼튼하게 하고 오장의 기운을 고르게 하며 머리를 맑게 한다고 할 정도로 영양식이었다.

　상추는 중국에서도 인기가 좋았다. 중국 의약서 『본초강목』에는 상추가 정력에 좋아 많이 재배하면 그 집 부인의 음욕을 간접적으로 알 수 있다고 했다. 때문에 상추를 주로 뒤뜰에서 길렀다는 속설이 있는데, 상추가 '숨어서 매음하는 자'를 뜻하는 '은군초隱君草'가 된 것도 이러한 이유이다. 또한 중국 고서 『천국지여』에는 고려 상추가 질이 매우 좋아 천금을 주어야만 사신이 가져온 상추 씨앗을 얻을 수 있다고 했다. 이 때문에 상추를 '천금채千金菜'라고 불렀다. 이 밖에도 원 황실의 풍속을 담은 원나라 양윤부의 『원궁사元宮詞』 「난언잡영」에서는 고려 상추를 다음과 같이 찬양하기도 했다.

　해당화는 꽃이 붉어 좋고, 살구는 누래서 보기 좋구나. 더 좋은 것은 고려의 상추로서 마고의 향기보다 그윽하구려.

이 시에는 '고려 사람들은 날채소에 밥을 싸서 먹는다'는 자주自註까지 달려 있으니 고려 상추에 대한 중국의 관심을 짐작하기에 충분하다. 우리 고유 음식 문화인 상추쌈에는 '복을 싸서' 먹으려는 백성들의 소박한 염원이 담겨 있었다. 몽골에 거주하던 고려 여인들도 상추쌈을 먹으면서 고국으로 돌아가기를 염원했을 것이다. 힘이 약해 위기를 맞은 국가가 백성들에게 준 고통을 백성들만의 문화로 위로한 셈이다. 그런 점에서 상추쌈이라는 먹거리 문화는 현대를 사는 우리들에게도 문화의 존재 이유를 잘 보여주는 사례이다.

▪『조선해어화사』 273쪽

1927년 이능화가 신라시대부터 조선 말기까지 각종 역사서·문집·야사 등을 고증하여 그 근거로 역대 기생들의 실상을 체계적으로 밝힌 책이다. 기생을 통해 당시의 사회·문화·민속·사상 등을 이해할 수 있는 중요한 자료이며 우리나라 여성사와 전통 생활문화사 연구에 중요한 지침서이다.

▪『주서』 274쪽

주대의 역사를 기록한 책으로 당나라 때 영호덕분이 편찬했다.

▪『수서』 274쪽

당나라 태종의 명을 받아 장손무기와 위징 등이 완성한 수나라 역사서.「동이편」에는 고구려·백제·신라·말갈·유구·왜국 순으로 다루었으며, 유럽에서는 16세기에 계산하게 된 원주율을 소충지가 3.1415927까지 계산했다는 기록도 있다.

▪『어우야담』 288쪽

1621년(광해군 13년)에 어우당 유몽인이 지은 야담집으로, 조선 후기에 성행한 야담류의 효시이다. 다양한 분야의 인간 생활을 담은 야사·항담·가설 등이 수록되어 있으며, 흔한 음담패설보다는 풍자적인 설화를 간결하면서도 명쾌한 문체로 담아 임진왜란 전후의 생활상이 투영되어 있다는 평을 받는다. 조선 중기 설화 문학으로 원본은 한문이지만 후세에 번역되어 사람들에게 널리 퍼졌다.

▪『가례』 295쪽

중국 명나라 때 구준이 관료와 서민의 가정 규범에 관계된 예의 실천적 세칙을 정하여 관혼상제 등에 관한 주자의 학설을 모아서 만든 책. 원제는『주자가례朱子家禮』이며, 주자학이 성행하면서 수백 년에 걸쳐 많은 영향을 끼쳤다.

▪『삼국지위지동이전』 295쪽

서진의 진수가 편찬한『삼국지』위지의 부속으로 고대 동방의 여러 종족과 국가에 관한 기록이다. 부여·고구려·동옥저·읍루·예·삼한·왜인의 순서로 되어 있다. 부여전에는 순장에 대한 기록이 있으며, 특히 옛 부여의 관행으로 가뭄이나 장마가 들어 오곡이 익지 않으면 국왕을 죽이거나 바꾸자는 논의가 있었다는 기록은 프레이저가 그의 저서『황금가지』에 소개한 것으로도 유명하다. 중국과 평화 관계를 유지했던 부여는 근엄·후덕하여 다른 나라를 침략하지 않으나, 중국과 빈번하게 충돌했던 고구려는 힘이 세고 전투에 능하며 흉악하고 급하며 노략질을 좋아한다고 대조적으로 서술하고 있다. 일찍이 고구려에 복속하여 맥포·생선·소금·해초 등의 공납을 바친 내용을 포함해서 우리 고대 종족들의 생활상과 풍속을 비교적 상세히 알 수 있는 고대사 연구의 중요 문헌이다. 그러나「동이전」은 어디까지나 중국인의 눈에 비친 한국 고대 사회의 특성에 대한 기록이라는 점에서 한계가 있다.

▪『경제육전』 319쪽

1397년(태조 6년) 정도전, 조준 등이 육전의 형식을 갖추어 만든 국가의 기본 법전.『경제원육전經濟元六典』또는『원육전元六典』이라고도 하며 후에『경국대전』의 편찬에도 큰 영향을 미쳤다.

맺음말

이 책은 우리 문화에 관한 이야기책인 동시에 우리 역사서이다. 지금은 잊혔거나 사라졌지만 오래전부터 우리의 잠재의식 또는 생활양식에 녹아 있는 삶의 궤적을 담았다는 점에서 문화 이야기이며, 오랜 옛날부터 근대에 이르기까지 평범한 사람들의 사회의식과 사람들의 관계를 담았다는 점에서 대중 역사서이기도 하다. 따라서 우리나라 사람이라면 누구나 어디선가 한번쯤 들어봤을 법한 부담 없고 친숙한 이야기를 만날 수 있으며, 한편으로는 지금까지 알던 것과는 다르거나 완전히 생소한 이야기도 접할 수 있다.

달리 말하면 이 책에서는 거대한 역사 담론보다 소소하고 평범한 사람들의 일상에 주목했다. 평범한 사람들의 일상은 무미건조하고 단순하게 반복되는 것처럼 보이지만 자세히 들여다보면 한 시대의 시대상이 담겨 있으며 동시에 역동적이고 가변적이기까지 하다. 때문에 일반 서민들의 이야기는 다양하고 다의적이며 상호 작용을 통해 생성·소멸하고 수정·보완을 거쳐 후세로 이어진다. 대중의 일상을 사전적 정의나 일목요연한 이론으로 정리하기 힘든 이유도 여기에 있다. 따라서 구전되어 오는 이야기나 여러 문헌자료를 비교·분석하면서 삶의 궤적을 되돌아보는 작업은 단순히 과거의 추억을 되새기는 일이 아닌 대중의 보편 정서와 가치를 발견하고 시대와 소통하는 일이다.

예를 들어 계급 사회에서 피지배층인 대중은 지배층에만 의지하지 않았다. 각박하고 궁핍한 환경에서도 풍요를 기원하며 나눔의 미덕을 실천했으며, 소소한 주변의 사물과 사건에 정서적으로 공감하고 소통하는 과정에서 스스로 삶의 위로와 활력소를 찾았다. 그런 점에서 한 시대를 풍미한 영웅호걸이나 지도자의 삶과 달리 대중의 평범한 삶은 역사적 시간을 꼼꼼하게 채워주는 마중물이다.

일반적으로 역사는 소수의 주요 인물들에만 주목한다. 다원적 가치와 규율이 복잡하게 교차하는 대중의 삶은 늘 주목받기 힘들었고 때로는 비역사적인 것으로 치부되기도 했다. 그러나 나폴레옹이 세계대전을 결코 혼자 치를 수 없었고, 김춘추와 김유신 두 사람만으로 삼국통일의 대업 완성은 불가능했다. 리더로서 전술과 전략, 자질과 역량이 아무리 뛰어났다고 해도, 저변에서 대중의 구체적 실행이 동반되지 않았다면 결코 아무 일도 이루지 못했을 것이다. 그뿐만 아니라 대중이 어떠한 방식으로든 반응하지 않는다면 지도자를 자처하는 사람들은 한낱 몽상가에 지나지 않는다. 이 책이 거대 담론보다는 대중의 일상 언어로 이루어진 이야기와 경험이 담긴 이야기, 그리고 그 속에 담긴 정서에 주목한 이유도 바로 여기에 있다.

모든 의미 생산에서 현실은 대단히 중요하다. 사람들이 어떤 생각을 하고 어떻게 일하며 무엇을 먹고 다른 사람들과 어떤 방식으로 관계 맺고 살았는지를 살펴보고, 특정한 누군가의 '무엇이 이야기되는가'보다 '누구와 어떤 의미를 공유하는가'에 주목한다면 구체적인 시대의 정치와 사회 맥락 속에서 서로 다른 의미와 기능을 발견할 수 있다. 그런 점에서 이 책을 정형화된 틀이 아닌 열려 있는 '그 무엇'으로 보아주었으면 한다. 그러한 과정에서 우리 시대의 이야기가 담기게 되고 후세인들이 다시 이야기를 받아 삶의 이야기를 만들어갈 수 있기 때문이다.

参고문헌

〈사전〉

『한국구비문학대계』, 한국정신문화연구원, 1994

『한국민족문화대백과사전』, 한국정신문화연구원, 1991

『한국문화상징사전 1/2』, 한국문화상징사전편찬위원회, 두산동아, 1996

『브리태니커백과사전』, 한국브리태니커회사, 1997

『조선왕조실록』(한글번역본), 국사편찬위원회

〈논문〉

강은해, 「도화녀·비형랑 설화에 나타난 두두리豆豆里 신앙의 지역화와 진지왕계 복권신화적
　　기능」, 〈어문학〉 제120집, 한국어문학회, 2013(6)

곽정식, 「강감찬 일생의 문학적 연변演變의 양상과 그 의미: 강감찬전을 중심으로」, 〈어문학〉
　　제113집, 한국어문학회, 2011(9)

권도경, 「도화녀 비형랑 텍스트의 적층구조와 진지왕·도화녀·비형랑 관련 설화의 결합원
　　리」, 〈한민족어문학〉 제66집, 한민족어문학회, 2014(4)

권도경, 「설인귀 풍속신앙 전설의 서사구조적 특징과 전승의 역사적 변동 국면」, 〈정신문화
　　연구〉 제30권 2호(통권 107호), 한국학중앙연구원 한국학대학원 청계사학회, 2007

347

김동욱, 「기녀사 서설」, 〈아세아여성연구 5〉, 숙명여대, 1966

김은아, 「조선 전기 이혼제도의 특성」, 〈원광법학〉 제23권 제3호, 원광대학교 법학연구소, 2007(12)

김일렬, 「전설의 민담 지향적 변모에 관한 일고찰」, 〈어문논총〉 제37호, 경북어문학회, 2002

김종대, 「강감찬과 안배청명의 출생과 성장담을 둘러싼 문화적 교류양상」, 〈한국민속학〉 제36집, 한국민속학회, 2002

박기용, 「고려대장경 불교설화의 도깨비 연구: 인도와 중국 불경의 도깨비 관련성을 중심으로」, 〈우리말글〉 57집, 우리말글학회, 2013

박대복·유혁동, 「여우의 초월적 성격과 변모양상」, 〈동아시아고대학〉 제23집, 2010

서대석, 「이조 번안소설고」, 〈국어국문학〉 52, 1971

송기태, 「도깨비 신앙의 양가성과 의례의 상대성 고찰」, 〈남도민속연구〉 제22집, 남도민속학회, 2011

변동명, 「전통시기의 감악산 숭배와 산신 설인귀」, 〈역사학연구〉 제42집, 호남사학회, 2011(5)

엄기영, 「삼국유사 도화녀 비형랑의 신화적 특징과 그 의미」, 〈한국문화연구〉 25, 한국문화연구원, 2013

엄태용, 「조선 후기 설인귀 인식의 맥락과 문학적 반영의 의미」, 〈한민족어문학〉 제59호, 한민족어문학회, 2011(12)

이기남, 「충선왕의 개혁과 사림원의 정치」, 〈역사학보〉 52, 1971

이능화, 「조선무속고」, 〈계명〉 19, 1927

이동철, 「강감찬 설화에 구현된 출생담의 양상과 의미」, 〈실천민속학연구〉 제20호, 실천민속학회, 2012(8)

이미숙, 「조선 시대 의녀의 역할」, 〈한국사상과 문화〉 제61집, 한국사상문화연구원, 2012(1)

장수연·민관동, 「설인귀 고사의 원천에 관한 일고: 설인귀 고사의 국내 수용과 전승을 중심으로」, 〈중국소설논총〉 제34집, 한국중국소설학회, 2011(8)

정연식, 「신라의 태조 미추왕과 은하수 성한星漢」, 〈한국고대사연구〉 62집, 한국고대사학회, 2011

정해은, 「조선 후기 이혼의 실상과 대명률의 적용」, 〈역사와 현실〉 통권 제75호, 한국역사연구회, 2010(3)

조용헌, 「십이지신상과 사주명리학」, 〈역사민속학〉 제9호, 민속원, 1999(11)

최의광, 「신라 원성왕의 왕위계승과 국인」, 〈한국사학보〉 37, 고려사학회, 2009

천진기, 「한국문화에 나타난 원숭이의 상징성: 갑신년 지킴이, 재주꾼 원숭이」, 한국민속박물관, 2003

〈단행본〉

강인희, 『한국의 맛』, 대한교과서주식회사, 1988

구미래, 『한국인의 상징 세계』, 교보문고, 1996

국립국어연구회, 『우리 문화 길라잡이』, 학고재, 2010

국립민속박물관, 『한국의 호랑이』, 국립민속박물관, 1988

권상노 편, 『한국사찰전서』, 동국대학교출판부, 1979

김경운, 『한·중·일 밥상문화』, 이가서, 2013

김두헌, 『한국 가족 제도 연구』, 서울대학교출판부, 1969

김상보, 『조선의 음식 문화』, 가람기획, 2008

김선풍 외, 『열두 띠 이야기』, 집문당, 1995

김성배 편, 『한국의 금기어, 길조어』, 정음사, 1975

김영래, 『민화와 우리 신화』, 조선민화박물관출판부, 2004

김영재, 『귀신 먹는 까치호랑이』, 들녘, 1997

김용숙, 『조선조 궁중 풍속 연구』, 일지사, 1987

김용운·김용국, 『한국 수학사』, 열화당, 1982

김종대, 『33가지 동물로 본 우리 문화의 상징세계』, 도서출판 다른세상, 1992

김태곤, 『한국 무속 연구』, 집문당, 1981

박갑천, 『재미있는 어원 이야기』, 을유문화사, 1995

박계홍, 『비교민속학』, 형설출판사, 1990

박병호, 『한국의 전통 사회의 법』, 서울대학교출판부, 1990

심우성, 『한국의 민속놀이』, 삼일각, 1990

유희경, 『한국복식사 연구』, 이화여자대학교출판부, 1980

윤서석, 『한국 음식』, 수학사, 1992

이기동, 『신라골품제 사회와 화랑도』, 일조각, 1997

이기문, 『속담사전』, 민중서관, 1997

이기백, 『신라 정치사회사 연구』, 일조각, 1994

이능화, 『조선불교통사』(하), 보현각, 1990

이능화, 『조선해어화사』, 한성도서, 1927

이성우, 『한국식경대전-식생활 문헌 연구』, 향문사, 1981

이성우, 『한국 식생활의 역사』, 수학사, 1993

이성우, 『한국 식생활사 연구』(고대), 향문사, 1992

이성우, 『한국요리문화사』, 교문사, 1985

이성우, 『한국식품문화사』, 교문사, 1984

이승훈, 『문학상징사전』, 고려원, 1996

이어령, 『한국인의 신화』, 서문당, 1996

이우성 외, 『이조한문단편집』(상/중/하), 일조각, 1978~1990

이이화, 『역사풍속 기행』, 역사비평사, 2005

이창배, 『한국가창대계』, 홍익문화사, 1976

임동권, 『한국의 민담』, 서문당, 1972

임동권, 『한국의 민속』, 교양국사총서 11, 1985

임재해 외, 『고대에도 한류가 있었다』, 지식산업사, 2007

전완길, 『한국화장문화사』, 열화당, 1987

정문기, 『한국어도보』, 일지사, 1977

조희웅, 『한국 설화의 유형』, 일조각, 1983

조항범, 『다시 쓴 우리말 어원 이야기』, 한국문원, 1997

진 쿠퍼, 이윤기 옮김, 『그림으로 보는 세계문화 상징사전』, 까치글방, 1996

최상수, 『한국 민족 전설의 연구』, 성문각, 1988

최승희, 『한국 고문서 연구』, 지식산업사, 1989

최재석, 『한국 가족 제도사 연구』, 일지사, 1983

최창조, 『한국의 풍수사상』, 민음사, 1998

한국고문서학회, 『조선 시대 생활사』, 역사비평사, 1996

한국역사연구회, 『개경의 생활사』, 휴머니스트, 2007

〈그림 출처〉

• 16쪽 : https://ko.wikipedia.org/wiki/%EC%82%BC%EC%A1%B1%EC%98%A4

• 17쪽 : http://m.blog.daum.net/yonghwan6158/1954

• 49쪽 : http://www.msip.go.kr/webzine/posts.do?postIdx=137

• 53쪽 : http://m.blog.daum.net/sixgardn/15770600